Ulf Annel

Die unglaubliche Geschichte Thüringens

Mit Zeichnungen von

Inhalt

Vor-Geschichte 11

1. Kapitel 16
… in dem Thüringen noch gar nicht existiert; ein Ur-Thüringer erfährt die Zweischneidigkeit des Fortschritts; außerdem geht es um das Salz in der Ursuppe

2. Kapitel 25
… in dem der Name »Thüringer« etwas erklärt wird; außerdem die Thüringer das erste Mal im Geschichtsbuch auftauchen, um sich sofort wieder zu verabschieden

3. Kapitel 31
… in dem eine Eiche umgehauen wird, was letztendlich zur Fernbedienung Thüringens führt, was wiederum den Thüringer Tarnbestrebungen entgegenkommt

4. Kapitel 38
… in dem dem Schreiber König Heinrichs I. im Jahre 919 angeblich das Pergament ausgeht, was das Kapitel sehr verkürzt

5. Kapitel 43
… in dem Mönche einem eingereisten Fürstenhaus zu Gut und Geld und letztendlich zur Thüringer Markgrafen würde verhelfen

6. Kapitel 51
… in dem ein berühmter deutscher Sangesbruder schnaufend einen späteren Eselspfad erklimmt und an einem zeitgenössischen Popmusik-Wettbewerb teilnimmt

7. Kapitel 61
… in dem ein Stück Thüringer Geschichte im Ausland stattfindet, ein Schiff auf dem Mittelmeer umkehrt und der letzte Ludowinger als König stirbt

8. Kapitel 69
... in dem wieder etwas Ruhe einkehrt, weil hier friedlich bäuerlicher Arbeit nachgegangen wird, was aber nicht lange anhält

9. Kapitel 77
... in dem ein Erfurter Waidknecht seinen wertvollen Saft in den falschen Bottich füllt; ein Gevatter mischt sich ein

10. Kapitel 85
... in dem wieder einmal Krieg um Krieg geführt wird, was die Thüringer eigentlich außen vor lässt, und in dem der vorletzte Ritter sich vergaloppiert

11. Kapitel 95
... in dem über einen Sachsen hergezogen wird, der eine Menge Feuer in mancherlei Köpfen und unter Hintern anzündete, was aber vielen Thüringern gar schlecht bekommt

12. Kapitel 111
... in dem im Coburgischen, das damals noch ein Stück Thüringen war, die Lernfähigkeit eines Christenmenschen visitiert wird

13. Kapitel 121
... in dem es einer Erfurter Frau aus wirtschaftspolitischen Gründen sehr heiß wird, was zu einer Liebeshochzeit führt

14. Kapitel 129
... in dem Kaiser Karl V. in den Thüringer Gebieten zum religiösen Return ausholt, weil ein hessischer Fürst Doppel spielt, was zur weiteren Teilung Thüringens führt

15. Kapitel 138
... in dem ein ritterlicher Mörder gemeinsam mit einem gewissen Herrn Tausendschön dafür sorgt, dass aus grimmen Steinen friedliche werden

16. Kapitel 148
… in dem im Thüringer Wald ein Ferkel zum Schicksal wird, und etwas dorthin zurückkehrt, von wo es ausgegangen ist

17. Kapitel 156
… in dem ein Stückchen Thüringen durch sieben geteilt wird, was vorher ganz schön ganz und absolut fortschrittlich war; aber es bedarf einer Vorbemerkung

18. Kapitel 165
… in dem eine Patchwork-Decke genäht wird, was endlich die Schwarzburger und Reußen in dieses Buch hier bringt; außerdem entstehen Märbeln

19. Kapitel 174
… in dem etwas Freude europäischen Zuschnitts in Thüringen aufkommt, was aber aus diplomatischen Gründen in Berlin besprochen wird

20. Kapitel 181
… in dem ein einfacher Mann sieben Jahre lang seinem Magen hinterherläuft und der Räuber Rhönpaulus Verstärkung bekommt

21. Kapitel 188
… in dem sozusagen das Fahrrad zweimal wiedererfunden wird, eigentlich sogar dreimal, und die Sachsen wieder einmal froh sein können, dass sie die Thüringer haben

22. Kapitel 193
… in dem sich in einem Weimarer Gartenhaus eineinhalb Genies treffen, was aber den Lauf der Welt wenig beeinflusst, da schon wieder ein Elefant vor dem Porzellanladen steht

23. Kapitel 202
… in dem in Erfurt ein Europa-Kongress stattfindet, was letztendlich Thüringen wieder auf die Landkarte bringt; und Preußen tauchen auf

24. Kapitel 215
… in dem auf der Wartburg ein paar Bücher verbrannt werden, eine studentische Aktion, die zu zwei sehr verschiedenen Ideen führt

25. Kapitel 224
… in dem etwas Blaues, das zwar weniger profitabel, aber sehr viel langlebiger als Waid ist, zum Thüringer Exportschlager wird

26. Kapitel 229
… in dem die Bürger eines der kleinsten Fürstentümer Thüringens vor revolutionären Entscheidungen stehen, aber eine weise treffen

27. Kapitel 239
… in dem sich beweist, dass Theater machen und Theatermachen durchaus verschiedene Angelegenheiten sind und Letzteres den menschlicheren Ruhm bringt

28. Kapitel 246
… in dem die Raben immer noch fliegen, aber ein Stück Rotbart nicht der Grundstein für ein anders zu denkendes Denkmal wird

29. Kapitel 255
… in dem die Geschichte zeigt, dass das Leben nach dem Thüringer Motto jahrhundertelang halbwegs gutging, aber es auch mal schiefgehen kann

30. Kapitel 260
… in dem wieder Thüringer, die erst wieder zu Thüringern gemacht werden, in einer Kneipe sitzen, was letztlich zum Ende führt, aber dann noch nicht so ganz

Nach-Rede 268

»*Unter allen den Unheilsmächten, welche unserem Volke den Weg zur staatlichen Größe erschwerten, steht die durchaus unpolitische Geschichte dieser Mitte Deutschlands vielleicht obenan. Fast alle anderen deutschen Stämme nahmen doch irgend einmal einen Anlauf nach dem Ziele politischer Macht, die Thüringer niemals. Unsere Cultur verdankt ihnen unsäglich viel, unser Staat gar nichts.*«

Heinrich von Treitschke,
Nicht-Thüringer Historiker, 1882

»*Daheimsein ist alles!*«

Baron Kuh-Bertäng,
Thüringer Landadeliger, 1996

»*Das war nun so, nämlich es war nicht so.*«

Johann Georg August Galletti,
Thüringer Denker, um 1800

Vor-Geschichte

………………………………………………………………………

Kennen Sie Thüringen? Ja? Sind Sie sicher? Nicht so ganz, nicht wahr. Natürlich, Sie kennen Thüringen als das Land der zwei gastronomischen Großereignisse, das Land der Thüringer Rostbratwurst und des Thüringer Kloßes. Und dann war da auch noch ein Wald gleichen Vornamens. Na, da wissen Sie doch schon recht viel. Eigentlich könnten Sie jetzt dieses Buch beiseitelegen und in Gesprächen – wenn diese denn ausnahms- und erstaunlicherweise doch einmal auf das Thema Thüringen hinlenken sollten – auf Ihrem breiten Wissen über dieses Land in der Mitte Deutschlands herumreiten. Ach, da fällt Ihnen noch etwas ein: Thüringen – das grüne Herz Deutschlands. Da sind Sie aber ein bisschen spät! Wo heutzutage nur noch jeder dritte, vierte Baum in diesem Thüringer Wald auch wirklich die Bezeichnung Baum verdient. Der kleine Rest ist – nun, sagen wir es mal etwas dental umschreibend – etwas kariös und parodontös. Doch in nächster Zeit könnte sich das Verhältnis zwischen gesunden und hinfälligen Bäumen auch ändern. Man weiß noch nicht genau, in welche Richtung, denn es ist statistisch noch etwas unklar, ob es gelang, für den Bau der Autobahn quer durch den Thüringer Wald mehr gesunde oder kranke Bäume abzuhacken.

Sieh da, die Autofahrer unter Ihnen horchen auf. Auch sie wissen etwas von Thüringen, nämlich dass sich dort eine Thüringer Waldautobahn (Welch schönes Wort: Wald-Auto-Bahn) entlangschlängelt, zu Ruhm und Ehre der freien

Bürger, die auf freier Fahrt bestehen. Vorwärts zu neuen Horizonten, die sich öffnen, weil es den bösen, bösen Wald endlich nicht mehr gibt, dafür viel freie Sicht. Aber genau dieses »Vorwärts!« ist für unser Buch von untergeordneter Bedeutung.

Es soll rückwärts gehen. Die Vorfahren haben hier Vorfahrt. Wir wollen gemeinsam die drei berühmten Anfangsworte daherbeten: Es war einmal! Doch, märchenhaft könnte es durchaus werden. Sagenhaft auch! Schließlich geht es hier um die sagenhaft reiche Geschichte eines Menschenschlags inmitten der deutschen Bundesländer, der es über Jahrhunderte verstanden hat, in der geschriebenen Geschichte so gut wie nicht existent zu sein. Das ist das Hohelied der Tarnung. Es ist wie in der Geschichte mit dem Film-

schauspieler, der in einem größeren Film eine kleinere Rolle spielte, dann aber herausgeschnitten wurde, wobei man aus Kostengründen den Namen im Abspann beließ. Nur umgekehrt.

Die Thüringer sind so gesehen wohl die besten Schauspieler in der deutschen Geschichte. Oft im geografischen Mittelpunkt Deutschlands siedelnd, haben sie sich jedoch nie als Nabel der Welt gesehen. Wenn schon Nabel, dann wohnten sie tief drinnen in der Höhle der eingeschnurpelten Nabelschnur. Darum ist es auch verteufelt schwierig, die Spuren der Thüringer in der Geschichte zu finden. Zu ihrer Höhlenmentalität – die sich bis in die Neuzeit erhalten hat, Thüringer sind mit Abstand die fleißigsten Häuslebauer der neuen Bundesländer, auch schon bevor Thüringen wiedererstand und ein neues Bundesland ward – … Das war jetzt ein zu langer Einschub in einen angefangen Satz, also von vorn: Zu ihrer Höhlenmentalität gesellte sich noch die Fähigkeit, die eigenen Spuren zu verwischen.

Apropos Spuren: Da sind wir gleich bei einer weiteren Charakterstärke der Thüringer. Sie haben eigentlich immer gespurt. Welche Spur welcher Herr – aus welcher Himmelsrichtung auch immer kommend – vorzog, die Thüringer zogen nach. So ist es auch kein Wunder, dass, trotz fehlender Thüringer Geschichte, die Thüringer selbst immer da waren und alles und alle überlebten. Einzig die Ausnahmefälle, die sich aufmüpfig zeigten (und auf deren Geschichten in dieser Geschichte natürlich nicht verzichtet werden sollte, weil ja die Ausnahmen immer die Regel bestätigen), die verkürzten ihr Leben, oft durch zwangsweise Verkürzung der Personenlänge. Tja, es kommt immer darauf an, ob man Schilderträger der herrschenden Partei ist oder deren Schwert zu spüren bekommt. So ist auch erklärlich, dass ein Thüringer Wahlspruch lautet: Lieber spuren als spüren!

Was nun? Sie in eine Geschichte hineinziehen, die Ihnen am Ende vielleicht die Lehre vermittelt, dass es sich immer gut beziehungsweise bezahlt macht, fein artig zu sein, nicht aufzufallen, sich den Gefahren des Lebens möglichst nicht auszusetzen, sondern alles auszusitzen. Entweder ist diese Lehre für Sie ein so neuer deutscher wie alter Hut oder eine Führung in die Irre. Egal, zu welcher der beiden Lehrmeinungen Sie tendieren, lassen Sie sich einfach mal ziehen – um nicht führen zu sagen – mitten hinein in das Thüringer Becken, sozusagen hinein in die Urkesselsuppe der Nation, die wir heute sind.

Sie wollen sich nicht so ganz hineinziehen lassen? Sie sind mehr der etwas distanzierte Typ, der alles erst einmal mit Abstand betrachtet? Macht nichts, macht alles nichts. Dann setzen Sie sich eben in das große Welttheater hinein. Gegeben wird das Stück »Thüringen«. Es kann ein langer Abend werden, denn das Stück wird es zu einer beträchtlichen Anzahl von Akten bringen, vielleicht sogar im sexuellen Sinne (denn ohne die kommt weder das Welttheater aus noch das moderne). Machen Sie es sich also bequem im Theatersessel. Eintritt ist bezahlt mit dem Kauf dieses Buches. Die stark distanzierten Damen und Herren, die den Rang vorgezogen haben, bitte die Operngläser auspacken.

Ach ja, eines müsste man vielleicht noch vorausschicken. Nein, keinen reitenden Boten. Schließlich ist dies hier nicht klassisches Theater, sondern nackte Vergangenheit. Man sollte in diesem Stück nicht alles für bare Münze nehmen, auch wenn es oft für bare Münze zu bekommen war – das Welttheater!

Sie müssten sich an eine Art Improvisationstheater gewöhnen. Die ganze Weltgeschichte war nämlich, da macht die Welt der Thüringer keine Ausnahme, eine einzige Improvisationsstrecke.

Ach, und noch etwas: Sie müssen mit mir vorliebnehmen. Ich und kein anderer, den Sie vielleicht lieber gehabt hätten, hat dieses Buch geschrieben. Tut mir leid für Sie! Sie müssen mich, einen Erfurter Kabarettisten, und meine Spielwut ertragen. Diese Wut tobe ich besonders gern auf der Wortspielwiese aus. Wenn also die Wortstämme im Unterholz der Thüringer Geschichte durcheinanderpurzeln, lassen Sie sie fallen wie Feste und feiern Sie einfach mit. Feuern Sie das Buch nicht in die Ecke. Das ist meist nicht sehr dekorativ.

Manche historische Person spricht und spielt dabei übrigens das Spiel der Worte mit, aber das ist auch nur so, weil ich der Person die Worte in den Mund gelegt habe. Wer weiß, wie die Leute damals wirklich gesprochen haben. Wissen Sie es? Also!

Das war es jetzt aber an Vorbemerkungen. Oder?

Nein, doch noch eine. Aber das ist nun wirklich die letzte. Der Autor, um jetzt einmal das »Ich« aus den Zeilen zu treiben, der Autor also ist Vertreter einer solchen Kabarettistengattung, die es immer noch mit fröhlicher Aufklärung versucht. Da schnippt schon ab und an der pädagogische Zeigefinger in die Höhe, was natürlich dieselbe ist bei einem so eigenständig denkenden Leser wie Ihnen – beziehungsweise der selbstverständlich ebenso eigenständigen Leserin. Macht nichts, macht alles nichts! Wickeln Sie einfach Ihr Taschentuch um diesen Finger, lassen Sie es etwas wehen. Mal sehen, wie der Wind der Geschichte steht. Mal sehen, woher er kommt. Mal sehen, wie's kommt.

Jetzt kommtse, wie ich leicht thüringisiert sagen darf. Was kommt? Na, die Thüringer Geschichte. Und zwar von Anfang an.

1. Kapitel

… in dem Thüringen noch gar nicht existiert; ein Ur-Thüringer erfährt die Zweischneidigkeit des Fortschritts; außerdem geht es um das Salz in der Ursuppe

....

Da stehen also unsere Vorfahren. So wie die aussehen, möchte ich kein Vorfahr gewesen sein.

Drei Homo erectusse, alle drei ziemlich stark behaart, die Rücken gekrümmt. Aber aus dem Samen dieser behaarten Affen mit den krummen Rücken werden einmal Thüringer entstehen. Das ist hier schon absehbar. Die Behaarung wird lichter werden, der Rücken wohl oder übel so bleiben. Alle drei sind nicht mehr als mittelgroß. Die Bäuche beweisen, dass diese Kerle schon etwas von Vorratswirtschaft verstehen. Da sie noch keinen festen Wohnsitz haben, schleppen sie ihre fettigen Reserven mit sich herum.

»Wisst ihr, warum wir uns eigentlich hier treffen, Freunde?«, fragt der am stärksten behaarte Kerl.

Der zweite Kerl, die Stimme etwas tiefer, antwortet: »Das ist der blanke Zufall! Außerdem müssen wir uns erst einmal etwas beschnüffeln, um herauszukriegen, wer hier mit wem wirklich Freund sein kann.«

Da hat der zweite gleich einen wichtigen Satz gesagt, weil ja unsere Vorfahren sich immer der Nase nach durch die zaghaft anhebende Thüringer Weltgeschichte tasteten. Die drei Kerle schleichen ein paar Minuten umeinander herum und befinden dann, dass man sich halbwegs gut riechen kann.

»Und nun, Zufall oder nicht, was liegt an?«, fragt der dritte Kerl.

Der erste schiebt sich etwas in Positur: »Es ist etwas Schreckliches geschehen!«

»Und das wäre?«

»Von meinem Vater hab ich es gelernt, der von seinem Vater und so fort von deren Urvätern, dass man sich seine Frau vornimmt in der Art aller lebenden Wesen, also mit Blick auf die Rückenpartie.«

Die anderen beiden grunzen zustimmend.

Der, der seine Sätze immer mit »und« beginnt sagt: »Und was ist daran so schrecklich? Solange man sie nur riechen kann, tut man's so.«

»Aber diesmal hat sie sich rumgedreht. Sie hat mich angeschaut, hat mir dabei zugeschaut wie ich mit ihr, na, ihr wisst schon.«

»Wie?«, fragt der zweite. »Das funktioniert?«

»Sogar sehr gut, leider.«

»Und das sagst du uns erst jetzt. Nichts wie heim und ausprobiert.«

»Halt! Genau das ist es ja, wovor ich euch warnen möchte.« Ein Zeigefinger steigt empor. »Das ist der Fortschritt.«

»Und wenn schon! Wenn dieser Fortschritt den Spaß erhöht, sollten weder Mann noch Frau sich ihm verschließen. Die Frau schon gar nicht.«

»Er hat recht«, stimmt der zweite zu.

»Nein, hat er nicht. Es ist der Untergang. Wenn ein Weib damit anfängt, so neumodische Sachen einzuführen, werden es bald alle Weiber erfahren. Ob du willst oder nicht, es wird zu einem Stellungskrieg Mann gegen Frau kommen. Wenn dann das Neue zur Gewohnheit geworden ist, dann fällt den Weibern garantiert noch etwas Neueres ein. Dann wollen sie vielleicht obendrauf liegen. Wollt ihr etwa, dass eines Tages die Weiber kommen und nicht wir sie, sondern sie uns Männer an den Haaren in ihre Höhlen zerren?«

Die anderen zwei murren und knurren.

»Es könnte sogar noch schlimmer kommen. Die Schlauheit der Weiber eingerechnet, überlassen sie uns Männern die ganze Arbeit am Fortschritt, um dann die Früchte zu genießen. Oder weiß einer von euch, was uns der Fortschritt alles bringen wird an Freud und Leid? Na?«

Die beiden anderen zucken mit den Schultern und lächeln gequält.

»Na also. Ich sage euch, lasst alles weiter so stattfinden, wie es heutzutage ist, dann werden auch noch unsere Söhne und deren Söhne und so fort in Ruhe und Zufriedenheit lie- äh leben.«

»Und«, hebt der, der seine Sätze immer mit »und« anfängt, zu sprechen an.

»Keinerlei Unds mehr. Basta!«

»Und wer bestimmt das?«, zischelt es zurück.

»Jedenfalls nicht einer, der seine Sätze immer mit ›und‹ anfängt!«

In null Komma nichts wird das Gebiss gefletscht, Keule und Steinbeil gepackt und bestimmt, wer in Zukunft noch weiterreden darf. Der am stärksten behaarte Kerl haut dem Undser das Beil auf die Fontanelle, was allen weiteren Widerspruch beendet. Ein Triumphschrei gellt durch das später so genannte Thüringer Becken, der aber sogleich erstirbt, weil der Dritte im Bunde ein wenig hinterrücks, aber treffsicher und hart zuschlägt.

Als sich der dritte Homo erectus überzeugt hat, dass seine beiden Freunde in die ewigen Jagdgründe eingegangen sind, dreht er sich um und trottet los. Im Weggehen murmelt er noch: »Jetzt hole ich mir die Frauen der beiden. Dann wird ein bisschen experimentiert. Mal sehen, was dabei rauskommt.«

Noch so eine Lebensmaxime der Thüringer seit Anbeginn: Mal sehen, was dabei rauskommt. Im Fall unseres siegreichen Homo erectus und großen Experimentators meist wieder Ur-

oder genauer Vor-Thüringer. Aber jede Veränderung zieht neue Veränderungen nach sich. Ändert sich eine Stellung – zack, verändert sich die Lage.

Der Ur-Vor-Thüringer schnappt sich also zu seiner noch die zwei anderen Frauen. Jetzt hat er drei, und die mit dem Blickkontakt beim Sex überzeugt ihn so sehr, dass er die gesamte Nachkommenschaft nur noch mit ihr herstellen möchte. Das traute Familienleben funktioniert fortan nach dem Motto: Der Ersten die Arbeit und mit der Dame das Vergnügen. Die Dienstälteste schmeißt den Steinzeit-Haushalt, hält das Feuer in Gang, schabt die Felle sauber und kaut sie weich. Die Zweite hilft beim Kochen und fängt an, ein wenig hobbymäßig zu töpfern. Und der arbeitsgeteilte Fortschritt ist nicht aufzuhalten.

Ganz so fix geht es natürlich auch in Ur-Thüringen nicht mit dem Fortschritt. Es gibt Rückfälle in die Steinzeit. Unser Freund und Sieger-Typ kann wohl die alten Gewohnheiten nicht so schnell ablegen, und darum legt er sich auch zu seiner Ersten. Weil es dem Homo erectus gerade so Spaß macht, sich zu erregen, wird sich gleich auch noch zu der Zweiten gelegt. Darum ist von dreien immer mindestens eine schwanger. So kann diese Keimzelle der Gesellschaft nicht mehr locker herumnomadisieren. Also sucht man sich eine Alternative und findet diese in einer gewissen Sesshaftigkeit. Mit dem Resultat: Thüringen wird dauerhaft besiedelt.

Wir machen jetzt etwas Chinesisches, einen großen Sprung. Ein paar Jährchen vergehen, so rund dreihunderttausendachtundfünfzig, bis sich der Thüringer mal wieder in der Geschichte meldet. Das allerdings gleich mit Pauken und Trompeten, wobei das mit den Pauken und den Trompeten nicht wörtlich genommen werden sollte, denn beide Musikinstrumente waren höchstwahrscheinlich erst im Stadium von Muschelhorn und hohlem Baumstamm vorhanden. Aber heute würde es eben echt blöd und töricht klingen, wenn der Autor geschrieben hätte: Die Thüringer melden sich mit Muschelhorn und hohlem Baumstamm in der Geschichte zurück.

Es bewahrheitet sich in diesem Falle wieder einmal die Theorie, dass die Thüringer Spezialisten im Abtauchen waren. Unter dem Deckmantel der Tarnkappe bringen sie das Kunststück fertig, so um das Jahr 58 unserer Zeitrechnung plötzlich und gut gewappnet in der Gegend des heutigen Bad Salzungen wie aus dem Nichts wieder aufzutauchen, um daselbst eine recht erfolgreiche Schlacht zu schlagen.

Und warum? Weil der Mutti das Salz ausgegangen ist, das so wertvolle. Fehlendes Salz im Haushalt kann die häusliche Szene mit Krieg überziehen.

»Mutter«, spricht Herman, der Hermundure, und verzieht dabei das Gesicht, »wie schmeckt denn heute das Fleisch so fade. Da hat man nun den Fortschritt hinter sich gebracht, all die schönen alten salzlosen Bandkeramikzeiten, die Trichterbecher-, Schnurkeramik- und Glockenbecherkultur, und dann schmeckt das Fleisch wie eingeschlafene Füße!«

»Vater«, rügt Freydrun, des Hermunduren Hermans Frau, »du redest wie ein Mann, der sich mit den Dingen des Haushalts nicht beschäftigt.«

»Was soll ich mich auch mit den Dingen des Haushalts beschäftigen, wenn mich ganz andere Dinge beschäftigen.«

»Beschäftigung nennst du das, das Herumliegen auf Bärenhäuten, das Metsaufen und Herumgrölen. Dass ihr euch nicht schämt. Als kürzlich die römische Delegation da war, konntet ihr euch kaum auf den Beinen halten. Einen schönen Eindruck habt ihr hinterlassen.«

»Die Römer hatten sich nicht angemeldet.«

»Wenn sie demnächst mal wieder mit ein paar Legionen vorbeikommen, werden sie sich auch nicht vorher anmelden.«

»Ha! Ich glaube nicht, dass die Römer vergessen haben, wie Hermann der Cherusker die Legionen des Varus zerlegt hat. Wenn die Römer doch vergesslich sind und erstens ganz zufällig wieder herfinden, haben wir zweitens unsere Körper unheimlich ertüchtigt. Aber sollte das Fleisch weiterhin so schmecken wie alter, abgehangener Bär, Mutter, dann sind die gebildeten Muskeln wieder hin.«

»Alles was du kannst, ist, deine unschuldige Frau anzuschreien«, schluchzt Mutti Freydrun plötzlich los. »Wie soll man das Fleisch würzen, wenn das Salz im Hause fehlt?«

Ja, das Salz. Nicht nur, dass Hermunduren-Hermans Fleisch fade schmeckt. Ohne Salz fühlen sich die Hermunduren so, wie wir heute ohne gefülltes Portemonnaie. Salz ist bares Geld. Darum ziehen die Hermunduren samt Herman in das Werra-Gebiet, um dort Salz zu machen. Das Problem sind allerdings die Chatten, ein anderer Germanenstamm, der sein eigenes Süppchen und das Salz der Werra von der westlichen Seite aus kocht.

»Diese Westgermanen!«, kocht Herman vor Wut. »Es ist jedes Mal dasselbe, kommen wir aus dem Osten, schmeißen die sich in Positur und tun so, als wären sie schon immer hier gewesen. Hermunduren, wenn unser Fleisch jemals wieder so schmecken soll, wie es früher schmeckte, müssen die Chatten ins Reich der Schatten geschickt werden.«

Die Hermunduren schlagen ihre Speere an ihre Schilde, was so viel wie »Einverstanden!« bedeutet.

Nur einer schlägt nicht an sein Schild, der kleine, dünne Olfo. Das bleibt nicht unbemerkt.

Herman schreitet heran und schreit ihn an: »Wieso klopft deine Frame nicht auf dein Schild, mein über alles geschätzter Olfo?«

Herman kriegt das mit der Ironie nicht so hin, denn er ist ernsthaft sauer auf den kleinen Dünnen.

»Müssen wir denn wirklich gegen die Chatten ziehen? Können wir nicht mit den Brüdern aus dem Westen einen kleinen Vertrag schließen und das Salz teilen.«

»Teilen?!?«, schreien die versammelten Hermunduren-Krieger. »Mit den Chatten?!? Wieso sollen wir teilen, noch dazu mit Ausländern?«

»Man weiß nie, wie es mal kommt. Vielleicht brauchen wir die Westgermanen dereinst, wenn es im Osten mal nicht so läuft.«

»Was gleich läuft, ist dein Blut, mein Olfo«, brüllt Herman.

»Muss das sein? Ich esse sowieso lieber salzarm. Das ist gesünder.«

Da erst in der Demokratie die Mehrheit bestimmt, freut sich die Mehrheit hier darüber, dass Herman befiehlt, den Olfo ans Pferd zu binden und als ersten in die Schlacht zu schicken. Doch wie so oft kommt es erstens anders als man zweitens denkt. Olfos Pferd ist, im Gegensatz zu seinem gebundenen Reiter, dem Salz der Werra nicht abhold. So steht es, genüsslich an einer Salzlecke lutschend, da, und rundherum wogt die Schlacht am Salzfluss. Olfo sind nicht nur die Beine, sondern auch die Hände gebunden. Olfo gibt den Part des unfreiwilligen Zuschauers. Und was sieht Olfo? Dass die hermundurische Körperertüchtigung und eine gewisse Überzahl an Kriegern letztlich den Ausschlag dafür geben, dass die Chatten vernichtend geschlagen werden.

Das »vernichtend« ist übrigens wörtlich zu nehmen, denn die Hermunduren hatten ihre Gegner den Kriegsgöttern geweiht, was bedeutet, dass die Chatten einen gepfefferten Preis für ihre Niederlage am Salzfluss zu zahlen haben. Alles Chattische wird mit Ross und Reiter dahingemetzelt. Ja, auch mit Ross, die Tierschützer waren noch nicht so aktiv damals. Nun, die Zeiten waren eben etwas roh. Aber wenigstens wurde schon das Fleisch gebraten gegessen.

Olfo übrigens wird mit Schimpf und Schande aus dem Stamm vertrieben. Wie sonst soll man erklären, dass der römische Geschichtsschreiberling Tacitus, der zur Zeit der Salzschlacht gerade mal drei Jahre alt war, in seinen »Annalen« dieselbe beschreibt. Olfo wird bei ihm auf der Ottomane gelegen haben, um sich sein Salzschlacht-Trauma von der Seele zu quatschen. Und dieser Tacitus hat sich dann mit fremder Leute Geschichten Weltruhm erschlichen.

»Was geht mich Tacitus an?«, fragt Freydrun. »Wichtig ist, dass der schief hängende Haussegen in meiner bescheidenen Hütte wieder geradegerückt ist. Herman, dem Hermunduren, was mein Mann ist, schmeckt es wieder.«

Na, und das sollte doch ein paar hingemetzelte Chatten wert sein.

Aufmerksame Leser und Leserinnen werden jetzt sicher fragen: Wieso sind diese beiden Geschichten eigentlich der erste Akt der Thüringer Geschichte, wenn doch nur Vor-Thüringer in der Steinzeit auftreten und auch in dieser Salzschlacht keiner mitschlachtet, der sich Thüringer nennt. Die Thüringer sind als Thüringer bis weit hinein in die Zeit nach Beginn der Zeitrechnung noch nicht existent. Vereinfacht gesagt: Es sagt noch keiner Thüringer zu ihnen.

Eine Meisterleistung der Tarnkunst.

Ja, denn sie waren schon da. Man führt sie nicht unter T, sondern unter H wie Hermunduren.

2. Kapitel

… in dem der Name »Thüringer« etwas erklärt wird; außerdem die Thüringer das erste Mal im Geschichtsbuch auftauchen, um sich sofort wieder zu verabschieden

....

Tja, woher kommt eigentlich die Mengenbezeichnung »Thüringer«? Was sagen uns die Sagen und die sagenhaft wissenden Wissenschaftler? Was war wahr?

Es waren einmal die Vorfahren der Thüringer im gleichnamigen Becken, die sich an der größten Pfadfinderbewegung der Welt, der Völkerwanderung, nicht beteiligten. Und das kam so:

Die wanderfreudigen Goten schickten einen Boten, also einen Gotenboten, zu den Hermunduren in das besagte Becken. Der Bote klopfte an die erste Haustür, die er fand, und rief zum Marsch nach Osten auf.

Der Becken-Hermundure, der – mit Verlaub – gerade dabei war, die Fruchtbarkeit seines familieneigenen weiblichen Beckens zum Zwecke der Familienvergrößerung anzuregen, hatte vom Dorfschamanen Senkspreizfüße attestiert gekriegt und wollte sich mit diesen Senkspreizern nicht den Strapazen eines Marsches bis nach Italien oder sonst wohin aussetzen. So blieb er beim Klopfen des Gotenboten still, hielt nur mit der einen Hand den Mund seiner Frau zu und mit der anderen die Tür fest.

Der Gotenbote, keine Antwort auf sein Flehen erhaltend, obwohl er gerade noch stöhnende Lebenszeichen aus der Hütte vernommen hatte, versuchte nun seinerseits, die Tür zu öffnen, um seine Botschaft persönlich loszuwerden. Das Türgehangel und Türgerangel, das Ringen um Einlass oder Einlassverweigerung, hielt eine Weile an, bis der Bote aufgab, abzog und flüchtend fluchte: »Ich hab's satt, dieses Dür-Ringen!«

So entstand der Name Thüringen.

Glauben Sie nicht? Zugegeben, wissenschaftlich gesehen kommt »Thüringer« aus dem Germanischen. »Dur« heißt wertvoll oder fest, »turon« heißt kühn. Na und!? Beweist es nicht kühne Festigkeit, sich an die Heimat, die wertvolle, zu klammern, sich der Völkerwanderung und damit dem Geschichtsbuch zu verweigern?

Leider gibt es da noch eine alte Sage zum Thema Namensweihe. Man soll nichts unterschlagen, auch wenn das Licht, das dann auf die Thüringer geworfen wird, niederschmetternd ist. Sei's drum. Bringen wir die Geschichte mit den Sachsen hinter uns.

Die Sachsen, weiland Männer des großen Alexander, die nach dessen Tod durch die Welt fuhren, kamen eines Tages an einen Ort, wo ihnen die Landeseinwohner zuwider waren, und es wurde heftig mit Beil und Schwert gestritten, um hernach Frieden zu schließen. Die Sachsen sollten kaufen und verkaufen können, was ihnen beliebte, wenn sie nur abstehen wollten von Menschenmord und Länderraub.

Und so weiter und so fort in diesem Ton. Kurz gesagt: Die Thüringer ließen die Sachsen dauernd abblitzen, so dass denen die Vorräte ausgingen. Darum schickten die einen Provokateur, dick behangen mit Gold. Ein goldgeiler Thüringer stellte die dumme Frage, was das alles zusammen kosten solle. Darauf der Sachse: Ich kann's nicht essen, gib mir, was du magst. Der Thüringer markierte den Schlaumeier und füllte dem Sachsen als Gegengabe den Rock mit guter Thüringer Erde. Das Gelächter! Vor allem bei den Sachsen. Die streuten nämlich ihr rechtmäßig erworbenes Eigentum dünn auf eine große Fläche Thüringer Landes und hauten alles runter, was sich auf dieses Land traute und nicht sächsisch sprach. So kam man überein, an einem anderen Ort, ohne Waffen, eines neuen Friedens wegen, zusammenzukommen.

Bei den Sachsen war es nun aber althergebrachte Sitte, große Messer zu tragen, und diese nahmen sie unter ihren Kleidern mit zur Versammlung. Wie sie nun ihre Gegner so wehrlos und deren Fürsten alle so gegenwärtig sahen, fanden sie, es sei eine gute Gelegenheit, um sich des ganzen Landes zu bemächtigen, überfielen die Einheimischen mit ihren Messern, dass auch nicht einer lebendig blieb.

Die Besiegten aber mussten sich seitdem gefallen lassen, von den Sachsen Notdöringe oder Nottörichte genannt zu werden, weil sie sich so streittoll und töricht gezeigt hatten. Davon soll Döringer oder eben Thüringer den Sprachabschliff der Jahre überstanden haben.

Ist das etwa eine bessere Namensgeschichte als die mit den Tür-Ringern? Nicht für die Thüringer selbst. Aber es macht den jahrhundertealten und immer noch schwelenden Groll gegen die Sachsen verständlich. Es wird alles noch verständlicher, wenn man sich den Fortgang der Geschichte anschaut.

Die Thüringer – nennen wir sie ruhig jetzt so – leben nun zunächst glücklich und zufrieden in den Wäldern zwischen den mittelhohen Gebirgen Harz und Thüringer Wald, bis eines Tages wirklich eine römische Delegation auftaucht. Es muss so um das Jahr 380 nach CSU (nach Christin sein Ufftauchn) gewesen sein. Mitglied der römischen Delegation ist zumeist ein Schreibkundiger, sozusagen der Protokollant. Dieser hier heißt Flavius Vegetius Renatus.

»Wie heißt der Römer? Fluxus Vegetarius? Und wieso heißt der Mann Renate?«, fragt eine jugendliche Stimme aus der herumstehenden und gaffenden Volksmenge. Von Volksmassen kann man zu der Zeit wirklich noch nicht sprechen. So massig ist das Volk noch nicht.

»Flavius Vegetius Renatus heißt er. Halt den Mund, du Lümmel, wenn ein Erwachsener redet.«

Nun redet er, der Römer.

»Meine lieben Thüringer!«, beginnt er, seine Toga um den Hals geschlungen. »Ich freue mich, euch mitteilen zu können, dass ich es bin, der es vollbrachte, dass ihr durch meine schriftliche Ersterwähnung eurer Existenz gewiss sein könnt und in die Geschichte eingegangen seid. Ihr dürft mir die Füße küssen.«

Rundherum wird applaudiert. Bravo-Rufe. Ein Dicker versteigt sich sogar zu dem Ausruf: »Ein wahrhaft geschichtlicher Moment. Wir danken dir.«

Wieder der Lümmel: »Aber das Füßeküssen fällt aus.«

Ein Bravo-Rufer entgegnet: »Da hat sich dieser unser Flavius den weiten Weg hierher gemacht, um uns von seiner Großtat zu informieren, da kann man doch etwas Dankbarkeit und einen Fußkuss erwarten.«

»Nein«, protestiert der Lümmel, »merkt ihr denn gar nichts?«

»Was sollen wir merken, außer dass wir nun endlich in die Geschichte eingegangen sind?«

»Ja, eingegangen ist ein schönes Wort und eine nette Aussage für die Zukunft: Wir werden eingegangen sein.« Plötzlich beginnt der Zwischenrufer zu brüllen: »Du römischer Idiot! Du hast unsere jahrhundertelang funktionierende Tarnung aufgehoben. Keiner hat von uns Thüringern gewusst. Alle haben gedacht: Naja, da irgendwo hinter den sieben Thüringer Bergen leben ein paar alte Hermunduren vor sich hin, nichts weiter. Jetzt weiß alle Welt, dass da zwischen Harz und Bayern, zwischen Elbe und Weserbergland ein recht großes Volk in einem recht großen Land wohnt, das zu erobern sich lohnt.«

Aufregung in der Volksmenge. Jetzt hat es auch bei den Dümmsten geklingelt. Die Stimmung kippt um. Ein Sprechchor wird gebildet: »Der spinnt wohl, der Römer!«

»Genau«, mischt sich eine Frau ein, »jetzt müssen wir wieder Pflugschare zu Schwertern umschmieden. Kriegstreiber!«

Flavius Vegetius Renatus fleht: »Aber ich wollte euch doch nur einen Gefallen tun. Denkt an später. Wenn eure Thüringer Nachkommen zum Beispiel einmal den 1500. Jahrestag der Ersterwähnung feiern wollen, mit großem Festumzug, Blasmusik und Bratwurst, da müsst ihr doch ein urkundlich gesichertes Ersterwähnungsdatum haben.«

So geht das Renatus-Treffen wohl aus wie später das Hornberger Schießen. Die einen freuen sich, die anderen meckern. Eines ist allen gemeinsam, sie gehen auseinander und sagen sich in guter Thüringer Art: »Jetzt hängen wir drin in der Geschichte. Mal sehn, was dabei rauskommt!«

Was kommt raus? Die Thüringer aus der Geschichte. Sie schaffen es gerade noch, ein Königreich zu gründen. Leider hält es wegen der aufgeflogenen Tarnung nur bis zum Jahr 531.

Dann fällt den Franken und den sagenhaft liebenswerten Sachsen ein, in Thüringen einzufallen. In einer Schlacht irgendwo an der Unstrut werden der letzte Thüringer König Herminafried und die Seinen geschlagen. Das ist das Ende des Thüringer-Reiches. Auch das Ende dieses Buches? Mitnichten. Endlich dürfen die Thüringer wieder das tun, was sie so gut können. Sie tarnen sich, um ihre Ruhe zu haben. Mit der Ruhe klappt es allerdings nicht so.

3. Kapitel

... in dem eine Eiche umgehauen wird, was letztendlich zur Fernbedienung Thüringens führt, was wiederum den Thüringer Tarnbestrebungen entgegenkommt

Wir schreiben das Jahr 742. »Wir« ist hier vielleicht etwas übertrieben, denn schreiben kann zu dieser Zeit kaum jemand. Die wenigen, die es können, sind Angestellte der Kirche, die es in Thüringen noch gar nicht gibt. Aber das soll sich bald ändern. Bis hierher gehören die Thüringer zum Frankenreich, was ihnen weder Franken noch Reichtum gebracht hat, denn die Thüringer Stämme mit ihren Grafen an der Spitze bewahren sich tief in ihren Herzen und den ehemals königlich-thüringischen Wäldern ein ausgeprägtes Stammesbewusstsein. Dass hier jetzt schon zweimal von Stämmen und Stamm die Rede ist, kommt nicht von ungefähr. Die Thüringer lieben und verehren ihre Stämme im doppelten Sinn des Wortes: Sie hocken blutsverwandt und ohne größere Nachbarschaftsstreitigkeiten im Stammesverbund aufeinander, und sie beten Stämme an, Baumstämme in diesem Falle. Zumeist sind es – wen wundert dies in deutschen Landen – Eichen, die heiliggesprochen sind. Diese innere Ruhe stören klugerweise auch die Oberchefs aus Franken nicht.

Und nun? Nun schreiben wir, wie gesagt, das Jahr 742. Es ist Frühling, und damals gab es noch richtigen Frühling mit allem Drum und Dran: erste warme Sonnenstrahlen, die sich durch das helle Grün des frischen Blattwerks dicht stehender Bäume drängeln, Schneeglöckchen-, Krokus- und Himmelsschlüsselchenteppiche auf den Lichtungen, und eine Luft hatten die Thüringer damals noch, eine Luft, so zart und rein wie sie kein Dichter zarter und reiner beschreiben kann.

Abgesehen davon, das Thema muss an dieser Stelle noch ein letztes Mal angeschnitten werden, konnte sowieso kaum einer schreiben, weswegen Gedichte aus dieser Zeit nicht überliefert sind. Aber gedichtet wurde hundertprozentig. In Thüringen wurde immer gedichtet. Die Dichter und ihre Dichterei werden sich eines Tages im grünen Herzen Deutschlands stark verdichten. Dazu jedoch später mehr.

Jetzt ist erst einmal der Dichter anregendste Jahreszeit. Frühjahr, wie gesagt Frühjahr 742. Das Jahr wird hier so oft erwähnt, weil es ein schicksalhaftes ist für alle Stämme in Thüringen.

Axtschläge hallen durch den 742er Wald der Thüringer bei Erfurt, einer schon recht großen Ansiedlung. Es ist ein Hallen, das mag schallen bis nach Halle, falls es Halle schon gibt.

Die da Hand und Axt an Thüringens Stämme legen, schwitzen beträchtlich. Auch ist ihre Kleidung nicht gerade praktisch für diese Tätigkeit. Die Herren tragen Mönchskutten. Aber es ist Frühlingszeit, herrliche Zeit. Die linden Lüfte sind erwacht. Da hackt es sich wieder so frisch, fromm, fröhlich, frei.

»Guter Gott«, sagt der eine mönchische Hacker zu sich, »lass es bald vorbei sein. Die Arme schmerzen mir.« Was ihn nicht schmerzt, ist der Anblick der zahlreich versammelten Erfurter, die mit finsteren Mienen um das kleine Mönchsgrüppchen herum stehen. Solche bösen Thüringer Blicke hauen ihn nicht mehr um. Es ist nicht die erste heilige Thüringer Eiche, die er stellvertretend für ein höheres Prinzip kürzt, und es wird wohl auch nicht die letzte sein.

»Weiter so, Jungs. Feste drauf im Namen des Vaters, des Sohnes und des Heiligen Geistes.« Der das ruft, ist ein kleines Männchen, einer von der zähen Sorte. Er hat hier sozusagen die Oberaufsicht über das Geschehen. Das Männlein nennt sich Winfried-Bonifatius, wobei der erste Namensteil, ins Deutsche übersetzt, ungefähr Friede-Freude-Eierkuchen bedeutet. Nomen est omen, wie die Omas immer noch sagen, nur dass Winfrieds Nomen-Name eher ein böses Omen ist. Er ist nämlich nicht nur christlicher Bringer (Heil und s wollen wir gleich mal weglassen), sondern auch Sachse, wenn auch Angelsachse. Das hat er den Thüringern eingedenk ihrer bisherigen Geschichte allerdings nicht verraten. Er hat diplomatisches Geschick, dieser Winfried-Bonifatius.

Der schweißtreibenden Hackerei ist eine kleine Stammtischrunde beim hiesigen Fürsten vorausgegangen. Nach ein paar Hörnern Met hatte Friede-Freude-Eierkuchen-Bonifatius das Gespräch geschickt auf den allein selig machenden Glauben hingelenkt und ein wenig agitiert.

»Wir haben schon genug Götter«, hatte der Stammesfürst entgegnet.

»Ach, diese Heiden. Es ist jedes Mal dasselbe. Immer die gleichen Ausreden«, murmelte Friede-Freude-Eierkuchen. »Da müssen wir eben wieder auf die erprobte Argumentationslinie zurückgreifen.«

Zum Fürsten gewandt sagte er: »Wir wollen eure Götter gegen meinen einzig wahren Gott kämpfen lassen.«

»Wie willst du das tun?«, fragte der Fürst.

»Wir hacken einfach die heilige Eiche ab.«

»Die heilige Eiche, bist du von allen guten Geistern verlassen!?«

»Im Prinzip ja, denn ich diene nur dem einen einzigen Heiligen Geist über mir«, antwortete Winfried-Bonifatius. »Für euch wäre das doch auch viel vereinfachender. Bei dem alten, germanischen Göttergewimmel kommt man doch ganz durcheinander. Also weg mit der Eiche.«

»Unsere Götter werden damit nicht einverstanden sein«, sagte der Fürst in feierlichem Ton.

Darauf Winfried-Bonifatius mit den glänzenden Augen des Fanatikers und im Brustton der christlichen Überzeugung: »Wetten, dass …!?«

Draußen an der Eiche sagte er zu seinen Begleitern: »Macht Späne!«

Und nun steht die Menge da herum und murrt, bei jedem Axthieb murrt sie mehr. Aber die Menge besteht aus gelernten Thüringern. Also murrt man, mehr zunächst nicht. Ansätze von Widerständlertum werden im Keime erstickt.

»Sollten wir nicht den Mönchlein die Äxte wegnehmen und an ihren Köpfen ausprobieren?«, murrt einer leise.

»Das geht aus mindestens drei Gründen nicht«, antwortet ein anderer. »Erstens wäre es unhöflich, zweitens wäre es Diebstahl von fremdem Eigentum und drittens: Lass uns abwarten. Mal sehen, was dabei rauskommt.«

Alle Thüringer, die hier herumstehen, hoffen nämlich inständig, dass endlich ihre Götter, die Wohnung genommen haben im Ast- und Blattwerk der Eiche, endlich zurückhauen mögen. Blitz und Donner sollen auf diesen Winfried-Bonifatius und seine hackenden Mönche niederfahren. Wenn der Hackepeter schon erfunden wäre, würde man sich die Mönche als solchen wünschen. Aber nur wünschen! Hackepeter erfinden durch Hackepeter machen? Nein! Man will schließlich in der Weltgeschichte nicht mehr auffallen. Warum schlagen diese Götter aber auch nicht zurück, wenn ihr Wohnsitz abgeschlagen wird?

Die Eiche ächzt. Die Mönche ächzen und schwitzen. Winfried-Bonifatius befiehlt Einhalt: »Nun, meine Kinder?!« Die Frage ist etwas scheinheilig gestellt. Doof sind die Thüringer, auch die von Erfurt, nicht. Sie sehen selbst, dass hier etwas Bedeutungsschwangeres passiert, nämlich nichts.

Die Eiche wankt. Der Fürst zieht sich mit ein paar Männern zur Beratung zurück. Frauen, Kinder und Greise dürfen an der Eiche stehen bleiben, um zu beten und zu heulen. Das gibt ein so schön dramatisches Bild ab, das man später im Erfurter Rathaus an die Wand malen kann.

»Erinnert ihr euch, meine Getreuen«, sagt der Fürst, »an diese alte Geschichte, die uns unsere Eltern immer erzählten von ihren Eltern und die von deren Eltern und die wiederum …« Es dauert eine ganze Weile, bis der Fürst zu der Generation zurückgestoßen ist, die er meint. »Die Geschichte vom Stellungswechsel der Frau?«

Natürlich erinnert man sich. »Meine Freunde, was wurde damals prophezeit?« Alle nicken wissend. Doch der Fürst spricht die furchtbare Wahrheit noch einmal aus: »Es ist wieder mal so weit. Diesmal wechselt ein Baum seine Stellung. Es ist der Fortschritt, der da an uns herantritt. Sollen wir uns ihm in den Weg stellen, damit er über uns hinwegtrampelt?«

Die Getreuen sind kluge, einsichtige Leute.

»So lasst auch uns«, betet der Fürst, »die Stellung wechseln. Die Klugheit gebietet, dass wir Abschied nehmen von unseren Göttern. Nehmt's uns nicht übel, ihr da oben«, sagt er. »Das ist der Lauf der Welt. Aber!«

Auf ein »Aber« in der Rede des Fürsten war kein Getreuer innerlich vorbereitet. So schrecken alle hoch. »Aber wir werden diese Christen da draußen noch ein wenig mehr hacken lassen. Wir behaupten einfach, wir hätten uns in der Eiche geirrt.« Die Getreuen verstehen zunächst nicht, dann kichern sie leise.

Wieder draußen, warten der Fürst und die Seinen auf den Fall der heiligen Eiche. Die letzten Axthiebe führt Friede-Freude-Eierkuchen-Bonifatius mit theatralischer Geste selbst aus. Die Getreuen kichern. Dann erklärt der Fürst dem Winfried-Bonifatius den Sachverhalt.

»Noch eine heilige Eiche? Was habt ihr nur für ein Durcheinander in eurer Götterwelt?«, schimpft der.

»Jaja«, sagt der Fürst. »Tut uns leid. Aber wir Thüringer sind eben noch nicht so weit mit dem Geist wie du, Winfried-Bonifatius.«

So helfen im Laufe der nächsten Jahre die Mönche nicht nur bei der Christlichwerdung der Thüringer, sondern auch bei den Rodungen. Es kommt zu einem Aufschwung in der Landwirtschaft.

Und Winfried-Bonifatius?

»Meine lieben Erfurter!«, spricht er. »Ich freue mich, euch mitteilen zu können, dass ich es bin, der es vollbrachte, dass ihr durch meine schriftliche Ersterwähnung eurer Existenz gewiss sein könnt und in die Geschichte eingegangen seid. Ich habe euch in einem Brief an den Papst erwähnt, in dem ich Erfurt zum Bistum ernannt habe. Ihr dürft mir die Füße küssen.«

Diese Rede kennen wir ja schon. Aber diesmal schreit keiner »Idiot!« Das wäre Gotteslästerung. Denn Winfried-Bonifatius ist seit einigen Tagen nicht nur Obermissionar und Apostel der Deutschen, sondern auch gleich noch Bischof des von ihm selbst gegründeten Bistums Erfurt. Glücklicherweise hält er sich nicht länger hier auf, denn er muss weiter missionieren und seine Mönche heilige Eichen abhacken lassen.

»Habt ihr schon gehört?«, flüstern die Erfurter wenig später. »Der Winfried-Bonifatius ist vom Papst zum Erzbischof von Mainz ernannt worden.«

»Na hui, toll, Gratulation. Äh, wo liegt Mainz?«

»Weit, weit weg im Westen!«

»Da sind wir ihn endlich los.«

»Leider nein, er hat wissen lassen, dass er weiterhin regierender Oberhirte von Erfurt ist.«

»Lassen wir ihm seinen Glauben und machen unser Ding.«

Das machen sie dann auch, die Thüringer rund um Erfurt. Aber mit dem Regierungsumzug des Winfried-Bonifatius nach Mainz ist ein schrecklicher Same gelegt, der Same für einen ewig blühenden blutroten Strauß, den die Erfurter jahrhundertelang mit den Mainzern ausfechten werden.

Noch bleibt alles ganz ruhig. Rein technisch konnte die Fernbedienung Erfurts durch Mainz auch gar nicht funktionieren. So weit war der Fortschritt, in diesem Fall der technische, im 8. Jahrhundert noch längst nicht. Aber kommen würde er. Das war allen Thüringern klar. Und was meinten sie dazu? Das Übliche.

4. Kapitel

*… in dem dem Schreiber König Heinrich I.
im Jahre 919 angeblich das Pergament ausgeht,
was das Kapitel sehr verkürzt*

....

»Was!?«, schreit Heinrich I. »Ein Gegenkönig!? Auch noch ein Bayer! Arnulf der Böse von Bayern zum Gegenkönig gekrönt!?! So was gab es doch noch nie im Heiligen Römischen Reich!«

»Ihro Majestät haben durchaus recht, aber einmal musste es ja so kommen«, versucht Heinrichs Haus-und-Hof-Schreiber beruhigend auf den König der deutschen Stämme einzuwirken. »Das ist eben der Fortschritt.«

»Fortschritt! Fortschritt! Papperlapapp! Ist das nun eine deutsche Königskrone auf meinem Kopf oder nicht?«

»Natürlich ist es eine, aber wenn Majestät die Sache mal etwas weniger emotional sehen könnten, wäre es möglich, der Politik wieder mehr Professionalismus angedeihen zu lassen. Die Krone an sich ist ja nichts weiter als eine gute kunsthandwerkliche Arbeit. Erst eine Anzahl von Fürsten, die sie Euch aufs Haupt gedrückt haben, und ein Haupt, das ein politischer Kopf wie der Eure ist, machen den König. Dies scheint bei Arnulf jedoch auch der Fall zu sein.«

Der König kocht: »Willst du elendiger Schreiberling behaupten, der Arnulf, dieser bayrische Schwachkopf, sei meiner ebenbürtig?!«

»Da müssten Ihro Majestät wieder mal einen kleinen Krieg führen, um diese Frage zu klären. Als Schreiber kann ich mich da nicht äußern, bevor nicht das Endergebnis vorliegt. Das notiere ich dann für die Nachwelt!«

»Da bist du aber fein raus. Da wollen wir mal für ein Endergebnis sorgen. Einladungen an alle Stammesfürsten, die mich zu ihrem König gewählt haben. Sofort!«

Der Schreiber verschwindet, um nach drei Tagen wieder vor Heinrichs I. zu erscheinen.

»Was denn, schon fertig?«, fragt Heinrich I.

»Nun ja, Ihro Majestät, es sind ja nun nicht so wahnsinnig viele fürstliche Untertanen. Da ist ja das fortwährende Kopieren aller Adels-Angaben zu Ihro Majestät fast mehr Arbeit.«

Heinrich hält sich zurück. Er weiß, dass der Schreiber der Einzige weit und breit ist, der schreiben kann. Wenn er den wegen einer seiner Frechheiten niedermacht, ist keiner mehr da, der seine, die Taten Heinrich I. für die Nachwelt aufzeichnet. Wer nicht aufgezeichnet wird, der ist für die Nachwelt verloren.

Er könnte selbst alles aufschreiben, aber er hat so viel königliche Arbeit um die Ohren, sagt er. Der aufmüpfige Bayernarnulf stehe da ganz vorn auf der Liste der abzuarbeitenden Punkte. Hinzu komme, dass Eigenlob stinkt, sagt er. Außerdem hätte er, Heinrich, sagt er, eine solch schlechte Handschrift, eine echte Sauklaue; die Fürsten könnten nicht einmal die Einladungen entziffern. Sagt er. Heinrichs Schreiber grinst dazu. Er weiß, wenn zwei wie König Heinrich und er in einem Zimmer sind, dann kann nur einer wirklich schreiben.

Heinrich herrscht seinen Schreiber an: »Sind das alle Einladungen?«

»Ja, an die fränkischen und sächsischen Fürsten. Mehr stehen nicht in den Unterlagen.«

»Aber da waren doch noch welche. Warte, ich komme gleich drauf. Aber ja: Thüringer!«

O, verdammt, denkt der Schreiber, jetzt ist er doch drauf gekommen. »Thüringer? Nie gehört. Sind die so wichtig?«

»Die Thüringer Fürsten haben schließlich mitgetan, mein Haupt zu krönen. Das hast du doch aufgeschrieben.«

»So? Ich kann mich nicht so erinnern. Ich müsste erst nachlesen«, sagt der Schreiber ausweichend. »Eine Frage sei noch erlaubt: Sind diese – äh – Thüringer nicht seit längerem unter Ihro Majestäts Oberhoheit und damit sowieso Sachsen?«

»Das ist reichspolitisch schon richtig, aber das hören die Thüringer nicht sehr gern! Also, schreibe noch eine Extra-Einladung für die Thüringer!«, befiehlt der König.

»Das geht leider nicht. Mir ist das Pergament ausgegangen. Ihro Majestät wissen sicher, wie lange es dauert, ehe aus der Haut eines alten Ziegenbockes ein ordentliches Pergament geworden ist.«

Der König schaut seinen Schreiber lauernd an: »Spüre ich da einen unterschwelligen Widerstand? Oder ist es nur ein falsches Gefühl, dass du die Thüringer nicht einladen willst.«

Mist, denkt der Schreiber, er ist ein schlauer Hund, was sage ich ihm jetzt? »Äh, die Thüringer, also die stinken so heftig.«

»Ach darum«, lacht Heinrich I. »Dann werden wir dir jedes Mal, wenn ein Thüringer zu uns stößt, eine Nasenklammer aufsetzen. Nun raus mit dir und die Einladung geschrieben.«

Der Schreiber kehrt innerlich fluchend in seine Kammer zurück, wo ein Abgesandter der Thüringer mit freudigem Gesicht auf ihn wartet: »Nun, alles klar. Sind wir raus aus der Geschichte?«

»Tut mir leid, mein Herr! Selbst die Macht der Schrift ist nicht unendlich. Ich habe versucht, die Thüringer zu streichen, aber die Macht der königlichen Erinnerung war stärker.«

»Wir sind also weiter drin?! Verdammt, wer hat denn behauptet, dass nur zählt, was geschrieben steht«, ärgert sich der Thüringer. »Dann wird es leider nichts mit den drei, vier Ferkelchen pro Jahr an Euch, mein lieber Schreiber.«

»Wie wäre es mit ein, zwei Ferkelchen. Und ich werde

Euch für immer vergessen. Oder noch besser: Immer alle anderen so groß schreiben, dass ihr am Ende nicht mit auf das Pergament passen werdet.«

Was sagt da der Thüringer nach kurzer Überlegung? »Gut, mal sehen, was dabei rauskommt.«

Nichts kommt freilich dabei raus, nichts Gutes jedenfalls für die Thüringer. Denn Heinrich I. zieht alle naselang in einen neuen Krieg. Das ist damals so üblich.

Die Thüringer kommen zwar in den Annalen wirklich nicht mehr als Thüringer vor, aber ein Abtauchen in ihre ruhige und friedliche Gegend ist unmöglich. Heinrich I. macht sich rundherum alles untertan. Nachdem er ihnen die königlich-militärischen Instrumente gezeigt hat, huldigen ihm die Bayern und die Schwaben, die Slawen und die Böhmen. Lothringen nimmt er sich. Heinrich hat solch einen Machthunger, dass er alles runterschluckt, als wären es reife Pflaumen. Thüringen wird Kernland des Reiches. Die Thüringer stehen zwar nicht mehr drin, aber sie stecken mittendrin in der Geschichte.

Übrigens: Auch in der Geschichte ist wichtig, was hinten rauskommt. Da stecken die Thüringer dann auch wieder mit drin. Deren Tarnung ist gut, aber leider nicht so gut, dass die nächsten Jahre nicht eine Menge Thüringerblut die Flüsse Europas hinunterfließen würde.

Ein Endergebnis kann der Schreiber 933 notieren: Heinrich I. besiegt endgültig die immer wieder in das Reichsgebiet hereingaloppierenden, verwüstenden und angeblich unverwüstlichen ungarischen Reiterheere in einer Schlacht. Wo? Na, wieder mal irgendwo an der Unstrut. Auf irgendwelchen mühsam bestellten Feldern der Ähre.

Heinrich I. siegte? Ganz allein? Man kennt diese Frage und auch die Antwort. Er hatte wenigstens einen Koch bei sich. Nicht zu vergessen: einen Schreiber, weil wir sonst keine Kunde von den Königssiegen hätten. Zugegeben, ab und zu hat er nicht nur die Armee, sondern auch das Schwert geführt. Richtig zugeschlagen hat aber seine bunte deutsche Truppe, in der auch die Farben der Thüringer Stämme vertreten waren.

Heinrich legt sich drei Jahre später in der nordostthüringischen Pfalz Memleben zur ewigen Ruhe. Nun könnte ja dieselbe wieder in Thüringen einkehren. Ruhe satt!

Aber nichts da! Rund hundert Jahre, dann schreit es durch die Hörselberge bei Eisenach: Erbarme, die Hesse komme! Denkste, die da aus dem Westen herüberkommen, sind ein paar Mainfranken.

5. Kapitel

… in dem Mönche einem eingereisten Fürstenhaus zu Gut und Geld und letztendlich zur Thüringer Markgrafenwürde verhelfen

....

»Brüder«, ruft der Abt des Benediktiner-Klosters Reinhardsbrunn am Fuße des Thüringer Waldes, »Brüder, das Wasser ist heiß. Nacheinander ab in den Zuber. Links für eure lebendigen, rechts für die toten Teile.«

Er kichert, als die Mönche ihn nur dumm anschauen. Dabei haben die Brüder alle einen nicht unbedeutenden IQ. Aber weil der Abt selten Witze macht, ist ihr Gehirn in diesem Falle ziemlich hilflos.

»Was ist? Was steht ihr da wie angewurzelt? Ab in die linke Holzbadewanne.«

»Aber was kommt in die rechte, welche toten Teile?«, fragt ein kleiner, dicker Mönch, den seine Eltern mit Blick auf seine spätere Kirchenlaufbahn Benedictus genannt haben.

»Dein Gehirn, Benedictus!« Der Abt lacht schallend. Die Mönche sind noch verunsicherter. So aufgekratzt haben sie ihren alten Abt noch nie erlebt.

»Du bist zwar ein Genie der Schrift, aber deinem Geist fehlt das lachende Drittel, oder so ähnlich, mein lieber Benedictus.«

»Bruder Abt, lasst die Späße und sagt, was in den rechten Zuber soll.«

Der Abt stöhnt ob so viel ernsthafter Dummheit. Dann sagt er es den Mönchen ganz prosaisch und in Kirchenbeamtendeutsch, wobei »deutsch« jetzt hier rein sprachlich ein bisschen verfrüht ist. Das wollen wir dem Martin Luther vorbehalten. Man spricht Latein und einen Schwarzwälder

Dialekt. Die Mönche kommen nämlich zum großen Teil aus dem berühmten Hirsauer Kloster im Schwarzwald.

»Mönche links in die Wanne, ohne Kutten!«

»Schon wieder Nacktbaden!? Können wir die Kutten nicht anbehalten, da kommen sie doch auch ins Wasser.«

»Das könnte euch so passen. Die Kutten müssen endlich mal wieder ordentlich eingeseift und durchgewalkt werden. Die Kleckerflecken von drei Monaten müssen raus. Vor allem aus deiner Kutte, Benedictus, die in Hüfthöhe an den Seiten immer so speckig ist, weil du dauernd deine Fettfinger dort abstreifst.«

»Bruder Abt, das kommt nur davon, weil wir im Kloster mit den Fingern essen. Zu Hause gab es wenigstens noch einen Holzlöffel.«

»Und, du Holzkopf, was haben du und deine Bauerneltern mit diesem Holzlöffel gegessen? Meistens doch Luft, höchstens etwas Wasser.«

»Manchmal war auch eine Handvoll Grütze darinnen.«

»Apropos Grütze: Heut Abend gibt es ein Festessen zu Ehren unseres Besuches.«

»Macht es nicht so spannend, Bruder Abt, wenn wir schon das ganze Kloster geputzt und gewienert haben, dass man von den Fußböden essen kann, dann verratet wenigstens, wer heute zu uns kommt«, bettelt Benedictus, während er nackt in den linken Zuber steigt.

Der Abt singt »Lass dich überraschen!« und gibt einen Wink, links Benedictus und rechts dessen Kutte ordentlich einzuseifen und durchzuwalken. Wenn unser großer Gönner kommt, murmelt er, dann müssen wir glänzen.

»Das ist aber nett, Eure Hoheit, dass Sie uns wieder einmal besuchen«, dienert der Benediktiner-Abt des Klosters Reinhardsbrunn. Sein in Samt und Seide gekleideter Besucher schwingt sich vom Pferd. Sofort ist ein Reitknecht da, der das Pferd wegführt.

»Lasst die Schmeichelei, Bruder Abt, eine Hoheit bin ich noch nicht«, sagt der Gast grinsend, »aber was nicht ist, kann ja noch werden.«

Der hohe Besucher ist Ludwig II., Sohn Ludwig des Bärtigen, der vor ein paar Jahren ins Thüringische eingeheiratet hat. Gebürtig aus dem westlich gelegenen Mainfranken, saß er dort nur auf einem Platz irgendwo auf dem hintersten Ast einer Nebenlinie der Grafen von Rieneck, den er gern gegen etwas Neuland im Osten tauschte. Ludwig des Bärtigen Sohn, nun gerade Gast der Reinhardsbrunner Mönche, ist ein noch umtriebigerer Fürst als sein bärtiger Vater. Er hat den Wartberg bei Eisenach in einem klugen Schachzug gekapert, so klug, dass sich demnächst Legenden darum winden werden, dass er angeblich Erde hat auf den Berg tragen und dort dünn ausstreuen lassen, damit ein paar Ritter, ohne rot zu werden, schwören konnten, es sei sein Land, auf dem nun die Wartburg wachse. Seine Frau, die Witwe des Pfalzgrafen Friedrich III. von Sachsen, so sagt man, hat er höchstselbst zur Witwe machen lassen, um sie samt Ländereien zwischen Naumburg und Weißenfels in seinen Besitz zu überführen. Ebenjener umtriebige Ludwig II. wird auch Ludwig der Springer genannt, weil er sich mit kühnem Sprung in die Saale aus kaiserlicher Haft auf der Hallenser Burg Giebichenstein gerettet haben soll. Mit dem Kaiser Heinrich V. hat er sich mittlerweile ausgesöhnt und für diesen Kniefall als kaiserlichen Dank die Grafenwürde und den Ort Eckartsberga geschenkt bekommen. Er hat sich zwar danach über die an den Knien durchgescheuerte Strumpfhose geärgert, aber der Grafentitel ist ja auch nicht schlecht.

Der Herr Graf sitzt nun, gesättigt vom üppigen Mahl, das die Mönche kredenzten, im großen Stuhl des Abtes. Die

Mönche und Ludwigs Gefolge sind entlassen. Die Chefs haben auf Wunsch Ludwigs noch ein Gespräch unter vier Augen, einen mittelschweren Politgipfel sozusagen.

»Lasst uns anstoßen, Bruder Abt, auf dieses blühende Stück Land, auf dieses Kleinod meines Landes, von dem ich Euch ein schönes Stück geschenkt habe, auf dass Ihr darauf ein Kloster bauet.«

»Das war sehr großzügig von Euch, mein Graf.«

»Ach, ich könnte«, sagt Ludwig mit einer generösen Geste, »noch viel großzügiger sein. Für die alten Freunde, die wie mein Vater aus dem Westen hierherkamen, tue ich gern und viel.«

Der Abt kann nur zustimmend nicken.

»Ich weiß, hierherzukommen, in den Thüringer Busch, das war ein großes Opfer, aber Ihr müsst zugeben, es hat sich gelohnt. Der Busch, ist er erst plattgemacht, wirft allerhand ab. Euer Bauch ist seit unserem letzten Zusammentreffen beträchtlich gewachsen.«

»Das lässt sich nicht leugnen, weil es augenscheinlich ist«, gibt der Abt mit einem breiten Grinsen zu.

»Tja, und da müsste man als Landesherr doch ein klein wenig Dankbarkeit erwarten können, nicht wahr, mein lieber Bruder Abt. So eine Klostergründung muss sich doch auch ein wenig bezahlt machen. Oder was meint Ihr!?«

Das Grinsen erstirbt schlagartig und macht einer gequält lächelnden Maske Platz. Der Abt zappelt auf seinem Sitz herum. »Nein, Euer Hochwohlgeboren, nicht schon wieder. Das ist Sünde.«

»Nein, Sünde ist es, wenn Ihr es aus Gier und Eigennutz tun würdet. Aber Ihr tut es ja für Euren Herrn und Meister, für Euren großen Sponsor und Gönner – für mich.«

»Gut«, stöhnt der Abt, »und was soll es diesmal sein?«

Ludwig hat sich schon alles überlegt: »Immer getreu dem

Wahlspruch ›Das Gesetz ist mein, wenn ich die kenne, die die Buchstaben zu setzen wissen‹ möchte ich diesmal gern eine Urkunde, in der steht, dass Kaiser Heinrich III. meinem Vater, Ludwig dem Bärtigen, erlaubt hat, die Schauenburg zu bauen. Bruder Abt, Ihr wisst, dass das dumme Gerede, mein Vater hätte auf Grund und Boden der Käfernburger Grafen gebaut, nicht enden will. Ein kaiserliches Edikt würde die Mäuler verstummen lassen.«

»So soll es sein«, sagt der Abt.

»Und noch etwas!«

»Herr Graf, jetzt übertreibt Ihr aber.«

»Wie, ich übertreibe? Bruder Abt, wie wäre es mit ein, zwei neuen Dörfchen, um den Besitz des Klosters Reinhardsbrunn, nun sagen wir einmal, abzurunden.«

»Oh, sagte ich Übertreibung? Ganz und gar untertrieben scheint mir Euer Wunsch zu sein«, versichert der Abt.

»So, untertrieben!? Dann hätte ich gern noch eine Urkunde, die mich als Verwandten des Kaisers ausweist.«

Der Abt willigt zähneknirschend ein. Seine Zähne knirschen, weil er neue Urkunden schreiben lassen wird, die noch Heerscharen von Historikern in tiefe Wissenskonflikte stürzen werden. Er könnte sich in den fett gewordenen Hintern beißen, dass er sich vom Grafen so hat übertölpeln lassen.

Er ruft Benedictus, das kleine, dicke Mönchlein zu sich.

»Bruder Benedictus«, spricht er salbungsvoll, »der Graf und dein Kloster brauchen wieder dich und deine genialen Fähigkeiten, die Buchstaben zu setzen, wie es des Kaisers Schreiber Art ist.«

»Bruder Abt, meint Ihr etwa, ich solle wieder Urkunden für die Ludowinger fälschen!«

»Wer spricht denn von Fälschen? Die richtigen Urkunden des Grafen Ludwig sind verloren gegangen, wir fertigen nur Kopien.«

»Kopien wovon?«

»Von des Grafen Ludwig des Springers Träumen und Wünschen, wenn Ihr es genau wissen wollt, Bruder Benedictus.«

»Nein, ich mache mich nicht vor Gott schuldig.«

»Benedictus, Ihr schreibt einfach, ich nehme Euch danach die Beichte ab.«

Benedictus bockt, als müsste er wieder nackt in den Badezuber.

»Ach, Benedictus, und dann hätte ich da noch etwas Nettes in meinem Keller stehen – drei Flaschen herrlichsten Frankenweins.«

Benedictus' Gesicht erglüht: »Echten Frankenwein? Nicht diese beißende Säure, die die hiesigen Winzer herstellen, um sie Wein zu nennen?«

Der Abt nickt. »Wie viele Urkunden soll ich schreiben?«, fragt Benedictus.

Ludwig, der große Sämann der Ludowinger in der Neu-Heimat Süd-Sachsen beziehungsweise Thüringen kann die Früchte der eigenen gräflichen Arbeit nicht mehr ernten. Sei es das schlechte Gewissen oder das Wissen um den Schein, den es zu wahren gilt, jedenfalls zieht er sich die Benediktiner-Kutte über und stirbt als Frisch-Mönch in seinem ihm so treuen Stift Reinhardsbrunn. Sein Sohn, Ludwig III., bringt die ludowingische Zahlenfolge durcheinander, indem er erstens eine hessische Grafentochter heiratet, was wiederum seinen herrschaftlichen Besitz immens vergrößert (Hier werden die Grundlagen geschaffen für neuzeitliche Herrschaftsformen wie den Sparkassenverbund Hessen-Thüringen). Zweitens wird der nunmehr sehr erstarkte Nachfahre eines recht unbedeutenden Ostlandreiters von König Lothar III. zum Landgrafen ernannt. So wird aus dem dritten Ludwig wieder ein Ludwig I., der erste seiner Sorte, der im jüngeren Reichsfürstenstand seinen Einstand feiert.

Das Landgrafenamt kostet Ludwig auch eine beim Kniefall durchgescheuerte Strumpfhose und bringt nicht viel, außer viel Ärger mit den ihm nun unterstellten, aufmüpfigen deutschen Kleinfürsten.

Nur ein Doppel-Satz aus der Historie ist vielleicht noch interessant, denn Ludwig starb anscheinend eines zwiefachen Todes. Der Satz geht so: Graf Ernst II. von Tonna, der im Eichsfeld ein eigenes Territorium erstreiten wollte, ließ Landgraf Ludwig II. ergreifen und 1170 enthaupten; der Landgraf starb 1172 auf der Neuenburg.

Dies ist keine weitere ludowingische Fälschung, sondern ein Witz für Deutschlehrer und Innen, denn in diesem Satz sind Subjekt und Objekt vertauschbar. Manchmal ist die Geschichte eben auch nur ein grammatikalischer Witz.

Wie? Was mit den Thüringern ist, dem Volk? Ach so, ja natürlich. Die Thüringer waren auch die ganze Zeit da, versteckt in kleinen Dörfchen und winzigen Städtchen, umgeben von viel, viel Wald, einem Wald, der sich langsam lichtete wegen erstens Feuerholz, zweitens Rodungen zum Zwecke landwirtschaftlicher Nutzung und drittens, damit die Grafen langsam den Überblick über ihr Territorium bekamen.

Überblick ist ein feines Stichwort. Hat sich eigentlich schon einer einen Überblick verschafft über den Stand von Kunst und Kultur in der Region? Nicht? Das muss nachgeholt werden.

6. Kapitel

… in dem ein berühmter deutscher Sangesbruder schnaufend einen späteren Eselspfad erklimmt und an einem zeitgenössischen Popmusik-Wettbewerb teilnimmt

………………………………………………………………………

»Schaut, Wolfram«, sagt Biterolf, der von den Zinnen der Wartburg den Pfad beobachtet, der zum Tor hinaufführt, »schaut nur, die Gestalt, die sich da den Berg hochquält, das ist doch – natürlich, er ist es.«

»Wer ist wer?«, fragt Wolfram von Eschenbach.

»Walter ist's!« Biterolf scheint begeistert. »Der von der Vogelweide. Kommt zum Tor, o mein Freund des Minnesangs, damit wir ihn begrüßen.«

Der erkannte Walter steigt derweil auf. Er ist ein bis auf die Schultern blondgelockter Mittdreißiger, in ein langes blaues Kleid nach Art der Ritter gewandet, auf dem Kopf eine Mütze, deren Form sehr an eine Königskrone erinnert. Zwar baumelt ein Schwert an seiner Seite, aber er trägt eine Laute vor sich her, als wolle er die anstatt des Schwertes jederzeit als Waffe führen.

Walter von der Vogelweide ist ein fahrender Sänger, wobei sich das Fahren auf gelegentliches Mitfahren auf Bauernkarren beschränkt, aber auch nur dann, wenn es keiner sieht, der hernach Spott über seine müden Knochen schütten würde. Leise flucht er vor sich hin: »Das Wandern mag des Lust sein wessen es immer will, die meinige ist es nicht. Warum muss der Landgraf aber auch so weit oben wohnen, fast im Olymp. Mein Geist täte schon ganz ohne Anstrengung kommen dahin, aber die Beine wollen nicht mehr wie der Sinn.«

Hier haben wir eine Frühform der deutschen Redewendung: Der Geist ist willig, doch das Fleisch ist schwach.

Walter nimmt sich vor, sich Vers und Reim zu merken. Die letzten Meter werden ihm sauer. »Einen Reitdienst müsste der Landgraf auf seine Wartburg hoch einrichten, ein paar Pferde. Ach was, Pferde, Esel würden schon genügen.« Hier ist Walter von der Vogelweide nicht nur literarisch, sondern auch einmal in praktischen Dingen seiner Zeit weit voraus. Heute sind die Esel auf dem Weg zur Wartburg nicht mehr wegzudenken. Walter muss noch fluchend und zu Fuß den Wartberg hochschnaufen.

Man sollte es noch einmal deutlich machen: Was da mit knappem Atem den Wartberg erklettert, ist Elite, die Creme. Es quält sich eine der Blüten des mittelhochdeutschen Geistes hinauf auf eine Erhebung eines mitteldeutschen Mittelgebirges. Bei so viel Mittel kann es sich zeitlich natürlich nur um das Mittelalter handeln.

Am Tor erleidet der von der Vogelweide fast einen Kollaps.

»Walter, alter Sangesbruder!« Wolfram von Eschenbach, eine weitere Blüte am Ast der mittelhochdeutschen Literatur, breitet die Arme aus. Als Walter sich aus der Umschlingung gewunden hat, tritt auch die dritte hier anwesende Kunst-Blüte vor, der zurückhaltende Biterolf, um den Neuankömmling zu begrüßen.

Walter blickt auf den mit verkniffenen Lippen. »Ihr seid schon zwei, ich hoff, es sind nicht noch mehr von unserer Sorte da.«

»Da muss ich dich gleichzeitig enttäuschen und beruhigen, mein lieber Walter«, sagt Wolfram von Eschenbach, der weiß, welche Sorge da zum Ausbruch kommt, »es sitzen auch Reinmar von Zweter und der tugendhafte Schreiber am Tische des Landgrafen Hermann I. Doch die Tische sind wohlgedeckt. Selbst eine große Anzahl arbeitsloser Ritter wird täglich satt. Ich selbst beobachte dies seit zwei Jahren. Bisher waren Speis und Trank genug und satt im Angebot. Außerdem ist der Landgraf samt einer erklecklichen Anzahl Rittersleut und Knappen gerade wieder einmal in Kriegsdingen unterwegs. Wir essen und trinken für zwei.«

»Der Landgraf, zieht er sein Schwert gerade für die Welfen oder die Staufer?«, fragt Walter von der Vogelweide.

»Mal so, mal so, wie's grade kommt.«

Biterolf schaut den Pfad hinunter. »Wolfram, Walter! Da kommt noch einer.«

»Wenn es ein weiterer Minnesänger ist, dann könnte das Brot knapp werden.«

»Vor allem der Wein«, sagt Wolfram von Eschenbach, der sich mehr zu den Schriftstellern als zu den Liedermachern zählt. »Musiker saufen immer so viel.«

Knurren im Magen und Groll in der Stimme, sagt Walter: »Er trägt eine Laute auf dem Rücken.«

Der jetzt den Pfad hochkommt, tut dies federnden Schrittes. Sein Gewand gleicht dem der anderen, aber es leuchtet in einem tiefdunklen Grün. Seine Kopfbedeckung ist weicher und runder, fast weiblich. Der Eindruck wird noch verstärkt durch ein kleines Stück schleierartigen Stoffes, das ihm aus dem Hut auf die Schultern fällt wie die goldenen Locken dem von der Vogelweide. Auch das Schleierchen ist von diesem tiefdunklen Grün, was die halblangen roten Haare des Mannes gut zur Wirkung bringt. Insgesamt eine sehr gepflegte Erscheinung.

»Gott zum Gruß, meine Herren. Ist diese hier die Burg Hermanns I., Landgraf von Thüringen, die Burg des großen Unterstützers notleidender Künstler in diesen wirren Zeiten, der Freund der Troubadoure, der kunstsinnigste Herr weit und breit, der …?«

Wolfram von Eschenbach unterbricht ihn unwirsch, indem er zu dem von der Vogelweide und zu Biterolf spricht: »Wenn wir zu dritt dem Grafen schmeicheln, so könnten wir's mit diesem Schleimtopf grade aufnehmen.«

»Meine Herren, ich wollte nicht über das Ziel hinausschießen. Auch wusste ich nicht, wen ich vor mir habe, was mich den guten Ton anschlagen ließ. Aber da Ihr gerade Topf sagtet, kann ich die Frage auch viel kürzer stellen. Ist dies die Burg, wo den Künstlern die Töpfe offenstehen?«

»Das schon. Jedoch der Landgraf ist außer Haus.«

»Aber die Töpfe wird er doch wohl dagelassen haben?«

Walter ist amüsiert: »Ihr führt ein freches Maulwerk, mein Herr, ein Maulwerk, dessen Träger uns bisher nicht einmal seinen Namen verriet.«

»Oh, verzeiht, meine Herren! Meine Eltern nannten mich Heinrich, und gebürtig bin ich von Ofterdingen.«

»Der Heinrich von Ofterdingen seid Ihr?! Euch gibt es wirklich?«, wundert sich Biterolf. »Ich hatte Euch für eine gute Erfindung gehalten. Ich sah Euch bisher nie.«

Der Neuankömmling verzieht seinen Mund zu einem breiten Grinsen: »Das liegt wohl nur an meinem Maulwerk, mit dem ich Lieder sing, die haben mich sehr oft und schnell von einem hohen Herrn zum anderen getrieben. Aber was macht's. Ärger wie meiner macht kräftige Wanderbeine und befriedigt die Neugierde. Wer rastet, der rostet auch im Geiste. Meiner ist frisch dadurch geblieben, dass ich die Welt geschauet.«

Der von Eschenbach reagiert pikiert: »Nicht in den Beinen, im Geiste steckt die Welt zum Anschaun. Ich bin das dritte Jahr hier auf der Wartburg. Mein Geist schaut noch sehr gut.«

Biterolf wechselt beschwichtigend das Thema: »Wolfram, wie steht es eigentlich mit deinem ›Parzival‹?«

»Da bin ich dank täglich einer warmen Mahlzeit und genügend Bier und Wein schon bei Vers 19437.«

»Gedenkst du noch weitere zu schreiben?«

»Solange fürstliches Essen und Trinken reichen, wird geschrieben!«

»Meine Herren, Ihr sprecht von schönen Dingen, die mir seit ein paar Tagen fehlen. Können wir das Gespräch nicht im Inneren der Burg fortsetzen.«

Walter von der Vogelweide pflichtet ihm bei: »Mein Magen rumort auch so laut, dass es den Geist beim Dichten stört.«

Die vier treten in den Burghof.

Ein paar Tage später reitet Hermann I., Landgraf von Thüringen, nach einer seiner zahlreichen kriegerischen Handlungen auf seiner Hauptburg ein.

Biterolf und der tugendhafte Schreiber schicken ihre Diener zum Aushorchen der Knappen. Die anderen Künstler des Wortes und Gesanges gehen mit Ausnahme Heinrich von Ofterdingens sogar höchstpersönlich, sich über den Stand der landgräflichen Dinge zu informieren. Sollte es ein Festmahl anlässlich der Wiederkehr des Grafen geben, werden vielleicht Musik und Gesang zu Lob und Ehren des Hausherrn gefordert sein. Die Musik ist nie das Problem, nur der Text. Da ist es günstig, die aktuellsten Informationen zu haben, um nicht selbst die aktuellste Information im Fachblatt der Ein-Kopf-kürzer-Innung zu werden.

Der von Ofterdingen scheint sich seines Kopfes sicher zu sein, denn er murmelt nur: »Saufen mit den Staufern und heulen mit den Welfen. Wo ist da der Unterschied?«

Die Feier steigt. Die Tafeln sind aufgestellt. Alles, was Küche und Keller zu bieten haben, wird aufgetischt. Im großen Saal der Wartburg schwirren die Stimmen, schmatzt es und rülpst es, dass es eine wahre Freude ist für den Küchenmeister. Da fliegen die Scherzworte hin und her und die Knochen über die Schultern an die Wände.

Da, ein lauter Streit am Tisch der Troubadoure!

»Wenn ich es Euch sage, meine Hand war die erste an dieser letzten Scheibe Brot. Was meine Hand einmal in den Fingern hat, lässt sie nicht mehr los!« Der das in scharfem Ton sagt, ist Heinrich von Ofterdingen.

Reinmar von Zweters Augen blitzen gefährlich: »Ihr, der Ihr zuletzt in diese Runde eingedrungen seid, wollt einem auf der Wartburg altgedienten Dichter die letzte Scheibe Brot absprechen?!«

»Wenn es um Dienstjahre gehen sollte, Reinmar, dann wäre dies mein Brot«, sagt Wolfram von Eschenbach mit leicht kreischender Stimme.

Ganz ruhig dazwischen Walter von der Vogelweide: »Nicht Dienstjahre entscheiden, sondern das Amt. Der Landgraf hat mich heut zu seinem Hofdichter erkoren. Wem also außer mir sollte diese Scheibe Brot zustehen?«

Ein mehrstimmiges Geschrei erhebt sich. Biterolf reagiert am bittersten: »Was hast du ihm geblasen, mein Dichterfreund«, fragt er sarkastisch, »dass dich unser hoher Herr nach so wenigen Tagen schon zum Hofdichter hat erkoren?«

Fast ist der Streit entschieden, denn der tugendhafte Schreiber denkt sich, wo vier sich streiten, freut sich der Fünfte. Beinahe schon hat er das Objekt des Streites in der Hand, da schlägt ihm der von Ofterdingen mit der flachen Klinge darauf. »Mein Herr, es ziemt nicht Eurem Namen, sich derart hinterlistig zu bedienen.«

Das Geräusch des Schwertes, wie es mit metallischem Schleifen aus der Scheide gleitet, hat den gesamten Saal gelähmt. Durch die Totenstille schreitet Hermann I. heran. »Meine Herren Dichter, es ist nicht Brauch an meiner freigebigen Tafel das Schwert freizuziehen, es sei denn, es gäbe einen unverzichtbaren Grund.«

Die Herren des Wortes finden zunächst kein solches. Der Fürst blickt in die Runde. Seine lauernden Augen verfangen sich im Blick Wolfram von Eschenbachs. Der von Eschenbach versucht auszuweichen. Der Landgraf fordert: »Eine Erklärung, meine Herren!«

Wolfram redet. Hermann begreift sehr schnell. »Sieh da, die Kunst geht nach Brot. Doch wird das Brot knapp, geht es sehr unkünstlerisch zu. Die Romantik der Minne endet am Tellerrand.« Er überlegt, dann fragt er: »Ihr werdet Euch also nicht einig?«

Biterolf versucht die Atmosphäre zu entspannen: »Wir könnten teilen. Heinrich von Ofterdingen hat sein Schwert schon blank gezogen. Vielleicht, um das Brot zu schneiden.«

»Teilen?« Hermann ist ehrlich erstaunt. »Teilen ist des gemeinen Volkes Sitte. Ihr Herren solltet doch einen besseren Weg finden, um des Landgrafen Brot zu erringen. Wie wäre es mit einem kleinen Wettstreit des Sagens und der Gesänge. Das beste Lied, gesagt oder gesungen, soll diese Scheibe Brot zum Preis erhalten. Der letzte Platz im Wettstreit wird der Richtplatz sein. Zum Henker mit dem schlechtesten der Sänger.«

Heinrich steckt sein Schwert in die Scheide: »Mit meiner Laute könnt Ihr rechnen.« Nun können die anderen nicht mehr zurück.

Wolfram von Eschenbach verbeugt sich und fragt: »So sei es, jedoch worüber sollen wir singen?«

Hermann I. überlegt nicht lange. »Singt von dem, der Euch die schon verzehrten Scheiben Brot ermöglichte.«

So kommt es dann zum Sängerkrieg auf der Wartburg. Biterolf beginnt, das Lob des Landgrafen zu singen, der der Herr der Brote sei.

Der tugendhafte Schreiber und Walter von der Vogelweide tun es ihm gleich. Ihre Lieder sind Schmierfett für die Seele des Landgrafen. Wolfram von Eschenbach nimmt den von der Vogelweide verwundert beiseite. »Sag mal, Walter, was sangest du da für ein schleimig Lied. Vor ein paar Jahren bist du von der Wartburg fortgegangen, weil es dich ekelte, wie alle des Landgrafen Milch und Honig in sich fließen ließen und Hermann nur sahen, als wär er eine Riesenkuh. Soll ich dein Lied dir noch mal singen, wo die vorlauten und zuchtlosen Schmarotzer bei Hofe schreien wie die Mönche im Chor, so dass ein vernünftiger Mann kaum zu Worte kommt?«

»Ja, mein Freund Wolfram, sing nur, sing laut. Nur ob dies jetzt eines vernünftig Mannes Lied wäre, das möchte ich bezweifeln. Denn zweifelsohne wartet auf den Unvernünftigsten unter uns das Henkerbeil.«

Dumm ist auch Wolfram von Eschenbach nicht. So kriegt er mit Ach und Weh einen Brottext hin. Das Weh ist das des reisenden Künstlers, das Ach bekommt der Landgraf als kleine Aufmerksamkeit.

Nun ist es nur noch an Heinrich von Ofterdingen. Der greift seine Laute und schlägt sie. Er gibt das Urbild aller Barden, die das garstige Lied dem Schmachtfetzen vorziehen. Er singt nicht von Hermann als Spender des Brotes, sondern vom Bauern, der das Korn gesät und geerntet, vom Müller, der das Korn gemahlen, vom Bäcker, der das Brot gebacken hat. Da lächelt der Landgraf noch huldvoll. Dann kommt eine jähe Wendung im Lied. Heinrich singt das Loblied auf alle Fürsten, denen das Brot nie ausgeht, zuvörderst sei da Herzog Leopold von Österreich zu nennen, Hermanns Konkurrent im Ruf um den großherzigsten Kunstmäzen des Jahrhunderts.

Buh-Rufe erschallen. Heinrich von Ofterdingen schlägt den Schlussakkord auf seiner Laute. Dann wird es wieder sehr leise im Saal, dann still, dass jedermann die brennenden Dochte der Kerzen knistern hört.

»Es gibt wohl keinen Zweifel, wer diesen Wettstreit verloren hat. So soll es auch mit seinem Kopf geschehen«, zischelt Hermann der Ungelobte. Bravo-Rufe, frenetischer Beifall von der Schmarotzerfront. Die Dichter schweigen erleichtert.

Heinrich allerdings erblasst und greift an seinen Schwertknauf. Walter von der Vogelweide tritt zwischen ihn und den Landgrafen. »Mein Fürst, auch wenn der Glanz der Sonne nicht Eurem blendenden Urteilsvermögen gleichkommt, ist es vielleicht so, dass Ihr in diesem Falle kein unvoreingenommener Richter seid, die Güte all der Lieder abzuwägen.«

»Ihr spielt mit Eurem Amt, von der Vogelweide, vielleicht gar mit dem Leben!«

Walter zeigt Charakter: »Ihr könntet einen Mann des Wortes töten, dessen Worte zwar als Worte, im Inhalt jedoch nicht so gut gesetzt waren. Ihr wolltet den auszeichnen, der das beste Lied Euch singt. Das Lied war gut.«

»Was ist das für eine Wortklauberei? Der Henker wartet auf den Ofterdingen.«

»Vielleicht kann der Schwarzmaskierte mit dem Fall des Beiles warten, bis der Meister aller Meister des Wortes sein Urteil gefället hat.«

»Ihr meint Meister Klingsor. Aber der weilt weit weg von hier in Ungarn.«

»So schickt den Herrn von Ofterdingen, ihn persönlich herzubringen. Oh ein Reim!« Walter von der Vogelweide beschließt wieder, sich diesen zu merken.

Dieser Reim dürfte das glimpfliche Ende des Sängerkrieges gewesen sein. Heinrich von Ofterdingen soll, so berichtet jedenfalls die Sage, sich auf die Suche nach Klingsor gemacht haben. Klingsor soll damals so etwas wie der Oberliteraturkritiker gewesen sein, ein Marcel Reich-Ranicki des Mittelalters. Die Wirklichkeit dürfte viel unprosaischer gewesen sein. Heinrich von Ofterdingen hat wohl mit Hilfe der anderen Dichter die Burg verlassen können. Wenn man einen Mitesser loswird, kann man auch mal ein bisschen Solidarität zwischen Berufskollegen zeigen.

Die zwei klügsten und kreativsten Köpfe, die Köpfe von Wolfram von Eschenbach und Walter von der Vogelweide, haben sich mit ihren Mundwerken an des Landgrafen Fleischtöpfen festgekrallt – ganz literarisch. Aus dem Brotstreit machen sie ein ellenlanges Erzählgedicht über den Sängerkrieg auf der Wartburg. Das Brot lassen sie freilich weg. Brot ist so unritterlich.

Das Gedicht bringt in allen nachfolgenden Generationen Lohn und Brot, Tausenden von Menschen, vom Literaturwissenschaftler über die Schriftsteller und Andenkenverkäufer bis zum Museumswärter auf der Wartburg. Aber gehen Sie mal auf die Wartburg und finden auf dem Sängerkriegs-Bild des Malers Moritz von Schwind eine einzige Scheibe Brot.

Pustekuchen!

7. Kapitel

... in dem ein Stück Thüringer Geschichte im Ausland stattfindet, ein Schiff auf dem Mittelmeer umkehrt und der letzte Ludowinger als König stirbt

Die See geht ruhig, trotzdem ist dem hohen Herrn Ludwig schlecht. Dabei ist es nicht einmal die hohe See. Es ist nur das Mittelmeer, ein sehr stark frequentiertes Meer im Mittelalter. Aber nicht friedlicher Handel ist der Zweck der Seefahrerei, sondern Wandel. Zu keiner anderen Zeit entsprach die christliche Seefahrt mehr ihrem Namen.

»Es ist wieder mal Zeit«, spricht Kaiser Friedrich II., »Zeit, dass es gen Heidenland geht, um dorten die Andersdenkenden haufenweise abzustechen.«

Die See geht immer noch ruhig, trotzdem geht es dem hohen Herrn Ludwig immer schlechter. Es ist übrigens Ludwig IV., Landgraf von Thüringen, zurzeit ein recht naher Freund des Kaisers.

»Ach, mein Kaiser, jetzt geht es endlich gen Palästina, die Heiden von den Stätten des Christentums vertreiben. Aber Gott gefällt es, mich auf das Krankenlager zu werfen.«

Der so Angesprochene ist recht sauer, denn er meint, zu Recht sauer sein zu dürfen. Da hat er den Ludwig mit Versprechungen vollgestopft, auf dass der kreuzzugweise mitzieht, und nun liegt der stolze Ritter da im Bauch des Schiffes und hält sich den seinen.

»Werdet gesund, Ludwig, damit Ihr das Schwert erheben könnt wider die Ungläubigen, denn sonst ...«, sagt er.

Ludwig weiß schon, was der Kaiser mit »denn sonst« meint. Jahrelang hat er dem Friedrich in den Ohren gelegen, dass diese fast ertaubten. Sollen all diese anstrengenden Schmeichelrunden umsonst gewesen sein? Da ist er nun schon mit des Kaisers Segen Vormund seines Neffen Heinrich geworden. Wenn der rechtzeitig das Zeitliche segnet, gehört ihm, Ludwig, zu seinem großen Stück Thüringer und Hessischem Land auch noch die Mark Meißen.

»Denk daran«, winkt Friedrich II. mit dem Zaunspfahl, »auch ein fettes Stück Pruzzenland ist dir versprochen.«

»Da dank ich aber auch schön«, sagt Ludwig ächzend, »ich hoffe nur, die Ritter des Deutschen Ordens sind mindestens genauso schnell damit fertig, die Pruzzen-Preußen aufs Haupt zu schlagen, wie wir mit unserem heiligen Kreuzzug.«

Eine etwas größere Welle, die ihm durch den Magen schwappt und die Verdauung auf Rückwärtsgang stellt, lässt Ludwig aufstöhnen. Der Kaiser kann sich gerade noch mit einem seiner kühnen Sprünge in Sicherheit bringen.

Ludwig denkt an seine schöne junge Frau, Elisabeth von Thüringen, eine hochwohlgeborene Tochter des Königs von Ungarn. Er hofft inständig, dass er rechtzeitig wieder daheim ist, um zu verhindern, dass die Herzensgute seine gesamte Habe unter den Armen und Notleidenden verschenkt. Sie hat eine Art, einem Bedürftigen zu geben, so voller Seligkeit des Gebens, dass sich dahinter gleich zwei weitere Arme bettelnd ausstrecken. Aber er würde ja mit Gold und Edelsteinen beladen nach Hause zurückkehren. Und wenn schon nicht mit Gold und Edelsteinen, dann doch wenigstens überschüttet mit Ehren, wobei ihm Gold und Edelsteine freilich viel lieber wären.

»Was faselst du da von Gold und Edelsteinen, Ludwig«, fragt der Kaiser. »Delirierest du?«

So ist es. Ludwigs Tagträume schaukeln sich mit den Wellen höher und höher. Der Kaiser muss immer wieder zur Seite springen und sich zwischen den Sprüngen anhören, wie das Landgrafenland größer und größer wird, ein mitteldeutsches

Groß-Thüringen entsteht, vielleicht gar ein neues Thüringer Königreich. Jetzt reicht es dem Kaiser aber. Er gibt dem Landgrafen eine Maulschelle, dass dem die Zähne klappern.

»Ludwig, Landgraf von Thüringen, wenn du nicht schnellstens hochkommst, dann … dann …« Dem Kaiser fallen keine wirksamen Worte ein. Er ist auch den Wortspielen abhold, sonst hätte er sofort gedroht: »Wenn du nicht hochkommst, bist du bei mir unten durch!«

Plötzlich lässt der zweite Friedrich den vierten Ludwig wie von der Tarantel gestochen fallen. Er hat eine Menge kleiner Pickel in Ludwigs Gesicht und auf dessen Händen bemerkt. Dem Kaiser schaudert. Nicht dass es ihm viel ausmachen würde, wenn Gott irgendwann dem Ludwig das Lebenslicht löschte. Das ist der Lauf der Welt. Aber er, Kaiser Friedrich II., möchte diesen Weltenlauf erstens nicht in derselben Geschwindigkeit mitlaufen, und zweitens ist dies der extrem schlechteste Zeitpunkt, zu dem Ludwig gen Himmel fahren will.

»Gott«, so fleht der Kaiser, »es hätte ein so schöner fünfter Kreuzzug werden können. Jetzt wird es vielleicht, nun ja, nicht einmal die Nummer viereinhalb.«

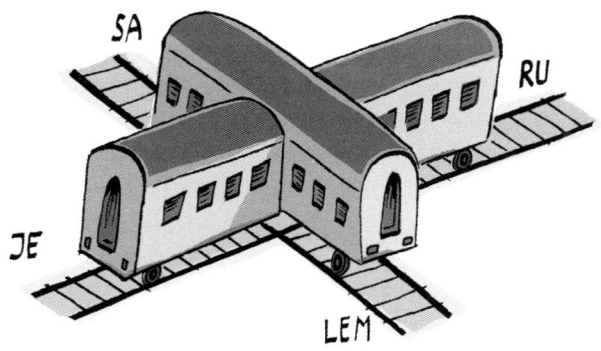

Diese Erkenntnis trifft den Kaiser hart. »Ludwig, ich hatte so sehr gehofft, den Muselmanen nicht nur hundert- oder gar tausendfach auf das Haupt zu schlagen, auf dass dieser Obermuselmane, dieser Teufel von Sultan, bei der nächsten Zählung der Häupter seiner Lieben nicht sehr weit käme.« Der Kaiser verlegt sich aufs Flehen: »Ludwig, wie soll ich es, wenn du dahingehst, zum Stein in Gregors Brett bringen, das dieser vor dem Kopf trägt.«

Dieser geheimnisumwitterte Satz bedarf einer Erklärung. Stein im Brett ist sicher klar. Brett vor dem Kopf des Gregor ist ein Ausdruck des nicht so ganz ungetrübten Verhältnisses des Kaisers zu diesem Gregor. Bliebe nur die Frage. Wer ist Gregor? Der Papst natürlich, Gregor IX., Feind aller Könige und Kaiser des Heiligen Römischen Reiches deutscher Nation, der Erbfeind sozusagen, denn ständig wird gerungen um den absoluten Oberthron, zu Deutsch: Wer hat letztendlich das Sagen im Abendland? Das mit dem Feind aller Könige und Kaiser darf man aber nicht so laut sagen, denn der Papst ist immer noch der Papst, der Oberhirte, der seinen Stab über alle bis hinauf zum Kaiser brechen kann.

Ludwig bricht auch gerade. Dann röchelt er ein bisschen. Dem Kaiser ist das gar nicht recht. »Ludwig, Freund, du weißt doch, wen der Papst nicht leiden kann, der hat es auch als Kaiser schwer. Gleich steht wieder ein Gegenkaiser bereit, den man behandeln muss wie die Muselmanen, obwohl er doch ein Christenmensch ist wie man selber. Bevor ein solcher Gegenkaiser auf Geheiß des Papstes von ein paar Erzbischöfen gewählt wird, will ich meinen Stein haben im Brett des Papstes. Aber ohne dich und deine Ritter schaffe ich das nicht.«

Ludwig gibt keine Antwort. Friedrich II. mimt den Tiger im Käfig. Hin und her, her und hin läuft er, als könnte er durch seine äußere die innere Unruhe des Thüringer Landgrafen wieder in Gang bringen. Laut spricht er vor sich hin:

»Ausgleichen kann man besonders gut mit der Abschlachtung von ein paar Heiden, dann kann mich der Gregor wieder leiden.« Oh, denkt der Kaiser, wie im vorigen Kapitel der von der Vogelweide, oh, ein Reim, den muss ich mir merken. Der Kaiser ist ein kulturvoller Mensch. Deswegen ist er ja auch so scharf auf die Heidenhälse. Das ist zu dieser Zeit die Kultur des Streites im Kampf der Kulturen.

Ludwig IV. stöhnt wieder. Hoffnungsvoll schaut Friedrich II. zu ihm. Jetzt ist Ludwig in seinem Fiebertraum schon recht weit fortgeschritten. »Ich bin Kaiser, Kaiser!«, ruft er und segnet alle, die seinen Fiebertraum bevölkern. »Ich nehme die Nachfolgerschaft Friedrichs II. an!«

Das regt den Kaiser nun nicht mehr auf, denn des Landgrafen Gesichtsfarbe ist dergestalt, als würde er bald seinen letzten Seufzer ausstoßen. Hoffentlich nur Seufzer, denkt der Kaiser und tritt vorsichtshalber wieder einen Schritt von Ludwigs Krankenlager zurück. Und dann befällt den Kaiser doch so eine dunkle Ahnung, dass diese Träume ein paar Zukunftsinformationen Gottes sind, die ihm dieser durch den Mund des abhustenden Ludwig zuflüstert.

»Was tun?«, spricht der Kaiser.

»Sehr dumm«, röchelt Ludwig. Dann geht er dahin.

Der Kaiser gibt den Befehl, die Segel zu streichen. Warum? Das letzte Landgrafen-Genuschel hat der Kaiser nicht als »sehr dumm«, sondern als »Kehr um!« verstanden. Das tut er auch, denn Landgraf Ludwig ist für Friedrich so etwas wie ein böses Omen, außerdem nicht der einzige Bepickelte. Eine kleine Seuche breitet sich aus.

Dem Papst, dem dies alles gemeldet wird durch seine Spione, ist das schnurzpiepegal. Darum wird es auch nichts mit dem Stein im Brett, was sich daran zeigt, dass er sofort über Friedrichen den Bannfluch schleudert. Schließlich hat er nur auf eine Gelegenheit gewartet, denjenigen vor der Christenheit mieszumachen, der ihm dauernd in das letztoberste Wort und den Arm fällt.

Bringt das die Welt zum Einstürzen? Gott bewahre, nein! Der mit dem Bannfluch belegte Kaiser bringt den Ludwig an Land, wirft auch die anderen Pickelbrüder aus den Schiffsbäuchen, holt etwas Luft, frisches Wasser und Proviant und sticht nach ein paar Wochen wieder in See, um in die Muselmanen zu stechen. Der Papst flucht hinterher. Hatte er doch den Kaiser schon als Abstiegskandidaten in der Herren-Liga eingeplant. Nun geht der Friedrich wieder Steine sammeln. All die wunderschönen Intrigen des Papstes sind über den Steinhaufen geworfen.

Im Morgenland betet der Sultan: »Allah ist groß! Ihm hat es gefallen, einen Thüringer zu schicken!« Seltsames Gebet? Jetzt überlegen Sie doch einmal: Dem Thüringer Landgrafen verdanken ein paar Tausend Andersdenkende ihr Leben, für ein paar Monate bis zum nächsten Kreuzzug jedenfalls. Manchmal wird man unfreiwillig zum Wohltäter, wenn auch erst im Tode. Man schafft eben zu Lebzeiten nicht alles.

Lernen kann man aus dieser Geschichte auch allerhand. Das Wichtigste ist wohl, dass die Nachkommen zugereister Nicht-Thüringer nicht in der Lage waren, das Thüringer Leitmotiv sozusagen geistig zu inhalieren: Mal sehen, wie's kommt! Wer losrennt, dem kommt's eben nicht, dem bekommt's nur und zwar meist schlecht. Man könnte auch formulieren: Halt dich raus, das hält dich rein!

Die einzige in diese Geschichte hier Verwickelte, die doch eine Ahnung von der durchschlagenden Kraft dieser Thüringer Mottos entwickelt hat (oder heißt es Motti, wenn nicht gar Motten?), ist des vierten Ludwigs Frau Elisabeth, die Helferin aller Armen und Kranken, die so selig Gebende.

»Mein Mann ging zu Gott«, sagt sie, »dann geh ich ins

Kloster.« Irgendwie scheint sie darüber froh zu sein. Denn des Ehegatten Tod hilft ihr ungemein bei ihrer Karriere als Heilige Elisabeth.

Dem Sohn und Erben Elisabeths und Ludwigs, dem kleinen Hermann, hilft es allerdings nicht. Der ist noch zu jung, um sich das Thüringer Motto zu Herzen zu nehmen. Er will nicht sehen, wie es irgendwo oder irgendwem kommt, und geht auch dahin, wohin schon sein Vater verschwand. Das Sensibelchen!

Da ist sein Onkel Heinrich Raspe doch aus anderem Holz geschnitzt, um nicht geraspelt zu sagen. Der macht sich auf Klein-Hermanns Kosten zum Landgrafen. Aber warten Sie, es kommt noch besser. Da Papst Gregors Nachfolger Innozenz IV. den Kaiser Friederich auch nicht leiden kann, setzt er ihm kurzerhand den Kaiserstuhl vor die Tür, will sagen, er nimmt ihm die Krone ab. Da aber weder Kaiser noch Stuhl noch Krone anwesend sind, bleibt dies nichts weiter als ein Akt, wenn auch einer von hohem Symbolgehalt. Gleich ist Heinrich Raspe zur Stelle und nimmt die frei gewordene Stelle des Reichsverwesers ein.

Verweser, das klingt sehr nach Tod, sollte aber tunlichst nichts damit zu tun haben, denn der Reichsverweser lässt nicht etwa sich oder das Reich verwesen, sondern er verwaltet es so lange, bis einem neuen Staatsoberhaupt die Krone aufgedrückt wird. Da hat der Verweser meist gute Chancen. So auch Heinrich. Merken wir uns das Jahr 1246. Drei nette ältere Herren mit komischen Mützen und dem Titel Erzbischof wählen ihn zum König von des Papstes Gnaden.

Da hätten Sie den geexten Kaiser mal toben sehen sollen.

»Was?!«, schreit Friedrich. »Ein Gegenkönig?« Das Geschrei kennen wir ja schon aus dem 4. Kapitel.

»Und auch noch ein Thüringer, ein Blutsverwandter meines Freundes Ludwig, der sein Leben gab für die Christenheit!?«

Ja, was regt sich der Kaiser denn so auf, gleich ist er es wieder ganz allein, ohne Gegenkandidat. Nicht einmal ein Jahr nach der Wahl ist auch Heinrich Raspe hin und mit ihm die ganze schöne Ludowinger-Dynastie in Thüringen. Wie heißt es so schön: Das Geschlecht der Ludowinger erlosch im Mannesstamm. Weil Heinrich Raspe eben aus einem anderen, aber nicht aus so richtig fruchtbar-austreibendem Holz geschnitzt war.

8. Kapitel

… in dem wieder etwas Ruhe einkehrt, weil hier friedlich bäuerlicher Arbeit nachgegangen wird, was aber nicht lange anhält

……………………………………………………………………

»Gomm, Sophie, gomm, un mei Heinrich, noch zwei Furchn, dann vesbern mir«, sagt der Bauer Lindemann. Also wir nennen ihn einfach so, weil wir seinen richtigen Namen nicht kennen. Aber Bauer Lindemann, das klingt so vertraut, und Vertraulichkeit mit diesem Bauern, auch wenn er schon ein paar Jahrhunderte tot ist, ist genau das Wünschenswerte für dieses Kapitel.

Bauer Lindemann also zieht mit Sophie und Heinrich zwei Furchen, dann noch zwei, nanu, und noch zwei. Er weiß genau, dass seine Kuh, die er eingespannt hat, nicht zählen kann. Der Zweite im Gespann ist sowieso ein Ochse. »Weil ihr ehm strohblöd seid, Sophie un Heinrich.«

Die Kuh bleibt stehen, der Ochse auch. Bauer Lindemann erschrickt. Ob die Sophie doch alles versteht? Nein, sie muss pinkeln. Da wird der Dinkel besonders gut wachsen. Er gibt der Kuh einen Klaps, dass sie die fruchtbringenden Säfte nicht nur auf einer Stelle ausbringt.

Die Kuh muht mürrisch, falls eine Kuh das kann, also mürrisch zu muhen. Jedenfalls wechselt sie nur unwillig während ihres Geschäftes den Platz. »Hei, Sophie, hier bin ich der König, hier sage ich dir, wo du hinpinkeln und hinkacken sollst zum Seechn des Landes.«

Dann wird zum Segen des Landes weiter gepflügt. »Ach, ihr beeden, wenn ihr doch nur immer so vereint eingespannt wäret. Nich wahr, Heinrich, de Landschaftn würdn bliehn«, seufzt Bauer Lindemann. Mit dem Ochsen redet er sächsisch. Bauer Lindemann ist ein Schelm. »Aber was is? Es zerdrambeln eure Pferde dem armen Manne die frische, geimnde Saat oder gar die Ernte.«

Bauer Lindemann führt verschlungene Reden. Hat man jemals schon davon gehört, dass Kühe oder Ochsen Pferde besitzen? Die Rede entschlingt sich vielleicht etwas, wenn man erfährt, dass er nur mit den Tieren redet, wenn niemand sonst dabei ist. Denn Bauer Lindemann hat seiner Kuh und seinem Ochsen die Namen hoher Herrschaften gegeben, ein kleiner privater Spaß im tagtäglichen Alltagsstress des Werktätigen in der mittelalterlichen Landwirtschaft. Es ist einerseits Sophie von Brabant, älteste Tochter Ludwig IV., den wir im vorigen Kapitel auf dem Weg zum Heiligen Land dahinziehen sahen, und der Heiligen Elisabeth. Andererseits, sozusagen ochsenseitig, haben wir es mit dem Wettiner Markgrafen Heinrich dem Erlauchten von Meißen zu tun, Enkel des Landgrafen Hermann I., ein Mann mit sächsischem Blut.

»Tja, wenn man endlich wüsste, für wen man hier ackert, was, Sophie.« Dann wendet er sich an den männlichen Teil seines Gespanns: »Sache mal, Heinrich, du Oggse, du hast doch rund um dein Meißen schon Land die Masse, gannsde nich Ruhe geben? Lass der Sophie un ihrm Sohnemann, dem Kind von Brabant, den Acker, die hat nur noch so een kleenes Stückchen in Hessen.« Der Ochse setzt ihm einen Fladen. »Wie, du scheißt mir was? Teufel auch, das ist deine Antwort für einen freien Thüringer Bauern!?«

Bauer Lindemann benutzt die Peitsche. Das macht er selten, aber jetzt muss er seine Wut ein bisschen rauslassen. Da Wut bekanntlich blind macht, höchstwahrscheinlich auch taub, kriegt Bauer Lindemann wichtige Veränderungen in seiner Umgebung zunächst gar nicht mit.

Von links und von rechts kommen in lockeren Haufen auf leichten Pferden bunt gekleidete Ritter angeritten. Das sind aber sehr kleine Ritter. Als sie am linken und rechten Rain von Bauer Lindemanns Feld wie auf zwei Perlenketten aufgereiht stehen, kann man es besser sehen. Es sind gar keine Ritter. Es sind Knappen, aber herausgeputzt und bewaffnet wie ihre Herren Ritter zu einem Turnier.

»Gruß euch, Wettiner Schwächlinge!«

»Gruß zurück, ihr Thüringer Zwerge!«

Bauer Lindemann guckt ungläubig nach links und rechts. Noch nicht Weihnachten, denkt er, aber anscheinend schon eine schöne Bescherung. Schmährufe fliegen hin und her.

»Ha, heute werden wir es ausfechten, wem dieses Land gebührt.«

»Für unsere Herrschaften wollen wir streiten!«

Jetzt hat Bauer Lindemann doch schon sehr genau mitgekriegt, dass da was im Verzug ist, nämlich Gefahr. Er guckt nach links. Da weht ein Lanzenwimpel in den Farben der Sophie von Brabant. Er guckt nach rechts. Da stehen augenscheinlich Wettiner. Aber alle sind so kurz geraten. Was soll das hier werden? Ein Knappentreffen?

»He, Bauer, geh vom Acker!«, herrscht ihn eines der Bürschchen von hessischer Seite an.

»Ich weiß nicht, was ihr auf diesem Acker tun oder lassen wollt, meine Herren, aber dies ist mein Land.«

»Dein Land?!« Alles lacht. »Dieses Land ist Landgrafenland, und es gehört der rechtmäßigen Erbin, es gehört Sophie von Brabant«, tönt es von links.

Wütender Protest erschallt von der rechten Feldseite: »Diese Erde ist wettinisches Erbe. Heinrichen gehörtse!«

Bauer Lindemann ahnt, dass dies hier kein Knappentreffen, sondern mehr ein Knappenstechen werden soll. Aber nicht auf seinem Land! Gut, eigentlich ist es nicht wirklich sein Land, nicht mehr. Er hat es an den Landgrafen geschenkt, auf dass der ihn in kriegerischen Zeiten schütze. Der Landgraf hat ihm das Land gleich wieder ausgeliehen zur Bearbeitung mit der dringlichen Bitte, an ihn ein Viertel der Ernte abzugeben. Das ist nicht gerade wenig, aber es erhält einen Bauern mit Familie am Leben. Bisher jedenfalls!

»Du spielst mit deinem Leben, Bauer!«, schreit es von rechts und links gleichzeitig. Bauer Lindemann befindet sich sozusagen in einem rechtsfreien Raum, seit sein Beschützer über den Jordan gegangen ist. Ein paar Knappen preschen los, die Klingen blankgezogen, direkt auf Bauer Lindemann zu. Der flüchtet sich zwischen die massigen Körper von Ochse und Kuh. Bauer Lindemann greift sich je ein Ohr von Sophie und Heinrich. »Ihr beiden, schaut, ist es nicht wunderschön,

endlich sind sich die beiden Parteien einmal einig.« Bauer Lindemann kennt zwar nicht das Wort Galgenhumor, aber er hat ihn.

Aus seiner kleinen Festung heraus ruft er: »Ihr Herren, ihr wisst, dass wir eine Agrarverfassung haben im Thüringerland.« Allgemeines Gelächter, mit Betonung auf gemein. Bauer Lindemann versucht, seine Angst mit Freundlichkeit zu überdecken: »Ihr Herren, ihr wisst, was euch ein toter liberi kosten wird, ein toter freier Bauer, und ich bin ein solcher.«

»Das bisschen, was du kostest, legen wir zusammen. Das sollte uns dieser Spaß doch wert sein. Was meint ihr, ihr Knappen von Brabant?«, kreischt eine Stimme von rechts.

»Was, wir mit euch zusammenlegen?! Wenn wir einen unserer Bauern töten, dann bezahlen wir die Gebühr auch selbst.«

»Oh, wir hätten gern alles bezahlt, wo ihr doch so arm seid und noch ärmer sein werdet, wenn wir euch erst gezeigt haben, wer Herr dieses Landes ist.«

»Dann lasst uns endlich zu dem kommen, weswegen wir herkamen!«

»Wer noch nicht gezogen hat, der ziehe!«

Dann hauen sie aufeinander ein, dass die Fetzen fliegen. Es mischen sich Fetzen von bunten Stoffen mit Fetzen blutigen Fleisches. Dem Bauer Lindemann legt sich schlagartig eine Hand zu den zwei eigenen in den Schoß. Pferde wiehern, Knappen schreien tierisch. Das ist alles nicht sehr lustig, aber komisch ist es doch.

»Jungejunge«, flüstert Bauer Lindemann, »die hauen zu wie die Großen, als ginge es um ihr ureigenstes Land, diese Knappen teilen aus, nicht zu knapp.«

Ein Helm klatscht gegen Heinrichs Horn. Eine Lanze bohrt sich in die Erde direkt vor Sophies Maul. An der Lanze steckt ein Knappe der Wettiner. Es ist ein Stöhnen und Schreien, Schwerterklirren und dumpfes Dröhnen von Streitkeulen auf kleinen Knappenköpfen. Dann wird es still.

Friedhofsruhe, denkt Bauer Lindemann. Er lunst schwitzend aus seinem kuhwarmen Verteidigungsring.

Jawohl, er lunst. Schließlich ist er ein Hiesiger, ein hier geborener Mittelthüringer. Diese Thüringer gucken nicht irgendwie vorsichtig um eine Ecke oder durch ein Loch, um zu erspähen, welche Art von Leben da auf sie wartet, nein, sie lunsen.

Bauer Lindemann lunst also mit bebendem Herzen zwischen Heinrichs und Sophies Mäulern hindurch. Er kriegt einen Riesenschrecken, denn ein Knappe kommt auf ihn zugewankt, das Schwert erhoben, so dass es in der Sonne blinkt. Der Knappe röchelt: »Sieg, Sieg! Es lebe Heinrich, der Wettiner! Hoch! Hoch! Er lebe hoch!« Dann legt sich der Knappe zum Sterben nieder. Er flüstert noch etwas. Bauer Lindemann muss nah an des Knappen Mund heran, um zu verstehen, was der ihm noch sagen will. »Das Land ist unser.«

»Blödmann«, entfährt es dem Bauern. Er bekreuzigt sich aber sofort, weil ihm eingefallen ist, dass man über Tote nicht schlecht reden soll.

Da! Ein Pferd bricht aus, darauf ein verwundeter Hessen-Knappe. Auch der schreit wie am Spieß, wobei das jetzt eine nicht ganz so gute Wortwahl ist, weil doch der Knappe am Spieß, der sich vorhin vor Sophies Maul einbohrte, keinen Mucks mehr am Spieß gesagt hatte. Aber der Überlebende jedenfalls schreit denselben Quatsch wie der tote Blödmann. Wieder bekreuzigt sich Bauer Lindmann. Der Wegreitende krächzt: »Sieg! Sieg für die Farben von Brabant! Sieg für Sophie und das Kind von Brabant! So wie die Knappen werden auch die Ritter den Erbfolgekrieg entscheiden! Sieg!«

Bauer Lindemann beschaut sich den Schaden. Alles zertrampelt. Zum Glück ist die Saat noch nicht im Boden.

Trotzdem hat er den Salat. Wer muss denn nun den ganzen Dreck wegräumen, er natürlich, wer sonst. Mit Hilfe von Sophie und Heinrich macht er das Feld frei.

Einen Trost hat er, und den spricht er sich zu: »Fein!«, sagt sich Bauer Lindemann. »Jetzt weiß ich wenigstens, für wen ich hier pflüge.«

Das stellt sich allerdings als Irrtum heraus. Der Kampf der Knappen war sozusagen ein Kampf der Narrenknappen. Der Thüringer Erbfolgekrieg zwischen Brabant-Sophie und Wettin-Heinrich endet nach 17 Jahren Herum- sowie Hin- und Hergetrampel auf dem Felde beziehungsweise den Feldern mit einem Sieg des erlauchten Wettiners. Lauchtselig, oh, Verzeihung, läutselig, nein auch nicht, jetzt haben wir es: leutselig, genau, leutselig schenkt der Siegreiche seinem Namensvetter Heinrich, Sophies Sohn – also jetzt ist hier nicht die Kuh gemeint – einen neuen Titel. Hessen-Heini darf sich ab sofort Landgraf nennen, aber nur in Hessen. Zwischen Thüringen und Hessen geht wieder ein scharfer Schnitt.

»Was hilft mir das?«, fragt Bauer Lindemann. Jetzt weiß ich zwar, für wen ich hier rackere, aber die Ritter reiten schon wieder über mein Feld. Die Ernte ist fast hin, weil einer auch noch ganz zufällig ein Feuerchen gemacht hat. Der Erbfolgekrieg zwischen Sophie und Heinrich ist zwar vorbei. Wem nützt es? Der jetzige Krieg hat einfach noch keinen Namen. Und der nächste kommt bestimmt. Der alte Thüringer Spruch wird mir im Munde sauer. Mal sehen, was dabei rauskommt!? Ha, solang die Herren zeugen, zeugen sie Kriege. Ausreisen müsste man, dorthin, wo es keinen Herrn gibt.«

Das ist zwar nicht sehr gottesfürchtig gedacht von unserem Bauern Lindemann, aber durchaus logisch. Leider ist der Bauer Lindemann seiner Zeit weit voraus. Schließlich ist noch nicht einmal Amerika entdeckt, wohin man ausreisen könnte.

»Tja«, seufzt Bauer Lindemann, »drauf und dran, drauf und dran!« Weiter kommt er nicht. Die Zeit für das Drauf und Dran ist in Bauer Lindemanns Kopf noch nicht reif.

9. Kapitel

… in dem ein Erfurter Waidknecht seinen wertvollen Saft in den falschen Bottich füllt; ein Gevatter mischt sich ein

....

Im Erfurter Badehaus ist noch Ruhe. Es ist Samstag, und der große Ansturm wird erst später kommen. Bartholomeus, der kleine, pfiffige Sohn des Baders, hat den Waidknecht Berthold, wie immer gegen ein kleines Entgelt, heimlich eingelassen. Berthold weiß, dass seine angebetete Gishilde, des Baders Tochter, immer als Erste in das frische, warme Wasser steigt. Sie ist sozusagen die Vorbaderin.

Berthold sieht es auch heute wieder durch das Schlüsselloch. Er fiebert am Herzen und an all seinen Gliedern. Dabei sieht er nur einen zierlichen Oberarm samt Schulter und darunter eine kleine, spitze Brust. Die Brust kennt er schon, wenn auch nur aus der Distanz vom Badebottich bis zum Schlüsselloch. Es ist der bisherige Mindestabstand zwischen ihm und Gishilde. Aber auch den würde Gishildes Vater, den Berthold für sich immer den Badervater nennt, nicht zulassen. Wenn der wüsste, dass der Waidknecht schon so nah dran ist am Töchterchen!

Berthold schaut verwundert, weil Gishildes zarte Oberrundung heute anders als sonst bloßliegt. Er wundert sich, dass sich deren Warze trotz des warmen Wassers hart und rosig herauswölbt. Als Berthold seinen Kopf ein Stückchen hebt, damit seine Augen die weiter unten liegenden Regionen erkunden können, sieht er sein Fernziel, die Stelle von Gishildes Körper, wohin sich ihre Oberschenkel sanft wölben.

Aber was ist das, Teufel auch! Die Stelle ist besetzt, um genauer zu sein, sie ist in Behandlung. Diesen Zugriff kennt Berthold. Oft genug hat er das bei anderen Badegästen gesehen. Dann brauchte Berthold nur die Augen zu schließen und lächelnd auf das zu warten, was dann seinen Gang ging. Im Moment möchte er ganz und gar nicht, dass irgendetwas in irgendeinen Gang geht.

Wer kann das sein, der da so ganz und gar ungeniert seiner Gishilde die Region von Bertholds kühnsten Träumen behandelt? Halt! Hatten die Fingernägel der Frevlerhand nicht einen sehr charakteristischen blauschwarzen Rand, genau wie seine?

Berthold vergewissert sich. Natürlich! Blau! Das ist garantiert Waidfarbe. Was sollte es auch sonst sein in einer Stadt, die reich geworden ist, indem sie ganz Europa blau machte. Nicht nur blau, verbessert sich Berthold. Mit dem guten Erfurter Färbewaid kann man schwarz, blau, braun und grün färben.

Und was heißt eigentlich: machte. Die Waidfarbe macht Erfurt zu einer so reichen und darum starken Stadt, wie kaum eine andere reich und stark ist. Nicht einmal die freien Reichsstädte wie Mühlhausen und Nordhausen können da mithalten, obwohl die im Reichstag beim Kaiser sitzen. Waid ist das Bindeglied zwischen der ganzen bekannten Welt und den Schatztruhen der Erfurter Waidjunker, wie sich die Patrizier hier hochnäsig nennen.

Rundherum sind die Grafen bis hoch zum Landgrafen abhängig von Erfurt. Alle leihen sich Geld bei den Erfurter Färbewaidhändlern. Wenn die Borger nicht zurückzahlen können, verwandeln sich die Schulden wie von selbst in Land. Die Erfurter Patrizier besitzen über 80 Dörfer. So viel nennt mancher Fürst nicht sein Eigen.

So ein reicher Erfurter Geldsack mit bläulichen Fingernägeln sitzt jetzt bei seiner Gishilde im Bottich, seine Hand in deren Schoß gelegt. Berthold schaut wieder durch das Schlüsselloch. Er sieht nicht viel von dem Kerl, außer den verlängerten Rücken. Gishilde ist gar nicht zu sehen. Steht sie vor dem reichen Sack? Berthold wird heiß und kalt. Wie weit ist der Kerl schon vorgedrungen? Dass die Jungfer sich aber auch nicht wehrt.

Berthold ist stocksauer: Nimmt sich hier meine Gishilde, irgend so ein reicher, protziger Kerl von der Sorte, die im Golde baden könnten. Die schicken ihre Wagen mit Fässern aus Tannenholz, voll bis obenhin mit Waidfarbpulver bis hinunter in die Lausitz, hinüber nach Polen und Schlesien, nach Bayern, in alle Hansestädte, nach Holland und England und sonst wohin. Aber wer sorgt dafür, dass die Fässer voll gefüllt werden mit dem blau färbenden Taubenschiss, dem Färbewaid? Wer hat die Arbeit für das im Säckel klingende Vergnügen der Waidjunker? Die Waidknechte, Männer wie er.

Berthold ist so aufgeregt, dass es ihm bei dem Wort Säckel gar nicht einfällt, noch einmal durch das Schlüsselloch zu – nun, was weiß der eingeweihte Leser jetzt, was der Thüringer Berthold durch das Schlüsselloch tun könnte, aber eben in seiner Wut nicht tut? Richtig: lunsen.

Dazu ist er im Moment viel zu wütend. Es ist so eine blinde Sozialwut. Die Chefs legen sich zu den Mädchen in die Bottiche, während die Waidknechte schuften müssen. Zweimal im Jahr bringen die Bauern, auf deren Feldern die Waidpflanze wächst, Ballenwaid zum Verkauf in die Stadt. Kein Mensch könnte damit auch nur ein kleines Fetzchen Stoff färben oder einen Pfennig verdienen. Die Ballen sind nur der erste Schritt auf dem langen Weg zum gefragten, geldbringenden Färbstoff.

Berthold weiß es ganz genau. Nicht umsonst ist er seinem Chef der Waidknechte erster. Berthold spürt es in den Fingern, wenn es wieder so weit ist, dass die zerklopften und eingeweichten Waidballen wieder auseinandergezogen, neu gemischt und wieder gewässert werden müssen, damit es gut gärt. Ja, das dampft und stinkt ordentlich. An den Gestank muss man sich gewöhnen. Der Berthold grinst. Schließlich steckt in der auf diese komplizierte Weise entstehenden Waidfarbe auch immer ein gehörig Maß waidknechtischen Wassers, Abwassers, um genau zu sein. Zu ihm könnte der Chef ruhig einmal feiner Pinkel sagen, hat Berthold schon oft gedacht. Aber der Chef will immer nur sehen, dass möglichst schnell und viel Färbstoff entsteht. Alles andere interessiert ihn nicht.

Berthold hofft, dass da hinter dem Schlüsselloch nicht im Moment noch ganz andere Dinge entstehen. Was sich diese reichen Pinsel aber auch herausnehmen.

Hier merkt man, dass Berthold entweder nicht mehr Herr seiner Sinne oder nicht Herr der Worte ist. Herausnehmen? Wo es doch ganz gegenteilig um's Hineintun geht.

Plötzlich steigt ihm ein Geruch in die Nase, der ihm sehr bekannt vorkommt. Es riecht nach gärenden Waidpflanzen. Aus der Badestube? Nein, im Schlüsselloch steckt nur der

Duft von Gishilde. Bertholds Nase kräuselt sich. Der Geruch ist ganz nah. Der Geruch steht genau vor seinen Füßen: Schuhe. Ein Paar Schuhe, das er sehr gut kennt! Da braucht er nicht einmal den Geruch des gärenden Waids, von dem ein paar Fasern unter den Sohlen festkleben.

Das sind Kollegenschuhe, die von Waidknecht Albrecht, dem ersten Knecht vom Nachbarn seines Chefs. Albrecht!

Jetzt fällt es ihm auch schlagartig ein, das heißt, er schlägt sich vor die Stirn. Blaue Fingernagelränder! Welcher Waidjunker macht sich selbst die Finger schmutzig, wo er doch seine Knechte hat. Die Finger der Waidjunker sind nur zwischen Daumen und Zeigefinger gefärbt vom Geldzählen.

Berthold reißt die Tür auf. Gishilde entfährt ein Kiekser. Es klingt zwar wie ein kleines Ferkel, aber es klingt auch irgendwie erotisch. Doch Berthold hat dafür kein Ohr mehr. Er hat auch keinen Blick mehr übrig für Gishilde. Umso mehr schleudern seine Augen die sprichwörtlichen Blitze auf den Albrecht. Der duckt sich in den Bottich. »Du wirst lachen, Berthold, wir baden hier gerade. Gishilde und ich baden, weiter nichts«, bibbert sich Albrecht einen ab.

Dann will der Albrecht fliehen. Da es kein Waidjunker ist, der sich da aus dem Badebottich erhebt, sondern nur der Albrecht, denkt sich Berthold, kann ich ungestraft zum privaten Strafgericht schreiten. Ob er wirklich noch so kompliziert gedacht hat, dürfte ewig unerforschbar bleiben. Offensichtlich ist, dass er einem Gelüst frönen wird, nämlich ungehindert dem Rachegelüst.

»Rache!«, schreit Berthold, ohne Rücksicht auf Gishildes Ehre und die bis dato gute Laune des Badervaters, der ob des Geschreis herbeistürzt.

»Rache!«

Dann bindet er sich die Hose auf und tut zum Entsetzen aller das, was er sonst mit dem Waid tut, damit er besonders gut gärt und dampft und stinkt. Mit der anderen Hand hält er den Albrecht am Haarschopf und taucht ihn ab und an in die Badebrühe.

»Nur ein Scherz, mein Albrecht, lach mal, nur ein Scherz!«

Albrecht kann nicht so richtig lachen. Er muss zusehen, dass er zwischendurch zu Luft kommt, ohne dabei allzu viel Badebrühe zu saufen.

Zugegeben, das scheint vor unserem heutigen Auge eine sehr unsittliche Unsitte zu sein. Aber was wollen Sie, wir befinden uns in der Mitte des 14. Jahrhunderts. Da sind die Scherze meist etwas grob. Unter Gleichgestellten scheint das auch Usus zu sein. Rundherum lacht alles, was zusammengelaufen ist. Selbst der Badervater lacht zunächst schallend, bis ihm einfällt, dass er nun den großen Bottich leeren und neu mit heißem Wasser füllen muss. Da ohrfeigt er zunächst den kleinen Bartholomeus, der dem Berthold gegen das kleine Entgelt heimlich die Tür geöffnet hat. Dann schickt er seine Tochter Gishilde aus der Ecke, in die sie sich flüchtete, hinaus in ihre Stube. Anschließend guckt er sich die Wässerung des Albrecht noch ein wenig zur eigenen freudigen Erbauung an. Aber dann macht er Schluss, haut die beiden Waidknechte mit den Köpfen zusammen, dass es kracht, und wirft sie hinaus, den nass gespritzten Berthold und den splitternackten Albrecht. So hat das Volk auf der Straße noch sein Gaudi.

Somit könnte diese kleine Episode durchaus zu Ende sein. Aber warten wir ein paar Tage. Da hat der Badervater seiner Tochter nicht nur ins Gewissen geredet, sondern sie auch kurzerhand, um dem Treiben ein Ende zu bereiten, an Albrechts Chef, den Waidjunker Adolf, versprochen. Der Bartholomeus ist schrecklich verärgert, denn er hat als Strafe die nächsten vier Samstage Badedienst, was so viel heißt wie Eimerschleppen bis zum Umfallen.

Und Berthold? Der reibt sich die Hände. »Ha, es war zwar nur der Albrecht, dem ich eine Abreibung verpasst habe.« Da Berthold alleine ist, kann er ein bisschen prahlen: »Wär's ein Waidjunker gewesen, ich hätt ihn auch in die Brühe geditscht, das wäre auch mal was gewesen. Aber besser Albrecht als gar kein Spaß.«

Das Händereiben endet allerdings jäh, als die Geschichte Bertholds Chef zu Ohren kommt, und der den Berthold zu sich zitiert.

»Du hast dem Bader in den Bottich gep…!?« Bertholds Chef kann es gar nicht aussprechen. Nicht dass ihn der Ekel hinderte oder der Anstand, nein, es ist die Wut über den verlorenen Groschen oder so ähnlich.

»Deinen wertvollsten Saft einfach so an einen unwürdigen Waidknecht vergeudet, auch noch in der totalen Verwässerung! Du bist gefeuert!!«

Bündel schnüren heißt es nun. Na ja, sagt sich Berthold, da steh ich nun arbeitslos in dieser schönen Thüringer Gegend herum. Aber wie sagte schon mein Vater in solchen Situationen immer? Mal sehen, wie's kommt.

Wie es kommt, ist jedoch in Bertholds Fall nicht die Frage, sondern was. Was kommt, ist ein kleiner Floh. Der Floh ist gerade von einer der zahlreichen Ratten abgesprungen, die die Stadt Erfurt normalerweise in nicht unbeträchtlicher Anzahl bevölkern. Der Floh beißt den Berthold in das linke Bein, ehe ihn Berthold fangen und knacken kann.

»Ha«, sagt Berthold, »hab ich dich!«

»Ha«, sagt der Floh sterbend in der Flohsprache, »dich hab ich auch!«

Der Floh ist nämlich ein Pestfloh. Da der Zerknackte noch ein paar Tausend Verwandte mitgebracht hat und die wiederum die asiatische, die schwere schwarze Pestilenz, ist Berthold letztendlich nur einer von rund zehntausend Erfurtern, die vom Tod geschwärzt werden. Albrecht ist dabei, Albrechts Chef, Baders Töchterlein Gislinde und deren nie sein Ja-Wort geben könnender Fast-Ehemann, dabei sind der kleine Bartholomeus, Bauern, Waidjunker, Bettler, Edelleute.

»Da könnt ihr mal sehen, wie's kommt«, kichert der schwarze Tod.

10. Kapitel

… in dem wieder einmal Krieg um Krieg geführt wird, was die Thüringer eigentlich außen vor lässt, und in dem der vorletzte Ritter sich vergaloppiert

....

Die gerade vergangenen hundert Jahre sind ja relativ ruhig verlaufen. Da kann man mal sehen, wie ruhig alles bleibt, wenn man es zwischen zwei Buchdeckeln einfach überspringt.

Man kann aber auch zurückspringen, ist vielleicht jetzt einmal angebracht, einfach so aus Gründen der Übersicht, obwohl der Autor Zweifel hegt, dass wir die behalten werden. Aber wie sagt schon der Volksmund: »Versuch macht kluch!« Versuchen wir es also.

Es ist seit dem Verlöschen der Glut im Ludowingischen Mannesstamm bei Heinrich Raspe noch eine ganze Menge passiert. Wir fassen das einfach mal kurz zusammen, soweit sich das kurz zusammenfassen lässt.

Tief Luft holen. Los geht's!

Der erlauchte Heinrich aus dem Bauer-Lindemann-Kapitel hatte gar keine Lust, so weit im Westen zu regieren, also überließ er 1265 die Geschäfte seinem Halbbruder Hermann. Das war ein von Henneberg.

Der wiederum hatte einen mitregierenden Sohn, der hieß Albrecht der Entartete. Entartet war er, weil er zwar mit einer Kaisertochter namens Margarete aus Friedrich II. Mannesstamm verheiratet war, aber in wahrer Liebe entbrannte zu Kunigunde von Eisenberg.

»Wahre Liebe, so ein unzeitgemäßer Quatsch, wo man eine Ware Kaisertochter – äh, Verzeihung, wahre Kaisertochter – zur Frau hat, egal wie hässlich die Xanthippe aussieht und wie dumm sie ist«, entrüstete sich die Xanthippen-Sippe.

Man rüstete allgemein auf, und es kam, wie es kommen musste, nämlich zur Familienfehde.

Heinrich der Erlauchte kloppte sich, um es mal ganz volkstümlich auszudrücken, mit seinem Verwandten Albrecht, genauer gesagt, man ließ kloppen.

»Wir sind schließlich nicht bekloppt!«, so Albrechts Kommentar dazu.

Die ganze Klopperei führte zu nichts, außer dass unser Heinrich über all dem Ärger das Zeitliche segnete. Albrecht ließ so lange weiterkloppen, bis der König, ein gewisser Rudolf von Habsburg, ein Machtwort sprach. Das machtvolle Wort hieß:

»Stopp!« oder »Halt!« oder »Aufhören!« oder so ähnlich. Es war eines seiner letzten Worte.

Albrecht gab nun Ruhe, wohl aus Kampfesmüdigkeit.

»Von weeschn Ruhe! Egal diese Feden!«, ruft ein echter sächsischer Sachse von der Ostgrenze des Thüringerlandes. Der Autor muss hier alle Nichteingeweihten darauf hinweisen, dass im Sächsischen das »t« wie »d« gesprochen wird. »Der Albrecht feded so laud, dass man de Gläser bis Dresden klingn un die Gäste singn hörn dut!«

Das kostete freilich Geld. Geld war wie immer knapp. Also entartete der entartete Albrecht noch mehr und duckelte.

Wie? Was duckeln ist? Kennen Sie nicht? Das ist auch wieder so ein Thüringer Beckenwort. Lassen wir es einen Eingeborenen erklären: »Duckeln bedeutet dasselbe als wie kuddeln.«

Immer noch nicht klar? Also hochdeutsch: tauschen!

Alles klar bis hierher?!

Also, der Entartete duckelte das Thüringer Land vor seinem Tod für seinen Todesfall gegen Geld, und zwar an König Adolf von Nassau. Heute würden wir Lebensversicherung dazu sagen, nur mit dem Unterschied, dass das Geld sofort zu

Lebzeiten an den ewig klammen Albrecht ausgezahlt wurde. König Adolf wiederum machte es aber nicht lange. Er kloppte sich dummerweise persönlich. Sein Nachfolger, König Albrecht – das ist aber jetzt nicht der Entartete – wollte den Schuldschein und damit Thüringen für sich eintreiben. Das klappte aber irgendwie nicht, so dass Thüringen wieder ganz den Wettinern gehörte. Da schreiben wir das Jahr 1307.

Langsam geht's vorwärts, was!?

Albrecht war nicht nur entartet, sondern auch klug, und zog sich, für Geld freilich, von all seinen Posten aufs Altenteil nach Erfurt zurück. Thüringen gehörte dann nacheinander Friedrich I., Enkel des Kaisers Friedrich II., genannt der Freidige, also der Mutige. Dessen Sohn Friedrich II., genannt der Ernsthafte, hatte danach den ganzen Prassel am Hals. Einige vereinte Fürsten und Städte versuchten, ihm das Leben zu erschweren und ihn um seine Thüringer Ländereien zu erleichtern. Das nannte sich dann Grafenkrieg. Endlich mal wieder ein ordentlicher Krieg mit einem ordentlichen Namen. Man kommt ja sonst kaum mehr mit.

Wo sind wir jetzt eigentlich? Kurze Zeitangabe: 1345. Wir nähern uns wieder dem Jahr, in dem wir schon standen. Kurze Kriegspause nach dem Grafenkrieg. Jetzt ist Friedrich III., Sohn Friedrichs II., und, wer hätte das gedacht, Enkel Friedrichs I., am Ruder. Der Dritte nennt sich auch der Strenge. Der regierte nun ganz allein die wettinischen Lande, Thüringen freilich eingeschlossen, bis, ja bis – Achtung! Es wird kompliziert! – der Friedrich III. so blöd war, die Regierungsgeschäfte mit seinen Brüdern Balthasar und Wilhelm zu teilen.

Als Friedrich starb, teilten Wilhelm und Balthasar alles unter sich auf. Balthasar bekam Thüringen. Balthasars Sohn, Friedrich IV., starb daraufhin, was wieder das Ende eines Mannesstamms bedeutete.

Haben Sie alles bis hierhin mitbekommen? Hat ja mit Thüringen auch nur insofern zu tun, dass es sächsische Geschichte ist. Die echten Thüringer ficht das kaum an. Egal, vergessen Sie alles, denn jetzt kommt es: das Eigentliche!

Thüringen fiel durch den erlöschenden Balthasar-Stamm an die Wettiner Markgrafen von Meißen. Der eine Meißner war ein weiterer Friedrich II., der mittlerweile vom König Sigmund zum Kurfürsten hochgeadelt worden war, genannt der Sanftmütige. Der andere war Herzog Wilhelm III. oder auch der Tapfere. Und diese beiden – also jetzt kommt es wirklich! –, diese beiden setzten sich in Halle in irgendeine mittelgroße Trinkhalle und teilten.

Thüringen kam an Wilhelm. Das kommt bei dem gar nicht gut an.

»Bruder, dieses Thüringen ist ein einziger Beschiss! Hier ist überhaupt nichts los!«

»Bruder, schrei nicht so herum. Das Volk denkt sonst noch, wir streiten.«

»Erstens ist mir das Volk schnuppe. Zweitens ist es gewöhnt, dass sich die Oberen streiten. Stimmt es, mein Volk?«

»Ja, macht nur. Wer die Macht hat, der muss machen«, schallt es aus dem Thüringer Wald und dem gleichnamigen Becken. »Macht nur hin mit eurer Fehde. Wir machen in der Zwischenzeit ne Fete.«

Nun kloppten sich also wieder zwei, beziehungsweise sie ließen kloppen. Es war eine wüste Klopperei, die fünf Jahre anhielt. Ja, was so ein richtiger Bruderkrieg ist, der wird auch brüderlich ausgefochten. Wenn es in der Familie bleibt, dann teilt man doch gern aus. Man gibt dem Bruder, was des Bruders ist, und der gibt gern zurück. Brüderlein, komm kämpf mit mir! Wie gesagt, man kämpfte sich so durch die fünf Jahre durch. Dann traf man sich, diesmal nicht in Halle, sondern in Pforta bei Naumburg.

»Bruder, wollen wir uns wieder vertragen!?«

»Vertragen wir uns. Apropos vertragen. Was machen wir mit dem Teilungsvertrag von vor fünf Jahren?«

»Welcher Vertrag?«

»Der Vertrag, Bruder, dessentwegen wir uns fünf Jahre lang bekämpft haben.«

»Ach, deeer Vertrag!«

»Wollen wir einen neuen ausarbeiten?«

»Ach, Bruder, schon wieder hinsetzen und einen Vertrag ausarbeiten. Diese ganze langweilige bürokratische Prozedur. Der Vertrag war doch gut. Weißt du was, wir lassen alles so, wie es vereinbart war vor fünf Jahren.«

»Gute Idee. Einverstanden!«

Ist es nicht schön, wie schnell sich die Brüder geeinigt haben? Die Tränen könnten einem kommen vor Rührung. Für so einen wunderbaren Augenblick kann man auch mal fünf Jahre Krieg hinnehmen.

Was? Wer stört da die Weihe dieser familiären Runde. Jemand haut mörderisch auf einem Tisch herum, der im Leipziger Hofgericht steht, und brüllt: »Ich will Gerechtigkeit!«

»Aber freilich, guter Mann. Gerechtigkeit, dafür sind wir deutschen Gerichte schließlich da. Name!«

»Ritter Kunz von Kaufungen, Amtmann von Altenburg.«

»Was ist Euer Begehr?«

»Gerechtigkeit!«

»Ja, das sagtet Ihr schon, mein Herr. Könntet Ihr bitte etwas genauer werden.«

Kunz von Kaufungen schlägt sich an die geharnischte Brust. »Hier drunter schlug ein treues Herz.«

Das hohe Leipziger Hofgericht in Person seines Vorsitzenden unterbricht: »In Liebesdingen sprechen wir kein Recht.«

»Hat sich auch was mit der Liebe!«, tönt der von Kaufungen. »Treu habe ich gedient dem Friedrich II. in seinem Bruderkrieg. Und was ist der Lohn?«

»Undank!«, rutscht es dem Gerichtsschreiber heraus.

»Wie meinen?«

»Verzeiht, ich meinte nur: Undank ist der Welten Lohn.«

Kunz stimmt dem zu. »Schlimmer noch, meine Herren. Der Dank des Kurfürsten sind ein paar Pimperlinge. Ich verlange Gerechtigkeit!«

Das hohe Gericht beugt sich wieder in Person seines Vorsitzenden herunter: »Und wenn Ihr auch noch öfter ruft, mein Herr Ritter, die Gerechtigkeit wird nicht eher kommen, als ich sie zu Euch herunterlasse. Im Übrigen scheint hier ein Missverständnis vorzuliegen.«

Kunz von Kaufungen wundert sich: »Wieso ein Missverständnis?«

»Aber sicher, Herr Ritter. Der Angeklagte soll also unser allseits geliebter und gelobter Kurfürst Friedrich II. sein?«

»Ja, wer sonst.«

»Es ist doch aber sicher auch richtig so, dass unser allseits geliebter Kurfürst der alleroberste Gerichtsherr ist?«

»Ja, wer sonst.«

»Dann ist Eure Klage doch ein Missverständnis.«

»Ich verstehe nicht.«

»Genau das versuche ich Euch ja klarzumachen. Das Missverständnis besteht darin, dass der Beklagte nicht gleichzeitig der oberste Richter sein kann, weil der oberste Richter nicht Klagen zu seiner eigenen Person bearbeiten kann.«

»Kurz gesagt«, sagt Kunz, »der Fürst kann sich nicht selbst vor sich selbst vor Gericht stellen.«

»Besser hätte ich es juristisch nicht formulieren können«, bedankt sich der Vorsitzende des Leipziger Hofgerichts. »Einen schönen Tag noch, werter Herr Kunz von Kaufungen! Die Sitzung ist damit geschlossen.«

Kunz von Kaufungen hat danach keinen schönen Tag. Höchstwahrscheinlich bekommt er an diesem Tag sein erstes Magengeschwür. »Das ist nichts als eingefressner Ärger!«, wiegelt er ab.

Dann wiegelt er auf und zwar seine Ritterfreunde Wilhelm von Mosen und Wilhelm von Schönfeld.

»Freunde, wenn mir das Gericht nicht hilft, greifen wir zur Selbsthilfe.«

Dann greifen sie, und zwar zu.

Es ist eine herrliche Sommernacht, die Nacht vom 7. auf den 8. Juli 1455. Mami und Papi haben die Kinder allein zu Hause gelassen. Ernst und Albrecht, die Söhne des Kurfürsten liegen in den Betten des Altenburger Schlosses, während Vater und Mutter unten in der Stadt feten.

Der von Kaufungen schleicht mit seinen beiden Wilhelms heran. »Schwalbe«, ruft Kunz.

»Wo?«, fragen die beiden Wilhelms im Chor und schauen verwundert in den thüringisch-sächsischen Nachthimmel.

»Dort am Tor, Freunde«, sagt Kunz und verleiert die Augen. Am knarrend aufschwingenden Tor steht der Küchenknecht Schwalbe, Kaufungens Komplize. Dann geht alles sehr schnell, auch wenn die beiden Prinzen Ernst und Albrecht nicht ganz freiwillig mitgehen wollen. Ab geht's Richtung böhmische Grenze, Kaufungen mit Albrecht auf einem Weg, von Mosen und von Schönfeld mit Ernst auf einem anderen, um so die Verfolger zu narren.

Nützt ihnen alles nichts. Kunz wird geschnappt. Die anderen zwei ergeben sich. Das nützt ihnen was. Während Kunz von Kaufungen sich nicht nur von seinen Träumen nach Gerechtigkeit, sondern auch von seinem Kopf trennen muss, werden von Mosen und von Schönfeld, die beiden Wilhelms also, begnadigt.

Dem Küchenknecht Schwalbe übrigens wird eine höhere

Ehre zuteil als dem von Kaufungen. Während dieser nur in zwei Teile geteilt wird, wird Schwalbe sogar geviertelt.

Und weil wir hier nun gerade dauernd vom Teilen reden, soll nun auch verraten werden, wieso wir gemeinsam den ganzen komplizierten Weg vom Entarteten bis zum Enthaupteten gegangen sind, und was Kaufungens Prinzenraub für Thüringen so wichtig macht.

Es wird wieder geteilt, diesmal erneut das Wettiner Land. Das hatten wir schon? Diese Teilungsgeschichten werden uns noch eine Weile bis in den Schlaf verfolgen. Diese hier ist zur Abwechslung mal eine wirklich neue Neuverteilung, diesmal zwischen den ehemaligen Kidnapping-Opfern Ernst und Albrecht.

»Nun, Albrecht, wie teilen wir? Längs oder quer?«

»Das ist letzterdlich doch wurscht, mein Ernst, oder? Teilen wir eben zur Abwechslung mal querbeet. Wie wäre das im Thüringer Landesteil?«

»Problemlos, mein Ernst. Ich nehme da den südlichen Teil mit Gerstungen, Eisenach, Gotha, Weimar, Altenburg, Saalfeld und Coburg.«

»Na gugge da, das ist ja ein fetter Happen, mein Ernst, was bleibt da mir?«

»Albrechtl, du kriegst den nördlichen Teil mit Freyburg, Sangerhausen, Langensalza und Gebesee.«

»Und was ist mit Erfurt?«

»Keine Chance, die machen ihr eigenes Ding, solange nicht der Mainzer Erzbischof seine lange Kralle wieder danach ausstreckt. Und er wird ausstrecken, glaub's mir.«

»Bei so einer Schmergrube! Da würde ich auch nicht die Finger davon lassen. Nun gut, also ohne Erfurt.«

»Wenn ich mir das jetzt so richtig angucke, haben wir dieses Thüringen genial aufgeteilt.«

»Wir sind genial. Das ist mir nicht neu. Äh, was ist so genial an der Teilung?«

»Wir haben endlich Schluss gemacht mit diesem Thüringen.«

»Damit war doch schon lange Schluss. Das gehört uns doch seit anno dunnemals.«

»Aber es war immer noch zu erkennen auf der Landkarte. Da bestand doch immer die Gefahr, irgendein Landgraf kriegt den Höhenflug und will das alte Königreich wiederauferstehen lassen. Bleibt nur die Frage, was wir mit der Thüringer Landgrafschaft machen.«

»Kann man so einen Titel nicht auch teilen?«

»Klar, teilen wir. Teilen macht Spaß.«

An einem kleinen Bächlein zwischen Eisenach und Bad Langensalza verabschieden sich zwei Thüringer.

»Tut mir leid, Barthel, wir sind jetzt Feinde. Du bist jetzt Ernestiner, also einer von Ernsten seinen Leuten, Kursachse! Ich bin Albertiner, wie jetze die Untertanen des Herzogs Sachsen-Albrecht heißen.«

»Wir sind Thüringer.«

»Vergiss es!«

»Was soll's. Da trinken wir immer mal ein friedliches Bierchen und lassen alle Ernste und Albrechte und den lieben Gott gute Männer sein.«

»Nein, Ordnung muss sein. Wag es ja nicht, deinen Fuß über den Bach zu setzen. Das könnte Krieg bedeuten.«

Dann trollen sich die zwei. Schließlich ist man klug genug, es nicht ernsthaft – und auch nicht albrechthaft – darauf ankommen zu lassen.

11. Kapitel

… in dem über einen Sachsen hergezogen wird, der eine Menge Feuer in mancherlei Köpfen und unter Hintern anzündete, was aber vielen Thüringern gar schlecht bekommt
....

In Orlamünde sitzen nach des Tages Arbeit die Bauern und Bürger im Wirtshaus. Unter ihnen, aber kaum von ihnen zu unterscheiden, sitzt Andreas Bodenstein, der sich selbst Karlstadt nennt und einst Professor in Wittenberg war, von dort im Streit mit Luther geschieden, weil er Luthers Wort vom reinen Wort Gottes zu rein in die Tat umgesetzt hat.

Professor Karlstadt ist damals vor die Stadt gezogen, um sich als Bauer mit eigener Hände Arbeit sein Brot zu verdienen. Als Pfarrer war er der Erste, der in weltlicher Kleidung auf den Altar stieg, um zu predigen. Ein Sponti und Fundi eben, intellektuell auf Kriegsfuß mit allen Realos der Zeit, dabei ein freundlicher, verständiger Mensch.

»Bruder Andres«, wird Karlstadt von einem der Bauern angesprochen, »erzähl uns die Geschichte vom undankbaren Martin.« Lautes Hallo rundherum. Alle rücken zusammen.

»Aber Leute! Wie oft wollt ihr diese alte, ellenlange Luther-Geschichte denn noch hören?«

»Bis sie uns zum Halse heraushängt wie der Luthermartin selbst.«

Manche haben die Geschichte schon mindestens vier und fünf Malen gehört. Fast wörtlich können sie Abschnitte wiederholen. Es ist ein Gaudi für die beim Biere Versammelten.

»So ihr wollt, sei's drum. Beginnen wir«, lässt sich Bruder Andres endlich umstimmen.

Die ersten Sätze sprechen sie im Chor, dass die Kneipentür leicht vibriert.

»Kurz vor Mitternacht passiert es in Eisleben. Mutter Luther wimmert noch. Der frisch geschlüpfte Knabe schreit kurz. Aber als ihn Vater Ludher scharf anschaut, hält er sofort inne. Damit beginnt der ganze Schlamassel. Streng erzogen – von der ersten Sekunde an – wird der Kleine, der da am Tag des Heiligen Martinus 1483 das Licht der Öllampe im elterlichen Schlafzimmer erblickt, eines Tages sozusagen über die Strenge schlagen. Draußen ist es dunkel.«

»Nun ja,« mischt sich einer ein, »wir befinden uns schließlich in Sachsen.«

Karlstadt kritisiert freundlich: »Das war jetzt keine nette und gerechte Bemerkung.«

»Aber gespeist aus tiefem Thüringer Groll.«

Abgesehen davon ist zu dieser Zeit rundherum eigentlich alles sächsisch, was den Tatbestand der Beleidigung wieder relativiert, und dunkel ist es sowieso, denn es ist ja kurz vor Mitternacht.

Bruder Andres fährt fort: »Fünfzehn Jahre später wird der herangewachsene Knabe nach Thüringen geschickt.«

Die Bauern und Bürger singen im Chor: »Oh, du mein Thüringerland, wo Luther saß und stand, verkauft man jetzt allerhand Tinnef und Tand.« Dann ruft der Chor: »Nur vom Besten! Nur vom Feinsten!«

Jetzt sind die Rollen in der Kneipe verteilt. Die Kneipenbesucher kennen ihre Parts und setzen gleich ein. Der, der Martins Vater Hans spricht, hebt mit komisch bebender Stimme an zu sprechen:

»Martin, es fehlt uns das Geld für Speis und Trank und Schul. Vielleicht kannst du bei unseren Thüringer Verwandten ein bisschen essen und trinken lernen – äh – essen und trinken und lernen.«

»Ab geht es auf Schusters Rappen nach Süden.«

Ein paar Bauern schnalzen mit den Zungen, dass es sich

anhört, als galoppiere eine Herde Pferde durch die Kneipe. Alle wollen sich vor Lachen schier die Bäuche ausschütten, weil doch Schusters Rappen zweibeinig durch die Gegend wandert.

»Komm rein, Jungchen!«, sagt Frau Hutter, Mutter Luthers Tante und Frau des Küsters von Sankt Nicolai in Eisenach. »Komm rein, leg ab, ruh dich aus. Vom Mansfeldischen bis hierher ist ein weiter Wanderweg.«

»Och«, sagt Luther, »es ging.«

»Es ging! Ist er nicht süß! Es ging, sagt er, als wäre alles von alleine gegangen!«

»Martin schweigt. Er kann ja der Muttertante schlecht sagen, dass ihm der Hunger Beine gemacht hat. So sagt er eben nur nochmals: Es ging.«

»Gingen ging's ja, aber es geht nicht weiter, jedenfalls nicht so, wie es sich Vater Hans gedacht hat«, nimmt Karlstadt den Faden wieder auf. »Küster Hutter und Frau sind auch arm wie die Kirchenmäuse. So zieht denn der Martin mit ein paar Freunden herum, erbettelt sich singend da und dort etwas Brot. Da steht schon der nächste Thüringer bereit, ihm das schwere Leben zu erleichtern, ein Herr Kotta.«

»Junge«, sagt der Herr Kotta, »du hast ja eine schöne Stimme. Singst uns ab und an abends etwas vor, dann hast du eine Schlafstelle im Hause frei.«

»Ja. Leute, da seht ihr's, wir gütigen Thüringer!«

»Diese Thüringer Kottas sind es, die den Martin auch noch zum Nachhilfeunterricht an Schwalbes vermitteln, Schwalbes, die so reich wie fromm sind. Da fallen für Martin massenhaft Frömmigkeit und ein paar Brosamen ab, wenn er denn nur dem Schwalbesohn die Hausaufgaben richtet.«

Wieder mischt sich ein Bauer ein. Dieser ist ganz dürr und hat ein kluges Gesicht. Es ist wohl ein Studierter, der es dem Professor Bodenstein gleichgetan hat und bodenständig geworden ist: »Und noch mehr nette Thüringer geben dem kleinen Martin, was ihnen möglich ist. Die Großmutter aus Möhra bei Eisenach steckt ihm bei seinen zahlreichen Besuchen so manche Möhre für den Heimweg in die Tasche.«

Es müssen sehr viele Möhren gewesen sein, so gewaltige Vitamin-A-Schübe, dass Martin bis an sein Lebensende keine Brille brauchen wird. Und das bei so einem exzessiven Bücherwurmfortsatz!

Karlstadt wieder: »Frische Thüringer Möhren hat er garantiert auch in der Tasche, als er sich im Jahre eins des neuen Jahrhunderts gen Erfurt aufmacht. Auf die Uni will der Knabe. Nicht auf irgendeine Universität, sondern auf die berühmteste weit und breit, die Erfurter, gegen die alle anderen für kleine Schützenschulen angesehen werden.«

»Jaja!«, schallt es ringsumher. »Nur vom Besten! Nur vom Feinsten!«

Freigebig wie die Erfurter in der Mitte Thüringens nun einmal sind, lassen sie es zu, dass sich der Martinus Ludher ex Mansfeld in die Matrikel ihrer Universität einschreibt.

Aber es geht noch weiter mit der Freizügigkeit: Bakkalaureusexamen zum frühestmöglichen Zeitpunkt. Gut, der Martin ist klug und fleißig. Aber Klugheit und Fleiß allein haben noch keinem genützt, wenn da nicht auch Thüringer in der Nähe sind, die das bemerken.

»Schon 1505: Magister ist er!«

»Junge«, spricht der Bauer, der den Vater Hans spielt, feierlich, »ich biete dir in aller Form das Er an.«

Der tiefe Diener des Vaterdarstellers landet naseweiß im Bierschaum.

»Nun könnte ja alles seinen frühbürgerlichen Gang gehen, ohne oder mit nur geringem Schaden für die Thüringer«, setzt Karlstadt wieder ein. »Der Martin könnte vielleicht Juristerei studieren.«

»Soll er doch. Nur vom Besten! Nur vom Feinsten!«

»Macht er ja auch. Alles noch schön und auch gut. Aber dann kommt der so kluge und gelahrte junge Herr in ein Gewitter.«

Der Bauern-und-Bürger-Chor skandiert: »Bitter, bitter, so ein Gewitter! Bitter für Thüringen!«

»Was macht der sonst so Wissensdurstige, als es um ihn herum kracht und donnert und blitzend einschlägt? Nein, nicht etwa wissenschaftliche Experimente, dazu sind leider weder der Bube noch die Zeit reif, nein, er schlägt seine Juristenchance aus und einen anderen Weg ein.«

»Es regnet wie Schwein. Und es zucken die Blitze bei Stotternheim.«

Die Kneipenbesucher zischen wie Blitze und donnern mit den Bierkrügen auf den Tischen.

»Martin zuckt auch und zwar zusammen, aber anstatt allen

Mut zusammenzuraffen, den Mund zu halten oder daselbst in Stotternheim ein paar Worte zu stammeln, den lieben Gott um Beistand zu bitten, nein, da wimmert er die acht schrecklichen Wörter.«

Jetzt schwillt der Bauernchor zu seiner vollen Stimmkraft an: »Hilf, heilige Anna, ich will auch ein Mönch werden!«

Alles kugelt sich vor Lachen.

»Mensch«, sagt der dürre Ex-Student, »hätte er nicht rufen können: Hilf, Sankt Anna, ich will ein Mensch werden! Aber nein, Mönch musste es unbedingt sein.«

»Gut, auch da sind die Thüringer nicht im Wege. Wie gesagt, freundliche, zuvorkommende Leute.«

»Sind wir, sind wir!«, bestätigen alle.

Später stellt man sogar an die Stotternheimer Wegstelle einen großen Stein hin mit der rückblickend sehr vorausschauenden Aufschrift: »Geweihte Erde. Wendepunkt der Reformation«. Aber das hier ist nur eine Zwischeninformation des Autors.

Wieder zurück nach Orlamünde. Der Abend scheint lang zu werden. Nehmen wir uns auch ein Bier, das hier in Strömen fließt, und horchen eifrig darauf, was der Karlstadt und die Bauern noch so zu erzählen haben.

»Soll der Martin seinen Willen haben?«

»Soll er. Nur vom Besten! Nur vom Feinsten!«

»Freundlich wird er ins Erfurter Augustinerkloster aufgenommen. Man kann nur immer wieder betonen, dass ihm kein Thüringer einen Stein in seinen Weg geschmissen hat.«

»Im Gegenteil: Aus dem Weg geräumt haben wir!«

»Mönch wird er, Priester, Theologiestudent. Dann plötzlich wird Martin nach Wittenberg abkommandiert.«

»Mönche sind Soldaten Gottes.«

»Jetzt könnten wir diese Thüringer Luther-Geschichte schließen. Aber nein, als Martin in Wittenberg seinen Abschluss als Bibelbakkalaureus gemacht hat, holt ihn ein Befehl zurück aus dem schlammigen Provinznest Wittenberg in die Weltstadt Erfurt.«

»Ein bisschen Dankbarkeit wäre jetzt angebracht«, sagt der Dürre. »Vielleicht mal zur Abwechslung ein bisschen Partei ergreifen in weltlichen Dingen für die Sache seiner langjährigen Förderer.«

»Keine Zeit! Martin muss sich mit der Bibel beschäftigen. Außerdem, zugegeben, ist es zu der Zeit auch recht schwer, auszumachen, was die Sache der Thüringer ist, und sei es nur die Sache der Erfurter. Draußen vor dem Kloster zum Beispiel toben gerade die Erfurter Bürger gegeneinander. Die einen wollen zu Sachsen gehören, die anderen zu Mainz.«

»Komisch«, mischt sich einer der Bauern ein, »wieso schreit keiner: Ich bin ein Thüringer!?« Der Wirt, eigentlich ein recht schweigsamer Kerl, kommt ganz trocken und mit frischem Nass dazwischen: »Wenn Bier schreien könnte, dieses hier würde rufen: Ich bin ein Thüringer!«

Bravo-Rufe. Beifall. Alle prosten sich zu.

»Martin studiert derweil die Bibel. Die Universität wird ein wenig angezündelt. Martin studiert die Bibel. Der Rat schwört dem Mainzer Erzbischof die Treue. Martin studiert die Bibel. Kursachsen sperrt daraufhin den Erfurter Händlern alle Straßen …«

Da ist der Bauern-und-Bürger-Chor wieder da: »Martin studiert die Bibel!«

»Dann fällt dem Martin etwas ein, ein Name für das Volk, das so gar nicht ruhig halten will: Herr Omnes.«

Zwei Bauern hauen ihre Biertöpfe zusammen und grüßen sich: »Grüß dich, Omnes!«, sagt der eine.

»Selber!«, sagt der andere.

»Das ist sein Beitrag zu den Ereignissen.«

Wieder hebt der Chor an: »Dann studiert er wieder die Bibel.« Allgemeine, ausgelassene Heiterkeit.

»Das könnte ja nun auch so weitergehen, ohne dass es die Thüringer beißen würde, aber nein, wieder nichts! Martin geht nach Rom. Kleine Pilgerreise. Gut so, kann er keinen Schaden anrichten in Thüringen.«

»Noch nicht!«

»Von Rom geht es zurück nach Wittenberg. Dort schlägt er dann seine 95 Thesen an die Tür der Schlosskirche. Könnte die Thüringer ja kaltlassen.«

»Nee aber auch, Frieder«, sagt ein Bauer zu seinem Nachbarn. »Sieh da, der Martin. Ein Bibeldoktor und kann so gut mit Hammer und Nägeln umgehen. Das hat man selten, dass die Intellektuellen nicht zwei linke Hände und vier Daumen haben!«

»Du, der hat dicke, fette Nägel in die antiquarische Schlosskirchentür gehämmert, der Kulturbanause. Solche Löcher sind da jetzt drin!«, protestiert gekünstelt der andere. »Florian, ich sage dir, es wird ein schlechtes Ende nehmen mit dem Ludhermartin!«

»Denkste! Das ist erst der Anfang.«

Karlstadt weiß, wovon er spricht: Obwohl es jetzt für mittelalterliche Verhältnisse recht schnell geht, vor allem mit dem Martin. Der Martin hat Wut und kann das gut in Worte fassen. Er kommt, wie Blitz und Donner damals bei Stotternheim über ihn kamen, über den Papst, wollen sagen, Martin wettert. Er wettert wieder und wieder wider den Papst.

Das freut die Leute, auch in Thüringen. Der Papst, wer auch immer gerade die Oberhirtenmütze aufhat, ist ein sündiger, geldgieriger und geiler Schlawiner, der die Bibel längst nicht so in- und auswendig kennt wie unser Bruder Martin.

Im Wirtshaus zitiert der dürre Ex-Student glühenden Auges Luthermartin aus dem Gedächtnis: »Es fügt sich nicht, dass einer auf Kosten der Arbeit eines anderen müßig gehe, reich werde und wohl lebe, während andere schlecht leben, wie es jetzt übler Missbrauch ist.«

»Mensch, Frieder, das hat der Martin aber gut gesagt!«, meint Bauer Florian.

Nachbar Frieder guckt nur kurz vom Bier auf und nörgelt: »Gesagt hat er's. Sagen kann ich auch viel. Und wer tut was?«

»Wer weiß, Frieder. Mal sehen, wie's kommt.«

»Dann kommt erst einmal der Martin wieder nach Thüringen hinein, diesmal aus Worms. Worms war nicht sehr erfreulich für Martin. Kaiserkönig Karl V., der es sich mit dem Papst nicht verderben will, hatte dorten zu Martin gesprochen. Frieder, spiel du den Kaiser, du hast dasselbe spitze Gesicht.«

Frieder macht sich zum Kaiser: »Luther, Er muss aufhören, immer wieder wider den Papst zu rufen. Wie wäre es zur Abwechslung mal mit einem kleinen Widerruf?!«

Martin schweigt zunächst. Er ist sauer. Keiner hat ihm nämlich einen Stuhl angeboten. Da ist er den weiten Weg von Wittenberg in dem rumpligen Rollwagen und in nur vierzehn Tagen bis Worms gepresscht. Alle Knochen tun ihm weh, und dann bietet man ihm nicht einmal einen Stuhl an. Der Kaiser wartet auf Antwort. Wird der, der sein Maul so weit aufgerissen hat, endlich klein beigeben? Martin wartet auf einen Stuhl.

»Zum letzten Mal, Luther, will Er, dass ich zum päpstlichen Bannfluch auch noch die Reichsacht über Ihn verhänge? Oder will Er weiter zu seinen Worten stehen?«

»Stehen!«, ruft Karlstadt theatralisch. »Oh, unserem Martin Luther stößt es sauer auf. Dann sagt er wieder einmal ein paar berühmte Worte.«

Alle holen gemeinsam tief Luft und lassen dann prustend hinaus: »Hier stehe ich, ich kann nicht anders!«

Allgemeines Kugeln vor Lachen.

Karlstadt wieder: »Kaiserkönig Karl V. hat jetzt die Faxen dicke. Aber er ist ein Politiker und nicht sehr schnell. Um nicht den Zorn des ohnehin aufgerührten Herrn Omnes auf sich zu ziehen, lässt er es erst einmal den Martin tun. Er lässt ihn also ziehen. Und wo zieht es den Martin wieder hin?« Karlstadt guckt Antwort heischend in die Runde: »Freilich, zum Teufel, nach Thüringen! Gut, rein geografisch hat er gar keine andere Chance als die, durch Thüringen zurück nach Wittenberg in seinem rumpligen Rollwagen zu fahren. Aber er fährt ja nicht durch.

Es gibt eine kleine Unterbrechung des Transitreiseverkehrs. Bruder Martin verschwindet. Herr Omnes ist erregt. So sehr erregt, dass die informellen Mitarbeiter der Obrigkeit angstvolle Briefe schreiben.«

Bauer Frieder schreibt mit biernassem Finger einen Brief auf die Tischplatte:

»Den Luther sind wir nach unsrem Willen los, aber das Volk ist so aufgebracht, dass ich fürchte, wir kommen schwerlich mit dem Leben davon, wenn wir nicht ausschwärmen und ihn nicht mit angezündeten Kerzen überall suchen und zurückrufen.«

»Frieder!«, ruft Bauer Florian ganz aufgeregt. »Frieder! Der Ludher ist verschwunden. Man sagt: Die Päpstlichen haben den Ludher gefangen, getötet und in ein Bergwerk geschmissen!«

»Florian, solange Martins Kopf nicht auf einer Lanze dahergewackelt kommt, ist der Mann am Leben.«

»Keine Nachricht über ihn seit Tagen!«

»Keine Nachrichten sind gute Nachrichten.«

»Da sollte Bauer Frieder nicht so sicher sein. Sicher ist im

Moment nur der Luthermartin. Er ist wohnhaft in Schutzhaft. Wo? Freilich, wieder in Thüringen. Sein sächsischer Schutzherr, Friedrich der Weise, behält ihn weise in der sächsischen Provinz ein.«

»Nanana, Provinz!?«

»Im Schutz des Thüringer Waldes und einer seiner Randburgen. Wo genau? Na, hat denn hier keiner im Geschichtsunterricht aufgepasst?«

Wieder der Bauernchor, mit verstellten Schülerstimmchen: »Uns fehlt die Schul. Aber wir wissen's: auf der Wartburg natürlich, Herr Lehrer Karlstadt!«

»Die ersten Tage muss Martin in Isolierhaft. Haar und Bart müssen wachsen. Er muss sich an die adeligen Klamotten und an das Schwert an seinem Gürtel gewöhnen. Dann tritt er in das Sonnenlicht.«

»Einen wunderschönen guten Tag, Junker Jörg!«, krakeelt der Dürre alias Burghauptmann von Berlepsch.

Junker Jörg!? Ein blöder Name, denkt Martin.

»Dann beginnt das Ritterleben: jagen, saufen, fressen.«

»Können wir nicht mal einen Tag Pause machen?«, fragt der Junker Jörg.

»Aber Junkerchen, kaum dass Ihr Euch im Sattel halten könnt, so schwach seid Ihr. Da heißt es essen, essen, nochmals essen.«

»Ich hab den Mund ja noch vom gestrigen Abendbrot voll.«

»Dann schnell ein Literchen Wein zum Hinunterspülen.«

In der Orlamünder Kneipe werden die frisch gefüllten Krüge gehoben.

»Die Anforderungen des Ritterlebens sind hoch«, sagt Bauer Florian.

»Hoch kommt es auch – dem Junker Jörg. Die ritterliche Fettlebe schlägt dem eingeschrumpelten Mönchsmagen auf denselben. Krämpfe, Verstopfungen und dann wieder Schlaflosigkeit wegen flotter nächtlicher Otto-Ausflüge plagen unseren Junker. Aber anstatt auf die Stimme seines Fleisches zu hören, was macht der gejunkerte Mönch?«

»Er gewöhnt sich an die fürstlich-ritterliche Fettlebe.«

»Nur vom Besten!«, brüllt der Bauernchor. »Nur vom Feinsten!«

»So sehr gewöhnt er sich, dass er doch widerruft. Dem Papst zwar wünscht er weiterhin das Schlechteste an den Hals, aber vor den weltlichen Hoheiten beugt er fortan Kopf und Knie, späterhin nur noch den Kopf, weil er vor lauter Magenfülle nicht mehr auf die Knie kommt.«

»Bruder Andres, jetzt hast du aber das Wichtigste vergessen.«

Karlstadt weiß Bescheid. »Vorher übersetzt er noch schnell die Bibel, das heißt nur einen Teil, den zweiten vor dem ersten, das Neue Testament. Das geht ratzbatz, dauert gerade mal vier Monate.«

Ja, das macht er recht hübsch, der Luthermartin, sogar ganz allein und ohne Duden.

Aber – das muss hier nur der Erinnerung wegen vom Autor wieder einmal eingeflochten werden – wo sitzt er und schreibt in aller Ruhe?

»In Thüringen!«, piepsen die Schülerstimmchen. »In der Lutherstube auf der Wartburg.«

Bauer Florian, vom Bier angefeuert, krakeelt: »Und zeigt das Ludher Dankbarkeit?«

»Nein!«, schreit einstimmig der Chor.

»Belogen und betrogen hat er uns Thüringer«, ruft Frieder.

Florian macht den Luther: »Ich habe übersetzt die Bibel ins Deutsche nach der sächsischen Canzley.«

»Das hat er doch nur gesagt, um sich beim Kurfürsten einzuschmieren.«

»Ha! Die halbe Bibel ist geschrieben in Oma-Deutsch. Omas Deutsch aus Möhra in Thüringen.«

»Undankbarer!«

Karlstadt übernimmt wieder: »Kommt von der Wartburg heimlich nach Wittenberg, wo wir alles nach dem wahren Wort Gottes getan, so wie er es uns geschrieben. Aber als wir es getan in seiner Abwesenheit, fährt er wie der Teufel unter uns, uns zurechtzurütteln nach seiner neuen Art.«

»Fürstenfreund!«

»Ist voll die Tafel, ist der Mund voll Geschwafel!«

»Aber«, beruhigt Karlstadt die Gemüter, »sollten nicht wenigstens wir alle ein wenig dankbar sein. Hat nicht mein Streit mit Bruder Martin mich hierher nach Orlamünde, her zu euch verschlagen?«

Darauf wird getrunken. Karlstadt lächelt. Den Martin haben die Bauern und Bürger, als er hier in Orlamünde auftauchte, ruhig predigen lassen, aber er hat so rechthaberisch und aufbrausend auf ihre Fragen geantwortet, dass er sich die Antworten auch hätte sparen können. Es wäre besser gewesen für seine Gesundheit. Haben ihn die Bauern doch mit Schimpf und Schande davongejagt. Ein paar Steine und Straßenkot waren auch dabei. Das fand Karlstadt nicht so gut. Schließlich ist er zu allem, was er schon ist, auch noch Pazifist. Hat er nicht alle Briefe des Müntzer postwendend abschlägig beantwortet?

»Bruder Andres, du bist unser guter Gemeindegeist.«

»Was redest du da, Florian, die Gemeinde ist der Geist in allen Gemeinde-Dingen. Kein Papst, kein noch so erlauchter Fürst soll uns in unsre Dinge hineinreden.«

»Und schon gar kein wutschnaubender Martin.«

»Hoch die Gemeinde!«

»Nur vom Besten! Nur vom Feinsten!«, skandiert wieder der Chor. Wenn man nicht wüsste, dass man im mittelalterlichen Orlamünde ist, man könnte sich in einem griechischen Theater wähnen.

»Hoch der Gemeindegeist!«, bringt Vorsänger Karlstadt seinen Toast aus.

»Hoch der Gemeindegeist!«, ruft der Chor.

Wie auf Stichwort erscheint ein blasser Mensch an der Türe. Es ist ein Bote des Kurfürsten. In die plötzliche Stille hinein fragt er: »Wer ist der Andreas Bodenstein, auch Karlstadt genannt?«

»Ein solcher Mensch ist nicht mehr da, aber ich kenne ihn, bin sein Bruder Andres, gebt mir das Schreiben.«

Dem Boten ist's recht. Er verschwindet. Kaum ist er zur Türe heraus, bricht die Versammlung in Lachen aus.

»Bruder Andres«, witzelt Bauer Frieder, »öffne nicht das Schreiben. Es ist für den Karlstadt.«

Als das Siegel gebrochen ist, wird der Karlstadt so blass wie der Bote.

»Ein netter Gruß vom Bruder Martin, Leute. Der Kurfürst möchte mich nicht mehr haben in seinen Landen.«

Wut bricht aus dem Haufen heraus. Fäuste werden geschüttelt. Die griechische Tragödie explodiert. Karlstadt gibt noch einen aus. Dann trauern die Versammelten.

»Florian«, sagt Bauer Frieder, »der Spaß ist vorbei. Wenn der Luther einen so friedlichen Mann wie den Bruder Andreas vergrault, wird's ernst.«

»Recht hast, Frieder, komm wir holen unsere Dreschflegel und gehn den aufmüpfigen Müntzer suchen.«

Die erste Kanonenkugel, abgefeuert von den fürstlichen Kanonen am Hausberg bei Frankenhausen reißt dem Florian das linke Bein weg. Frieder nimmt den Florian in den Arm.

»Gott sei mit dir, Florian!«

»Lieber wär mir, der Luther ginge jetzt mit.«

Die ersten Landsknechte des Fürsten Ernst von Mansfeld brechen durch die Wagenburg des Müntzerhaufens.

»Frieder, sag's mir noch mal, was der Luther geschrieben hat über uns.«

Frieder versucht, den Wortlaut in seinem Gedächtnis zusammenzukratzen, während Florians Leben in das Gras des Hausberges rinnt.

»Darum soll zuschmeißen, würgen und stechen, wer da kann, und gedenken, dass nichts Schädlicheres, Teuflischeres sein kann als ein aufrührerischer Mensch; als wenn man einen tollen Hund totschlagen muss.«

»Sag, Frieder, sind wir tolle Hunde?«

»Tolle Hechte waren wir, Florian, Hunde nie.«

»Meinst, der Luther ist auch so ein toller Hecht?«

»Ich denk, ja.« Die nächste Kanonenkugel schlägt sehr dicht beim Frieder ein. »Grad jetzt wird er an seiner Nonne knabbern.«

»Wer an Nonnen knabbert, verdient den Tod«, brüllt ein Mansfelder Landsknecht.

»So sei es«, kann der Frieder noch sagen, bevor ihm das Schwert durch den Hals fährt. Aber er hat seine Sense so aufgestellt, dass der Landsknecht darin stecken bleibt. Wenigstens einen nimmt der Frieder also noch mit.

Luther knabbert derweil in seiner Wittenberger Wohnung – an den Fingernägeln. Katharina von Bora, die entlaufene Nonne, soll er sie nun nehmen oder nicht? Zölibat hin, Zölibat her. Wofür soll denn die ganze schöne Reformation gut gewesen sein? Der Bote des Kurfürsten klopft.

Was!? Der gefangene Müntzer ist dem Grafen von Mansfeld ausgeliehen? Im Heldrunger Verlies piesacken ihn die

Folterknechte, dass seine Schreie dem Grafen Musik in den Ohren sind. Gut so, endlich wieder Ruhe im Thüringischen. Da könnte man sich ja zur Feier des Tages schon mal mit der Katharina verloben.

Doch schon klopft der nächste Bote. Die Botschaft ist eine endgültige. Der Henker hat im Thüringischen an des Müntzers Hals verdient.

»Katharina!«, ruft Luther. »Weib, wir haben Grund zum Feiern.«

»Soll's die Hochzeit sein?«

»Ja, warum nicht. Hauptsach', es gibt dabei etwas Gutes zu essen.«

Da dies hier ein sehr langes Kapitel war, sollte man das Wichtigste vielleicht noch einmal kurz zusammenfassen:

In Thüringen gezeugter Sachse aus Eisleben erhält in Thüringen freundliche Aufnahme und umfassende Ausbildung bis zum Magistertitel, lässt sich von einem Gewitter zum Mönch verdonnern, Ausbildung zu demselben auch in Thüringen, fängt an zu denken, was ihm Magenbeschwerden einbringt, aber genüssliche Leibesfülle, während andere dem Denken Tun folgen lassen, was sie auf ewig von möglichen Magenbeschwerden befreit.

Von Dankbarkeit ist keinerseits die Rede.

12. Kapitel

… in dem im Coburgischen, das damals noch ein Stück Thüringen war, die Lernfähigkeit eines Christenmenschen visitiert wird

....

Herrisches Klopfen an der Tür weckt den Großgarnstadter Pfarrer Wolff Lyndner. Der Pfarrer kommt schwer aus den Federn. Der gestrige Abend war doch etwas ausgeufert im Biersee. Wie schwere, ölige Wellen schwappt es dem Lyndner innen an die Schädelwand.

Wieder klopft es hart.

Teufel, Teufel, denkt der Pfarrer Lynder, das klingt ja, als käme die Inquisition.

»Moment«, ruft er, »lasst mir meine Tür ganz.«

Zu sich fügt er hinzu: »Wenigstens die Tür, wenn schon das Land vom Krieg der Herren gegen die Bauern kaputtzerschlagen ist.«

Das Klopfen hört nicht auf. Lyndner öffnet gähnend. »Was ist Euer Begehr?«

Lyndner erschrickt. Vor der Tür stehen drei ganz in Schwarz gekleidete Herren. Sollte das schon die Visitationskommission des Landesfürsten sein? Dann sind die Herren aber früh aufgestanden.

Der eine der drei Schwarzen, ein dickwanstiger, wulstlippiger Mensch, sagt: »Wir sind die Visitationskommission.«

Oh, oh, also doch, denkt der Pfarrer.

»Wir kommen im Auftrage des Kurfürsten, Johann der Beständige.«

In drei Teufels Namen, in wessen Auftrag sonst, hätte der Lyndner beinahe gesagt. Er ist froh, dass ihm so früh am Morgen das Herz nicht auf der Zunge liegt. Seitdem der Papst in diesem Teil der Welt Sitz und Stimme verlor, hat ein anderer frohgemut dessen Platz eingenommen: der Landesfürst.

»Frühes Aufstehen scheint Seine Sach' nicht zu sein.«

»Wir hatten gestern eine kleine Feier.«

Es war wirklich lustig im Dorfkrug. So ein geselliger Abend, ungefähr ein-, zwei- oder dreimal, manchmal auch viermal den Monat, bringt einander näher. Auf diese Weise hat der Lyndner auch das Vertrauen der männlichen Gemeindemitglieder, die als verirrte Schafe gelten konnten, Stück für Stück gewonnen. Von denen traut sich keiner mehr, sonntags nicht zur Kirche zu kommen, weil er sonst in der Kneipe einiges zu hören bekommt. Der Preis sind aber diese schweren, öligen Wellen, die dem Lyndner das Gleichgewicht durcheinander bringen.

»Zieh Er sich etwas an. Wir warten.«

»Wollen die Herren nicht so lang hereinkommen?«

»Wenn Er zuvor die Stube gut durchlüftet, gern«, antwortet der Dickwanst.

Dem Lyndnerwolff steigt ein ängstliches Kribbeln in die Nase. Schon vor drei Jahren – an den Bauernleichen pickten noch die Raben – bei der ersten Visitation ist er in der Bewertung nicht so gut weggekommen.

Vor der Reform war es ein leichtes Leben für die Geistlichen. Der Papst hatte das Sagen, aber er sagte es in Rom. Ehe dann eine Kommission mit Gottes Stellvertreter Wort bis nach Coburg kam und gar noch nach Großgarnstadt, vergingen Monate, manchmal Jahre. Seit aber der Kurfürst die kirchlichen Geschäfte übernommen hat, kommen alle naselang Kommissionen. Aus der einzigen Weltkirche hat sich der Fürst den Teil herausgenommen, den er seine Lande nennt. Das Ganze nennt sich nun Landeskirche, eine Kirche mit schnell wiederkehrenden Kontrollöres.

Pfarrer Lyndner tritt eilig aus seinem Haus. Plötzlich drehen sich die drei Schwarzen wie auf Befehl um und gehen ohne ein Wort los. Der Dicke schwatzt laut mit seinen Begleitern.

»Doch, meine Herren«, posaunt er, »könnt's glauben. Drüben bei den Albertinern hängt Herzog Georg der Bärtige weiter dem Papsttum an. Wer dort nicht nach der römischen Pfeife tanzt, wird außer Landes verwiesen.«

Der Lyndner weiß das. Erst kürzlich ist eine Familie hergekommen, die den rechten Glauben lebte, der bei Herzog Georg der rechte Glaube nicht ist.

Einer der beiden Begleiter des Dicken ergänzt: »Und Prediger, die nicht so recht wollen wie der Papst und Herzog Georg, verfaulen in den Verliesen.«

»Hierzulande«, schnauft der Dicke, »ist das ganz anders, nicht wahr, Herr Pfarrer!?«

»Natürlich!«, beeilt sich der Lyndner beizupflichten. Hier, denkt er sich gleich, ist der falsche Glaube der rechte. Er bekreuzigt sich ob seiner Gedanken.

Die drei Schwarzen marschieren weiter.

Oh, oh, denkt der Pfarrer, das sieht ja aus wie ein Erschießungskommando.

Also hier muss sich der Autor doch wieder einmal einmischen, denn die Gedanken des Pfarrers sind, besonders was das letzte Wort angeht, nicht zeitgenössisch. Zwar hatte man schon mit Kanonen auf aufmüpfige Bauern geschossen, aber das Gewehr war ebenso wenig erfunden wie das Erschießungskommando.

Pfarrer Wolff Lyndner, übernehmen Sie. Aber bitte zeitgemäße Gedanken!

Oh, oh, denkt der Pfarrer, wohin zum Henker wollen die mit mir? Vielleicht gar zum Henker?

So schnell soll es dann doch nicht gehen. Mit Erstaunen stellt der Pfarrer fest, dass die Kommission zunächst einmal fast im Gleichschritt und schnurstracks auf seinen zweitliebsten Ort zueilt.

Oh, oh, wenn ich das jetzt laut gesagt hätt, den Herren wäre das sicher eine Visitationsnotiz wert gewesen. Auch die Magd Anna, die in Lyndners Haus auf Ordnung hält, hätte gegrollt, dass er im Rennen um seine Lieblingsorte nach der Kirche erst das Wirtshaus setzt, ehe er an sein eigenes Heim denkt. Die Anna grollt in letzter Zeit sowieso öfter. Der Pfarrer hat das Gefühl, dass da mehr Gefühl im Spiel ist als Ordnungssinn.

An der Schwelle des Dorfkrugs dreht sich der schwarz gekleidete Dickwanst abrupt um, so dass die nachfolgenden Herren fast auf ihn auflaufen. Sie stecken flüsternd die Köpfe zusammen. Einer dreht mit enttäuschtem Gesicht ab. Pfarrer Lyndner wird in die Gaststube hineingewinkt. Die Herren bestellen zwei Bier. Der Wirt kommt mit dreien.

Oh, oh, denkt Pfarrer Lyndner, Fehler, Herr Wirt, grober Fehler. Lyndners Augen flehen.

»Für wen soll das dritte Bier sein, Wirt?«, belfert Dickwanst-Wulstlippe.

Der Wirt stammelt: »Waren die Herren nicht zu dritt? Ich nehme den Krug auch wieder mit zurück.«

Der Lyndner atmet auf. Der Dicke packt den Wirt am Ärmel. »Lasst das dritte Bier ruhig stehen.« Er nimmt einen kräftigen Zug aus dem ersten Krug. »Nun zu Ihm, Pfarrer Wolff Lyndner.«

Der Angesprochene setzt sich so gerade hin wie seine Altarkerzen gerade sind, wenn sie noch nicht in der Sonne gestanden haben.

»Er kennt die Gründe für die Visitationes?«

»Ei freilich, wir haben eine neue Zeit. Da ist's wichtig, zu schaun, ob auch die Menschen neu sind.«

Der zweite Schwarze protokolliert alles, was der Lyndner sagt. Zwischendurch nippt er am Bier.

»Da hat Er schon eine Menge begriffen«, sagt der Dicke liebenswürdig, um sofort scharf nachzuhaken: »Und ist Er ein neuer Mensch geworden? Oder hat das Papistische feste Wurzeln in ihm geschlagen, die noch gerodet werden wollen?«

»Man bemüht sich.«

»Er kennt also die neuen Anforderungen an die, die nun nicht mehr Diener der Kirche, sondern des Staates sind?«

Oh, oh, denkt der Lyndner, der Dicke wartet, ob ich mir eine Blöße gebe.

An dieser Stelle muss sich der Autor einfach noch einmal melden. Ach ja, wäre es nicht poetisch, würde es nicht ein geradezu schlafwandlerisch guter Reim sein, wenn auf das Wort »Blöße« hin der Wirt kommen könnte, um Klöße, echte Thüringer Klöße, zu bringen? Leider, leider, wieder zu früh. Kolumbus hat zwar die Knolle schon in Europa eingeführt, aber die Thüringer jedweder Region sind einfach noch nicht reif für Klöße. Zu Fleisch und Bratensoße gibt es Brot oder

Dinkelbrei. Mancher isst auch Buchweizengrütze. Und verschiedene einheimische Gemüse.

Na, es wird sich schon noch eine Gelegenheit finden, den Thüringer Kloß erstmals in die Geschichte und Münder einzuführen.

Der Wirt bringt also keine Klöße, sondern noch zwei Bier. Der Protokollant wehrt ab. Der Dicke lässt den überzähligen Humpen wieder nicht zurückgehen.

»Nun«, fragt er zwischen zwei Schlucken und einem Schaumabwischer, »sag Er, was Er von den neuen Anforderungen an sich selbst und den Großgarnstadtern umsetzte. Hören die Untertanen des Kurfürsten Gottes Wort in Luthers Art und vor allem mit Fleiß?«

»Ja«, sagt der Lyndner. Das ist zwar eine unvollständige Antwort, aber keine Lüge.

»Nichts weiter?«

Der Pfarrer überlegt angestrengt, worauf der Dickschwarze hinauswill.

»Sorget die Gemeinde getreulich für des Pfarrers Auskommen, damit Er das Wort Gottes ständig studieren kann?«

Vom gestrigen Bier musste der Großgarnstadter Pfarrer nicht eines selbst bezahlen, auch nicht das Stück Käse und das Brot, also antwortet er wieder mit einer unvollständigen Wahrheit.

»Ja.«

»Wie steht es mit Sauferei, Kartenspiel und Müßiggang?«

»Gut.«

Der Dicke ist irritiert.

»Gut, sagt Er. Soso. Na gut. Jetzt kann Er vor der Tür warten, bis die Gemeinde zusammengerufen ist.«

Deswegen, denkt der Lyndner, ist der dritte Mann ausgeschickt worden. Der Pfarrer schlurft zitternd aus dem Dorfkrug. Eine Gemeindeversammlung!? Draußen wimmelt es schon. Vor allem Frauen sind gekommen. Ein paar Männer stehen dahinter. Die meisten Männer aber sind zu dieser Zeit auf dem Feld.

Oh, oh, denkt Pfarrer Lyndner, das könnte knapp werden, denn die Frauen sehen ihre Männer ungern mit dem Pfarrer in dem Haus, aus dem er gerade getreten ist.

Der Obervisitator tritt aus Lyndners zweitliebstem Ort. Die Tür ist recht eng für ihn.

»Leute, heut wird visitiert eure Gemeinde, vor allem der Pfarrer Wolff Lyndner, durch uns, die kurfürstliche Visitationskommission. Antwortet frei und offen, wie ihr den Pfarrer schätzt.«

Keiner will als Erster, auch keine.

»Seid ihr zufrieden, Pfarrvolk?«

»Och ja.«

»Jaaa. Doch.«

»So alles in allem.«

»Nur …!«

Der Dicke wirbelt herum. Der Protokollant schaut auf, um zu sehen, wer da eine Einschränkung des allgemein positiven Volksgemurmels angefangen hat. Die Frau des Schmieds.

»Nur«, setzt sie fort, »er riecht manchmal bei der Predigt aus dem Mund.«

Kunststück, liebe Frau Schmied, die Zahnbürste ist noch nicht erfunden, desgleichen Zahnpasta und Mundwasser. Und Bier macht nun einmal Mundgeruch.

Der Dicke überlegt. »Abgesehen vom Mundgeruch, predigt er Gottes neues Wort auf gut Lutherisch?«

»Och ja.«

»Jaaa. Doch.«

»So alles in allem.«

»Nur …!«

Wer ist denn das nun schon wieder? Die Frau des Wirts.

»Er predigt auch gern im Wirtshaus.«

»Ach, gucke da!«, entfährt es dem sonst so stillen Protokollanten.

Der Dicke gebietet Ruhe.

»Ab und an ein Bierchen«, sagt der Lyndner mit einem leichten Kopfnicken hinter in den Gastraum, »Euer Ehren, kann's jemand verwehren?«

»Weiter, Frau«, sagt der Dicke.

»Dem Spielen ist er auch nicht abhold.«

»Auch das noch, na, gucke da.« Das war wieder der Protokollant. Der Lyndnerpfarrer wird nervös. Der Dicke drängelt: »Noch etwas, gute Frau?«

»Nun ja …!«

»Nur heraus. Vor Gottes Kommission darf keiner ein Geheimnis haben.«

»Nun ja, er lebt mit der Anne zusammen, der Magd.«

»Das ist heute doch nur rechter Glaube, dass der Pfarrer auch ein Weib hat.«

»Aber er tut es wie die Päpstlichen, heimlich, ohne den Trauschein.«

Aha, denkt der Protokollant und schreibt: Wilde Ehe!

Lyndner schluckt, diesmalen seine eigne Spucke, nicht Bier. Wie viel Liter des Gerstensaftes hat er dem Wirt und seiner Frau zu Geld gemacht, indem er seiner Kehle ein Labsal antat. Nun tut sie ihm diesen Tort an, die alte Hexe. Dabei steht schon in der Bibel geschrieben: Hoffe nicht auf Dank, sei froh, wenn dich der Undank nicht trifft. Der Pfarrer bekreuzigt sich und nimmt die Hexe vor sich selbst und Gott zurück.

»Tja, Lyndner«, meint der Dicke, »da wird wohl wieder

ein Pfarrer seinen Posten verlieren und außer Landes gehen müssen.«

Pfarrer Lyndner bittet um etwas Großmut. Zu früh! Johann Friedrich der Großmütige wird erst in drei Jahren den kurfürstlichen Thron besteigen, wobei der sich dann auch nicht großmütiger zeigt, als sein Vorgänger, Fürst Johann der Beständige, beständig war.

Der Dicke zeigt sich beständig in seiner Unnachgiebigkeit. »Wer ohne das heilige Sakrament der Ehe dieselbe vollzieht, handelt wie ein Genosse des Papstes. Das ist ein Andersdenkender, ein Schwarmgeist! Alles protokolliert?«

Der Protokollant nickt. Der Lyndnerpfarrer wird blass, obwohl er innerlich widerspricht, er ist weder Geist noch irgend wessen Schwarm.

Da tritt die Anne vor.

»Herr Vorsitzender, ich bin die Magd.«

»Dieselbe welche mit dem Lyndner …?«

»Dieselbe, die bisher aber nicht mit dem Lyndner.«

Wieder eine unvollständige Wahrheit, aber keine Lüge, denkt der Pfarrer.

»Außerdem wollten wir heut unsere Verlobung bekanntgeben, nicht wahr, Wolff.« Sie stellt sich neben ihn und henkelt sich ein.

Der Dicke scheint enttäuscht. Die Wirtsfrau stößt sehr hörbar Luft durch ihre Nase und rümpft sie gleichzeitig. Ihr Mann grinst.

Der Protokollant überlegt, wie er das bisher so schön sauber und fehlerlos geschriebene Schriftstück retten kann, ohne darin herumzustreichen oder alles noch einmal zu skribieren. Da sieht er, daß er vorhin in einem Wort beim vierten Buchstaben zum Glück neu angesetzt hat. So liest sich das Protokoll ganz im Sinne der neuen Zeit: Wil de Ehe!

Die Orthografie ist eben noch ein sehr privates Vergnügen.

Der Schreiber hat – völlig zeitgenössisch – sozusagen von Duden und Blasen keine Ahnung.

»Doch!«, widerspricht der Protokollant, »Blasen kenne ich. Kopieren Sie mal einen ganzen Tag lang Rausschmissprotokolle wegen unreformatorischen Verhaltens. Das gibt Blasen an den Fingern, sage ich Ihnen!«

Sei es wie es sei. Der neue, rechte Geist samt der neuen lutherischen Moral ist im Sächsisch-Thüringischen, speziell in Großgarnstadt, gerettet. Es ist viel neuer Geist in der kleinen Thüringer Welt. Aber bald wird die Neue Welt den Thüringern auf den Geist gehen.

13. Kapitel

… in dem es einer Erfurter Frau aus wirtschaftspolitischen Gründen sehr heiß wird, was zu einer Liebeshochzeit führt

»Johanna!« Der Erfurter Waidjunker Bernt Färber stapft wütend durch sein Haus. Er hasst es, nach Hause zu kommen und keine ist da, ihn zu empfangen. Er sucht seine Frau, die Johanna Färber. »Mit fremden Händlern herumscharwenzeln«, knurrt er, »und nicht züchtig zu Hause des Ehegemahls zu harren. Das werde ich dir austreiben.«

Er stapft wütend hin und her.

»Weib, wo hast du dich verkrochen? Johanna! Ich habe Durst. Bring mir was zu trinken!«

Seine Frau Johanna hört nicht. Sie hat sich in ihrer Stube eingeschlossen, um sich zu überlegen, was sie aus dem Stück Tuch nähen lassen wird, das sie heute auf dem Markt bei dem braunhäutigen Händler gekauft hat. Sie konnte ihn nicht gut verstehen, weil er nur ein paar Worte Deutsch sprach. Aber so viel hatte sie verstanden, dass die Ware aus Spanien sei oder von noch weiter her.

Ihr war ganz anders geworden, als der Händler mit wenigen Worten, desto mehr Gesten die Schönheit des Herkunftslandes der Waren beschrieb. Manchmal hatte sie das Gefühl, er späche gar nicht von dem fernen Land, sondern mehr von ihr. Wie seine Augen geblitzt hatten!

»Johanna!!«

Der Herr Färber ist stinksauer, dass er sich seinen Wein allein einschenken und auch allein Wasser zum Verdünnen des Weines holen muss. Wozu hat man denn eine Frau, wenn sie nicht freudig dahergeschwebt kommt, sobald der Ehegatte nur den Gedanken eines Wunsches hat. Hätte ich doch nur, denkt er, rechtzeitig durchgegriffen. Der Herr Färber denkt im Zusammenhang mit seinem Weib an die Peitsche.

Frau Johanna Färber legt sich derweil oben in ihrer Stube das blaue Tuch, das sie bei dem spanischen Händler erstanden hatte, über die Schultern. Der Stoff strahlt, Frau Färber auch. Da ist sie nun das zehnte Jahr Frau eines Erfurter Waidjunkers. Da verging und vergeht kein Tag, an dem nicht die blaue Waidfarbe das Tischgespräch bestimmt. Da hat sie schon blaues Tuch gesehen, bis sie es nicht mehr sehen konnte. Aber dieses Stück Tuch hier ist anders. Es leuchtet. Der Stoff fasst sich ganz anders an als alle Stoffe, die sie bisher angefasst hat. Viel weicher, viel fließender ist dieses Tuch.

Ein Blau! Johanna riecht an ihrem Kauf. Das stinkt auch nicht so wie die waidgebläuten Stoffe. Was hatte der Händler gesagt, als er ihr das Tuch ins Sonnenlicht hielt?

»Amerigo, Senjoritta, Indigo!«

Also ist es doch wahr, was man flüstert. Sie rafft das Tuch zusammen und rennt die Treppe hinunter.

»Ach, endlich bequemt sich die Frau, auf das Rufen ihres Ehegemahls zu hören«, muffelt der Herr Färber.

»Aber Bernt, ich habe dich nicht gehört. Ich war oben. Schau, was ich heute auf dem Markt gekauft habe.«

»Weib, bist du von allen guten Geistern verlassen!? Das Haus ist voll blauen Tuchs, und du gehst auf den Markt, blaues Tuch zu kaufen!«

»Schau, Mann, das ist ein ganz besonderes Tuch!«

»Ein ganz besonderes Tuch!«, äfft der Herr Färber sie nach. »Es ist ja auch von einem ganz besonderen Händler.«

»Was redest du da, Mann?!«

Der Herr Färber greift sich seine Frau und schüttelt sie kräftig. »Ich rede, wie mir das Maul gewachsen ist. Aber du machst fremden Händlern schöne Augen, dass es sogar die Nachbarschaft bemerkt.«

»Hat sich die Witwe Schulzen wieder das Maul zerrissen, und du hängst ihr dabei an den Lippen!«

»Ah«, triumphiert der Herr Färber, »also doch.«

Jetzt ist es an Johanna Färber nachzuäffen: »Also doch, also doch, also doch! Was denn, du eifersuchtsblinder Mann, was habe ich denn getan, dass du mich am Oberarm drückst, dass ich wieder waidblaue Flecke bekommen werde.«

»Ich kann dir auch den Hintern versohlen. Dann ist mal wieder eine andere Stelle blau.« Er stößt sie weg. »Raus mit der Sprache, was war mit dem spanischen Händler?«

»Ich habe nichts weiter mit ihm zu tun gehabt, als dass ich ihm ein Stück Tuch abkaufte.«

»Und ich habe nichts Eiligeres zu tun gehabt, ihn von der Wache zum Tore hinausjagen zu lassen.«

»Weil er mit Tuch gehandelt hat?«

»Nein, wegen der schönen Augen. Welches Tuch eigentlich?« Da fällt es dem Herrn Färber wieder ein, und er beginnt zu brüllen. Bevor er richtig in Schwung kommen kann, gibt ihm seine Johanna den Stoff. Der Herr Färber befühlt die Qualität des Gewebten und stockt in seiner Schimpfkanonade. »Gute Ware, bessere könnte ich nicht anbieten. Und ich habe die beste Ware weit und breit.«

»Ein guter Witz, Mann! Solchen Stoff hast du noch nie in deinem Leben verkauft!«

»Woher, sagtest du, ist dieser Stoff?«

»Hast du es noch nicht gehört, Bernt Färber. Man hat fremde Länder entdeckt. Ein Herr Colambo oder Kohlumbus war mit dem Schiff in Indien, das jetzt Amerika geheißen wird. Der Händler …«

Der Herr Färber explodiert ein bisschen: »Kein Wort mehr von diesem Menschen!«

»Der Mann, der mir diesen Stoff verkaufte …« Herr Färber knurrt gefährlich. »Man sagt, von dorther kämen die

Schiffe zurück mit Gold und Silber, mit Gewürzen und mit Farbpulver. Das blaue Pulver nannte der Händ …« Herr Färber knurrt. »… nennt man Indigo«, sagt Frau Färber. »Dieses große Stück Tuch war auch viel billiger, als ein gleich großes, das mit unserem Waid gefärbt wurde.«

»Billiger?«

»Viel billiger!«

Auf einen Schlag hat der Herr Färber die dreuende Gefahr erkannt und wird zum glühenden Anti-Indigonisten.

»Das darf keiner erfahren. Willst du uns ruinieren, Weib. Her mit dem Tuch.«

»Aber nein, so feiner Stoff. Das wird eines der schönsten Kleider Erfurts werden.«

»Gib her!«

Der Kampf um das blaue Tuch wogt hin und her, bis Herr Färber loslässt und seine Frau Johanna mit viel Schwung rückwärts fliegt. Deren Kopf landet zuerst am Schrank.

»Du hast ja so recht, mein Schatz«, säuselt der Hausherr. »Was soll es. Morgen bringe ich den Stoff zum Schneider.«

Frau Färbers Kopf hat eine Menge Schrank abbekommen. Darum fällt ihr der plötzliche Meinungsumschwung ihres Gatten gar nicht so auf. Er hilft ihr hoch, gibt ihr einen Schluck unverdünnten Weines. Er weiß, was das bei ihr für Folgen hat, und richtig, wenige Minuten später findet sich das Ehepaar im Bett wieder. Der Stoff ist vergessen. Herr Färber hat ihn in einer Truhe verschwinden lassen, in der Truhe, die das größte Schloss hat.

Noch in der Nacht schleicht der Herr Färber aus dem Haus hinüber zum Chefpatrizier, dem Vorsitzenden der Waidfärberinnung. Der ist schockiert über die neuesten Nachrichten.

»Ich erinnere mich da an eine alte Geschichte. Etwas pikant, aber lehrreich«, sagt er erregt. »Mein Vater hat sie mir erzählt, der sie wiederum von seinem Vater hatte.« Und so fort. Wir ahnen, um welche Geschichte es sich da handelt? Genau. Um die Geschichte mit der neuen Stellung.

»Das ist der Fortschritt«, bibbert der Vorsitzende. »Das Neue aus der Neuen Welt wird uns unsere vorherrschende Stellung in Europa kosten.«

»Wenn so der Fortschritt aussieht«, meint der Herr Färber, »bin ich dagegen.«

»Wir müssen eine Anti-Indigo-Einheitsfront schmieden«, schlägt der Vorsitzende vor.

»Gemach, gemach! Noch ist das Problem klein. Der spanische Händler ist verjagt. Nur ein Stück Stoff befindet sich in der Stadt, und das liegt wohlverwahrt in meinem Haus.«

»Dann ist es ja gut«, seufzt erleichtert der Vorsitzende.

»Nichts ist gut. Meine Frau will ein Kleid aus dem Indigotuch. Ihr kennt ja meine Frau. Was sie will, kriegt sie eines Tages.«

»Es kann aber nicht sein, was nicht sein darf. Wenn wir das Kleid nicht verhindern können, dann …«

Der Vorsitzende schaut zum Herrn Färber. Der Herr Färber nickt. »Was sein muss, muss sein.«

»Mit meinem tief empfundenen Mitgefühl kannst du rechnen, Färber.«

»Aber wie soll ich meine eigene Frau …?« Der Herr Färber hat bisher nicht einmal eine Fliege getötet. Der Vorsitzende macht eine kurze Handbewegung entlang des Halses. »Oder Gift!«, sagt er.

»Wenn es offenbar wird, hänge ich aber am Galgen«, protestiert der Herr Färber.

»Manchmal fordert der Kampf gegen den Fortschritt eben Opfer.«

»Ja, aber muss ausgerechnet ich das Opfer sein?« Der Herr Färber überlegt. Dann hat er eine Idee.

»Freie Hand für freie Händler«, sagt der Vorsitzende.

Am nächsten Tag ist dicke Luft bei Färbers. »Wo ist das Tuch, Mann?«

»Welches Tuch, Weib?«

»Du weißt genau, wovon ich rede, von dem Tuch, das der spanische Händler …«

»Schweig!«

»Na warte, ich werde einen kleinen Plausch mit unserer so liebenswürdigen und so überaus schweigsamen Frau Nachbarin, der Witwe Schulze, machen. Alle Welt wird von dem Tuch erfahren.«

Herr Färber ist schneller. Er schließt seine Frau Johanna daheim ein. Eine Stunde läuft er vor den Toren der Stadt herum, dann weiß er, mit welchem Plan er den Fortschritt aufhalten wird.

In der nächsten Nacht stirbt Witwe Schulzens Katze. Aber woran?

»Wirklich«, fragt der Herr Färber, »die Katze lag einfach so vor ihrer Tür, Frau Schulze? Schrecklich!«

»Wie ein Bettvorleger«, schluchzt Witwe Schulze.

»Das sieht aber nicht nach einem normalen Tod aus«, stochert der Herr Färber. »Ist nicht auch kürzlich eine Kuh in der Nachbarschaft gestorben?«

»Ja, warum!?«

»Sehr seltsam, nicht wahr?«

Witwe Schulze weiß nicht, was daran seltsam ist, aber wenn der Herr Färber so fragt, dann kommt es ihr auch seltsam vor.

»Teufel auch«, flüstert Witwe Schulze, »Hexen?«

»Eine würde schon reichen. Irgendeine rothaarige Zauberfrau.«

»Aber Herr Färber, es gibt hier in der Nachbarschaft nur eine rothaarige Frau. Oh«, sagt die Witwe Schulze und hält erschrocken die Hand vor den Mund.

Aber die Hand bleibt nicht dort. Am nächsten Tag kriecht das Gerücht durch die Gassen Erfurts. Jetzt ist den Leuten auch klar, warum der Waidjunker Färber seine Frau Johanna zu Hause eingesperrt hat. Aus Vorsicht! Ein guter Bürger, der seine Nachbarn vor Hexen schützt.

Frau Johanna Färber erzählt den Folterknechten sehr schnell, dass sie eine Hexe ist, weil sie an körperlichen Schmerz nicht gewöhnt ist. Der Holzhaufen ist noch schneller aufgeschichtet, weil die Waidknechte der Stadt zum Schichten abkommandiert sind. Die Bürger freuen sich auf das Feuerchen. Dann wird das Volksstück »Johanna auf dem Scheiterhaufen« geboten. Ein sehr großer Erfolg. Das Volk ist ganz hin- und hergerissen vor Wonne und vor Schauern. Das ist Reality, ganz ohne TV. Hautnah ist man dabei, am nächsten Frau Färber, die alte Hexe.

»Färberwaid – das einzige Blau weit und breit!« So wirbt der Herr Färber für sein Produkt. Den Spruch hat sich Frau Schulze ausgedacht, die ehemalige Nachbarin, die jetzt Frau Färber ist. Die Entscheidung war für den Herrn Färber naheliegend, und es war eine Liebesheirat.

Auf Herrn Färbers Frage an die Kupplerin »Wie sieht es mit Frau Schulzens Vermögen aus?« hatte die ihm ein erkleckliches Sümmchen in sein linkes Ohr geflüstert.

Daraufhin der Herr Färber: »Ich liebe sie.«

Zur Hochzeit trägt die ehemalige Witwe Schulze ein leuchtend blaues Kleid. Dem Waidjunker Färber ist die Schlüsselposition im eigenen Haus abhanden gekommen. So kommt es dann doch, wie es kommen muss. Und was tragen die Thüringer zu dieser Entwicklung bei? Ihr Motto.

14. Kapitel

… in dem Kaiser Karl V. in den Thüringer Gebieten zum religiösen Return ausholt, weil ein hessischer Fürst Doppel spielt, was zur weiteren Teilung Thüringens führt

……………………………………………………………………

»So geht das nicht weiter, meine Herren!«, wütet Kaiser Karl V. Es ist ein kaltes Wüten. Der Kaiser hält auf Haltung. Der Vulkan brodelt sozusagen unter des Kaisers Haut. Die Ausbrüche häufen sich allerdings in letzter Zeit.

»Gott, mach, dass wir wiedervereinigt werden!«, betet der Kaiser.

»Aber mach schnell«, flüstert der Hofnarr, ein zwar körperlich, aber keineswegs geistig zurückgebliebener Thüringer. »Es könnte sonst sein, Majestät platzt der Kragen oder höchstselbst.«

»Ruhe, du Possenreißer. Keine Zeit für Narreteien!«

»Majestät, die Zeit ist närrisch, warum nicht wir?«, hält der Hofnarr dagegen.

Der Narr erhält einen Tritt. Es lässt sich nicht feststellen, ob es der Kaiser selbst war oder einer seiner vielen Berater, die Seine Majestät regelrecht umzingeln.

Karl V. ist Kaiser von des Papstes Gnaden, und er möchte es aus tiefstem Herzen und wegen hochfliegendster Pläne bleiben. Er will es sich mit einem aus der langen Reihe von Gottes Stellvertretern auf Erden nicht verscherzen. Schließlich kann man ja dem, der einem die Kaiserkrone auf das Haupt gedrückt hat, nur dankbar sein. Aber mit der Dankbarkeit hapert es derzeit etwas, besser gesagt: Dankbarkeit ist schon da, nur die Beweise kaiserlicher Dankbarkeit konnten dem Papst nicht erbracht werden.

»Derzeit«, sagt der erste Berater.

»Derzeit ist, gelinde gesagt, eine nette Untertreibung«, ärgert sich Kaiser Karl.

»Majestät, die Verhältnisse, die sind nicht so. Es ist, als hätten die Lutheraner Gott auf ihrer Seite«, sagt salbungsvoll der erste kaiserliche Berater, dessen Name hier unwichtig ist, da er für den eben gesagten Satz sowieso sofort und in Ungnade entlassen wird.

Der nächste Berater versucht es anders: »Majestät, diese Lutherischen müssen mit dem Bösen auf gutem Fuß stehen. Wie sonst wäre es zu erklären, dass wir in den letzten Jahren zweimal versucht haben, eine Streitmacht gegen sie aufzustellen.«

Des Kaisers Augen verschleudern ihren Glanz in Blitzen. Der zweite Berater muss das Weite suchen. Schließlich hat Kaiser Karl nicht nur versucht, Heere gegen diese Abtrünnigen in Sachen Christi aufzustellen. Er hat sie aufgestellt. Doch zweimal musste das Heer gegen die anrückenden Türken geführt werden. Siegreich! Aber das nur nebenbei.

Ein dritter Berater versucht es: »Leider ...!«

Weiter kommt er nicht. Die Entlassungsurkunde muss gar nicht geschrieben werden. Der Berater versteht auch so, was des Kaisers Blick ihm anrät. Karl V. möchte nicht daran erinnert werden, dass die Türkengefahr nur zu bannen war, indem man den päpstlichen Bann über die Lutheraner ruhen ließ, damit sie sich zweimal Seit' an Seit' mit den eigentlich gegen sie aufgestellten Heeren der Katholiken von den Janitscharen des Sultans Suleiman für das jeweilige Vaterland die Köpfe spalten ließen. Peinlich! Mit Unrechtgläubigen gegen die Ungläubigen.

Aber so ist es nun einmal, das schöne Spiel der großen Politik. Der Zweck heiligt die Mittel.

»Bei Gott, was gäbe ich für ein Mittel, mit dem die Lutheraner zurückzuschlagen wären!«, fleht der Kaiser.

»Mittel gibt es viele«, meldet sich der Narr zurück.

Der vierte Berater möchte einen Spitzenplatz in der nach unten offenen Beraterskala einnehmen und fällt dem Narren ins Wort: »Geldliche Mittel wären ein guter Trost, sich im Glauben wieder umzuwenden.«

»Ihr seid ein größerer Narr als dieser da«, erwidert der Kaiser seinem vierten Berater mit Blick auf den Hofnarren. Das bedeutet, dass der vierte Berater ein paar Plätze in den Charts abgerutscht ist. Der Kaiser sinniert: »Die Kassen sind leer. Außerdem sollte jeder langsam begriffen haben, dass man einen lutherischen Ketzer nicht unbedingt mit Geld ködern kann.«

Wieder meldet sich der Narr: »Glaube versetzt ja bekanntlich Berge. Aber könnte es nicht auch sein, dass man für Berge den Glauben versetzt?«

»Was redest du für närrisch Zeug«, rüffelt der fünfte Berater, der durch den gerade erfolgten Absturz des vierten Beraters auf dessen Position und somit zur Spitze vorgestoßen ist, den Spaßmacher. Der Kaiser hebt die Hand.

»Was willst du damit sagen, Narr?«

»Nichts weiter, als dass die Schmalkaldischen einen Schlitz anbieten, der uns den Weg durch ihrer Bündnis Mauern frei machen könnte.«

Die Schmalkaldischen, dies nur kurz zwischendurch zur Erklärung, sind die vereinigten protestantischen Fürsten und Städte, die sich in dem kleinen Thüringer Städtchen Schmalkalden getroffen hatten, um so etwas wie eine Mini-NATO zu gründen, zur Verteidigung der neuen reinen Lehre und der vollen Souveränität ihrer Staaten und Städtchen. Damit haben sie den Kaiser sozusagen auf Entzug gesetzt, denn das Sagen hat er in diesen Gebieten nicht mehr.

»Sagenhaft!«, sagt der Kaiser. »Alle meine Berater verstummen. Da muss erst ein Spaßmacher kommen, um einen vielleicht ernstzunehmenden Vorschlag einzubringen. Wieso, mein kleiner verwachsener Thüringer Freund, tust du das eigentlich? Du haust eine Menge deiner Landsleute in die Pfanne«, zeigt sich der Kaiser in seiner Sprache ungewohnt volkstümelnd.

Der Narr zieht den Mund bis zu den Ohren hoch. »Besser im warmen Nest als in der Pfanne, Majestät. Ein sicherer Arbeitsplatz an Eurer Seite ist mir wichtiger, als Thüringer zu sein.«

Mein Arbeitsplatz – mein Kampfplatz für meinen inneren Frieden!, denkt der Narr, denn er hat verschwiegen, dass er noch einen, vielleicht viel wichtigeren Grund hat, die Lutherischen dem Kaiser auszuliefern. Der Vater des Narren beziehungsweise das, was von ihm übrig geblieben ist, liegt auf dem Schlachtberg bei Frankenhausen.

Der Kaiser wird ungeduldig. »Sag an, wie sollen wir diesen Schmalkaldischen Bund aufschneiden?«

»Aufschneiden«, flüstert der auf der Karriereleiter abgerutschte ehemalige vierte und kurzzeitig erste Berater einem anderen Berater auf seiner jetzigen Höhe zu, »aufschneiden ist richtig gesprochen. Dieser Narr ist ein Aufschneider. Ich hoff', wir können demnächst zuschauen, wie ihn der Henker aufschneidet. Und wenn sich kein Henker findet, sollte ein Meuchler für den da reichen.«

Narr und Kaiser achten nicht auf das Getuschel.

»Wohlan, meine kaiserliche Majestät. Ich sprach von Bergen und einer Schneise. Es sind die persönlichen Berge und die Schneise der Margarethe von der Saale.«

Allgemeines Gelächter auf den Beraterplätzen, das sofort wieder verstummt, als des Kaisers Hand hochschnellt.

»Meine Herren, bitte! Weiter, mein spaßiger Freund! Was

hat das Hoffräulein zu bieten außer den erwähnten weiblichen Teilen?«

»Majestät wissen doch, dass der Landgraf Philipp von Hessen verehelicht ist mit einer Tochter des Herzogs Georg von Sachsen.«

»Was soll der Umweg? Zur Sache!«

»Der Luther nun …«

»Zur Sache, Kerl.« Der Kaiser wird immer ungeduldiger. Der Vulkan unter der Haut brodelt wieder kräftiger. Die Berater grinsen.

»Nun, der Luther und der Melanchthon, also der Oberketzer und sein Geistesfreund, haben, wie schon bei dem englischen König Heinrich VIII. …«

Jetzt kriegt der Kaiser wieder die kalte Wut. Doch der Hofnarr fährt unbeirrt fort.

»… haben geschrieben: Lieber eine Zweite, als zu scheide.«

Dem Kaiser glitzern die Augen: »Du meinst, der Philipp will es tun, wie Heinrich es tat und diese ungläubigen Türken es tun, also mit mehr als einer Frau?«

Zwei Berater vergessen ihre gute Erziehung und kichern doch wieder. Das Ergebnis ist in beiden Fällen ein Karriereknick.

»Nicht nur tun«, fährt der Narr fort. »Heiraten will er die zweite, die Margarethe. Vielehe, sagt der Luther, sei durch göttliches Recht nicht verboten.«

»Er dreht das göttliche Recht, wie er es braucht.«

»Das ist sein gutes Recht«, entschlüpft es dem Narren.

»Hüte dich, Kerl!«

»Sein gutes Recht. Doch gut für uns, Majestät.« Der Narr hat die Kurve gekriegt.

»Eine Zweiehe! Dies ist eine sehr brauchbare Ungeheuerlichkeit! Wieso«, wendet sich Karl V. an seine Ohrflüsterer,

»ist diese nette, kleine Information nicht an die Ohren meiner Herren Berater gelangt?«

Der Narr verschafft sich ein paar Pluspunkte bei den Gescholtenen. Er muss an die Meuchelmesser der Berater und seine Zukunft denken: »Weil die Herren für den Ernst zuständig sind, ich aber für den Spaß. Und zwei Frauen könnten ein großer Spaß werden.«

»Schweig, Narr.« Der Kaiser achtet sehr darauf, dass die Sitten am Hof öffentlich nicht verrohen. Und zwei Ehefrauen sind für einen Papisten schließlich eine sehr deftige Verrohung.

»Ein großer Spaß für unsere Sache, kaiserliche Majestät.«

Kaiser Karl V. reibt sich die Hände. »Bigamie also. Was steht auf Bigamie?«

»Aufhängen!«, meldet sich ein Berater. Der Kaiser grinst nur verächtlich. Wieder ist eine Karriere geknickt.

»Geistestölpel!«, sagt Karl V. »Narr, was sollten wir einem Bigamisten anhängen?«

Der Narr weiß, wie er seinen Arbeitsplatz sichern und gleichzeitig seine Rache genüßlich auskosten kann: »Vielleicht einen netten kleinen Knebelvertrag, in dem er sich Euch, dem Kaiser, widmet, der gute Philippi.«

»Den Vertrag halten wir so geheim, wie er seine Zweitehe geheim hielt.«

Der Narr kichert. Der Kaiser schaut verärgert.

»Nichts für ungut, Majestät, mir fiel nur der Luther wieder ein, der sich so passend zu unserem Vorhaben äußerte.«

»Narr, willst du uns mit dem Luther foppen? Du setzt deinen sicheren Arbeitsplatz aufs Spiel!«

Die Berater wittern Morgenluft für sich und Abendrot für den Spaßmacher. Der zitiert ganz ungerührt: »Was wäre es, ob einer schon um Besseres und der christlichen Kirche willen eine gute starke Lüge täte.«

»Da schau«, amüsiert sich der Kaiser, »der Luther ist ja auch für die katholische Sache zu gebrauchen. Aber jetzt kaufen wir uns erst einmal den Philipp.«

Das läuft dann ja auch alles, allerdings nur für ein paar Jahre ganz erfolgreich für die papistisch-katholische Contrareformation. Nach einigem Hin und Her, wobei das Hin und Her freilich immer mit einer gewissen Anzahl zwangsläufig dahingehender Menschen einhergeht, darunter auch wieder eine erkleckliche Anzahl Thüringer Sachsen oder Sachsen-Thüringer, nach diesem Hin und Her also gewinnt Kaiser Karl V. die Schlacht bei Mühlberg an der Elbe. Der Schmalkaldische Bund mit dem ernestinischen Kurfürsten Johann Friedrich an der Spitze geht in die Brüche. Philipp von Hessen muss zusehen, wobei ihm das gar nicht so unrecht ist, denn es schont sein Leben und die dazugehörigen Besitzungen. Na ja, denkt der Narr, hat nicht so geklappt, wie ich es mir wünschte, aber wenigstens mein Arbeitsplatz ist eine Weile sicher.

Diese Ereignisse vollziehen sich außerhalb der heutigen Thüringer Grenzen, könnten die Thüringer eigentlich kaltlassen. Aber da sind drei Geschichten, die den Einheimischen hätten zu denken geben müssen. Das ist jetzt zwar ein denkbar unglückliches Deutsch, aber die Thüringer werden aufgrund der drei Ereignisse auch nicht glücklicher. Dabei sagt man doch immer: Aller guten Dinge sind drei! Wer das jemals erfunden hat, war nie Thüringer.

Erstens also wird der Kurfürst Johann Friedrich vom Kaiser zum Tode verurteilt. Der Kaiser lässt sich nur von einem Künstler erweichen. Der Künstler besitzt etwas, das auch in jener Zeit Seltenheitswert hat: Zivilcourage. Der Mann heißt Lucas Cranach und er bittet um die Aufweichung des Urteils. Die Erweichung des Kaisers sieht so aus, dass der Johann Friedrich nicht einen Kopf kürzer gemacht, sondern nur im Ganzen eingelocht wird. Der Cranachlucas folgt seinem kurreichspolitisch abgesägten Oberhaupt gesenkten Kopfes in den Knast, was das Thüringer Kulturerbe empfindlich schmälert, da der Lucas Cranach die ganze Zeit im Dunkel des Gefängnisses nicht malen kann.

Zum Zweiten muss der Johann Friedrich nach der verlorenen Schlacht auch einiges an Land verloren geben. Übrig bleibt eine kleine Portion Sachsen, die fast die gesamte Portion Thüringen ist (Nur die Schwarzburger und die Reußen besitzen darin noch ihre zerbröselten Ländchen). Unter anderem verliert der Ex-Kurfürst, der sich nun nur noch »geborener Kurfürst« nennen darf, seine geliebte Wittenberger Nachzuchteinrichtung für treue Staatsdiener, also die Universität. Flugs gründet er eine neue – ausgerechnet in Jena. Eine fatale Entscheidung! Aber einem ländlich eingeengten Fürsten geht eben der Weitblick verloren. Hätte er über seinen ernestinischen Horizont hinausgeblickt, vielleicht ein bisschen Richtung Erfurt, gäbe es heute keinen Streit um die paar pekuniären Mittelchen für Unis in Thüringen.

Und drittens gäbe es keine Kulturstadt Weimar. Das würde Geld sparen! Aber der Johann Friedrich, der bei Mühlberg Kurwürde, eine Menge Kurland und Kurfreiheit verloren hat, braucht dringend eine Kur. Er entscheidet sich für Urlaub auf dem Bauernhof. Da scheint ihm Weimar der rechte Ort. Bald plagt ihn aber die Langeweile. Darum lässt er daselbst alle Scheunen abreißen und fängt in seiner neuen Hauptstadt an, erst klein, dann immer größer in Kultur zu machen. Für seinen Freund und Knastbruder Lucas Cranach lässt er extra den Marktplatz pflastern, damit der bei Regen nicht immer durch den Schlamm waten muss, wenn er zum Kaffeeklatsch ins neu erbaute fürstliche Schloss will.

Das dritte Ding, bei allen Kosten, wird bald das Thüringer Ding an sich: Kultur!

»Cultur!«, ruft Johann Friedrich I. »Bei Gott, jetzt hab ich's! Culturelle Größe ist die Lösung für unsere politische Kleinheit. Bürger Thüringens, lasst uns der Cultur zur Blüte verhelfen.«

Ein paar Weimarer Bürger, die gerade dort herumstehen, als der Fürst in seinen Entzückensruf ausbricht, gucken sich vielsagend an. Einer murmelt: »Wenn hier was blühn soll, musste kräftig gießen, mei Fürst!«

Der Fürst hat diese Anmerkung in seiner Euphorie gar nicht gehört. »Nun, Bürger, was sagt ihr dazu?«

Was sagen sie dazu? Das was sie immer sagen: »Mal sehen, was dabei rauskommt!«

15. Kapitel

… in dem ein ritterlicher Mörder gemeinsam mit einem gewissen Herrn Tausendschön dafür sorgt, dass aus grimmen Steinen friedliche werden

....

Es ist eine wunderschöne Aprilnacht, der tiefschwarze Himmel übersät von Sternen, eine Nacht zum Verlieben, und wenn schon nicht zum Verlieben, dann wenigstens ein Angebot zum Träumen in Harmonie, Ruhe und Zufriedenheit. Aber was kann der so wunderschöne Nachthimmel dafür, dass er sich auch über die Gothaer Festung Grimmenstein wölbt. Da kann er lange die besten natürlichen Voraussetzungen für eine Nacht der Nächte anbieten, wenn das Angebot rundweg ausgeschlagen wird.

Die Lage scheint angespannt, denn rund um den Grimmenstein lagern rund zehntausend kaiserliche Landsknechte und sechstausend Pferde samt ihren kampfbereiten Reitern. In der Festung denken etwa eintausendfünfhundert zum Kampf gepresste Bauern mit fünfhundert Gothaer Bürgern, Hofgesinde und -gesindel in den traditionellen Thüringer Denkbahnen: Mal sehen, wie's kommt!

»Mich würde vielmehr interessieren, wie alles gekommen ist. Aber das begreift doch kein Schwein, Hans«, beschwert sich ein kleines, dürres Bäuerlein, das oben im Turmzimmer des Grimmensteins sitzt.

»Jost, das begreift jeder Ochse!«, hält der mit Hans Angesprochene dagegen.

»Na, danke aber auch für diese nette Bezeichnung, Hans! Dann erklär's bitte einem Ochsen wie mir!«

»Nur unter einer Bedingung!«

»Nur zu!«

»Sag nie wieder Hans zu mir, Jost!«

»Was redest du für einen Mist, Hans Müller. Ich kenne dich, seitdem du mir in unserem Heimatdorf Sundhausen auf den Arm gepinkelt hast.«

»Ich heiße Tausendschön. Ein Wahrsager kann nicht Hans Müller heißen und aus Sundhausen bei Gotha stammen. Oder würdest du etwa einem Hans Müller vom Dorf Glauben schenken?«

»Bitteschön, Hans Müller ist tot! Es lebe Tausendschön! Obwohl, wenn ich mir dich so angucke, Hundertschön hätte auch gereicht, das wäre schon Übertreibung genug.«

Hans Müller alias Tausendschön wünscht den Jost, das kleine, dürre Bäuerlein sonst wohin. Schließlich ist der Jost der Einzige auf dem Grimmenstein, der ihn von früher kennt, als er noch ein normaler Bauer wie der Jost war. Ein gefährliches Wissen, denn aus dem Hans Müller ist Tausendschön geworden, der Mann mit den tausend Gesichter, der die Engel in sich sprechen hört, wenn es gebraucht wird. Und der Herr dieser Festung, Fürst Johann Friedrich II., will oft die Englein singen hören.

Die Stellung bei ihm, denkt Hans Müller, ist zwar nicht gerade der sicherste Arbeitsplatz, aber mit etwas Glück und Verstand soll das Müllersche Geldsäckel noch einigen Zuwachs bekommen.

»Na, nun?«, drängelt, der kleine, dürre Jost.

Hans Tausendschön schreckt aus seinen finanziellen Träumen hoch. Er schaut aus dem Fenster des Turmzimmers. »In einer solchen Nacht sollte man Sterne beobachten und nicht kleinen, dürren Josts die Welt erklären.«

»Na, die ganze Welt muss es ja gar nicht sein, tausendschöner Hans. Mir würde schon die kleine Welt von Johann Friedrich von Sachsen-Gotha reichen.«

Tausendschön seufzt: »Dann schauen wir uns die Welt mal

an!« Er nimmt ein paar Blätter Papier, schneidet kleine Kärtchen daraus und beginnt zu zeichnen. Zuerst ein K, ein Herz und einen gekrönten Kopf.

Jost wundert sich. »Wozu malst du Karten? Wollen wir spielen?«

»Die Welt ist ein Spiel, das erklärt sein will. Der beherzte König hier, das ist der Kaiser.«

»Ist es Kaiser Ferdinand, der den Ritter Grumbach in die Reichsacht getan hat, oder Kaiser Maximilian, der die zweite, die Aberacht, über Grumbach verhängt hat und der unsern Fürsten in die Reichsacht tat?«

»Kaiser ist Kaiser. Hier geht es um's Prinzip.« Tausendschön malt eine Karte mit einem geblätterten K. »Das ist der Kurfürst August von Sachsen.«

»Dessen Truppen um den Grimmenstein lagern und der die Reichsacht an unserm Fürsten und diesem Grumbach exekutieren soll.«

»Wenn du schon alles weißt, was brauchst du mich noch?«

»Weil damit nicht der Gang der Dinge erklärt wird, sondern nur der Stand.«

Tausendschön schaut den Jost an. So eine verstandesklare Formulierung hätte er von dem alten Bauern nicht erwartet. Sollten etwa, angefeuert durch den Bauernkrieg, alle Bauern zu denken begonnen haben? Es ist schon erstaunlich genug, dass der Jost lesen kann. Das muss wohl daran liegen, dass er vor seinem Bauernleben ein Mönchlein war.

Die dritte Karte ziert nun ein schwarzes H. »Dies ist unser Fürst, Herzog Johann Friedrich II.«

Dazu kommt eine weitere H-Karte mit einem kleinen B für Herzog Johann Heinrich, Bruder des Johann Friedrich, dann noch eine R-Karte für den Ritter Wilhelm von Grumbach, eine B-Karte für den Würzburger Bischof Melchior von Zobel. Ein paar Karten werden noch mit einem großen L beschriftet.

»Das L steht für Land. Nun werden wir mischen, mischen, mischen, und auf jede Land-Karte einen Eigentümer legen. Das Spiel kann beginnen. Übrigens, eine G-Karte mache ich gar nicht erst, eine Florian-Geyer-Karte.«

»Was hat dieser Bauernführer mit uns hier zu tun?«

»Nur so viel, dass der Grumbach den Geyer erschlagen haben soll. Jedenfalls brüstet er sich damit. Er krakeelt immer: Schwert raus! Schwert rein! Das ist seine Beschreibung, wie er den Geyer zu Tode gebracht haben will.«

Plötzlich fliegt durch das offene Fenster ein Pfeil. Er fliegt dem Tausendschön knapp an der Nase vorbei, deren Spitze schlagartig ganz weiß wird. Es scheint eine Postflugsendung zu sein, denn der Pfeil trägt einen Brief. Wie romantisch! Sternenklare Nacht, tiefe Stille und ein Liebesbrief für Kleinhänschen, der einen Tausendschön mimt?

»Es ist wieder so eine agitatorische Hetzschrift vom Kaiser. Wir sollen uns ergeben«, sagt Tausendschön. Der Jost steckt sich das verächtlich weggeworfene Papier unter sein Wams.

Nun sind die Karten gemischt. Das kleine Weltspiel kann beginnen.

»Zuerst lagen alle Karten offen auf dem Tisch.«

»Die Tischplatte ist jetzt sozusagen die Erde«, wirft der Jost ein.

»Ob die Erde so eine Scheibe wie die Tischplatte ist, das ist noch gar nicht raus. Aber das tut jetzt hier nichts zur Sache. Darüber sollen sich die Leute nach uns Gedanken machen. Kann ich weiter erklären.«

Der kleine, dürre Jost zuckt mit den Schultern. »Erklär mir die Welt.«

»Eines Tages nimmt der Bischof dem Grumbach sein Land.« Tausendschön-Müller schnippst die R-Karte weg und legt die B-Karte mit der zugehörigen L-Karte auf die L-Karte vom Ritter Grumbach. »Daraufhin geht der Ritter Grumbach zu unserem Herzog.« Die R-Karte wandert auf die H-Karte. »Die R-Karte will ihre L-Karte wiederhaben, braucht dafür die H-Karte. Unsere H-Karte wünscht sich die Kurwürde für sein ernestinisches Fürstenhaus zurück. Dafür braucht er wiederum freilich gute Karten.«

»Wieso Karten? Das ist nur eine, die Ritter-Grumbach-Karte, und ob es eine gute ist, wird sich noch herausstellen müssen. Schließlich steht ein R drauf und kein A.«

»Wieso A?«, fragt Tausendschön.

»Ein Ass, das zur rechten Zeit alle aussticht.«

»Weiter?«

»Weiter!«

»Mit Rückendeckung von H zieht R nun gegen B, also den Bischof, und holt sich sein L zurück. Leider endet diese Aktion mit dem Tod des B.«

Jost ist schneller als Müller-Tausendschön, nimmt die B-Karte, zerreißt sie, und schon fliegen die Papierschnipsel durch das Turmzimmer.

»Du bist ja ein kleiner Schnellmerker, mein Jost. Allerdings ein wenig zu schnell, denn nun muss ich eine neue B-Karte malen.«

»Aber der B ist doch hin?«

»Ja, aber der Bischof von Zobel hat einen Nachfolger. Hier ist das neue B-Blatt. Siehst du, es wendet sich.« Auf der Rückseite erscheint wieder ein B. Der Jost staunt ein wenig. Wann hat der Hans das B auf die Rückseite gemalt?

»Der B rennt jetzt zum K, also zum Kaiser, um dem sein Land-Leid zu klagen. Der K kann den einflussreichen B mehr gebrauchen, als den abgehalfterten R. Schließlich sind die Ritter eine aussterbende Spezies in diesen Landen. Der Kaiser will die Karten so gelegt haben, dass sie ihm Vorteil verheißen. Also Reichsacht gegen den Grumbach.«

»Sozusagen Haftbefehl gegen die R-Karte. Wie stellen wir das dar?«

Tausendschön legt eine tote Fliege darauf.

»Ach, Hans«, sagt der kleine dürre Bauer Jost lächelnd. »Das erinnert mich an Sundhausen. Du warst der beste Fliegenfänger weit und breit.«

Tausendschön guckt wehleidig.

»Entschuldige, Hans. Hoch lebe Tausendschön! Da hätten wir jetzt also die Fliege, die der Ritter von Grumbach gerne machen würde.«

»Richtig, aber die R-Karte ist in Sicherheit bei unserer Herzog-Karte, und die rückt die R-Karte nicht raus, denn da sind ja immer noch die herzoglichen Träume von der Kurwürde. Jetzt wird der Kaiser ungehalten.«

Der Jost-Bauer nimmt die K-Karte. Tausendschön klopft ihm auf die Finger. »Nein, nur mit der Ruhe. Jetzt kommt erst einmal Johann Heinrich, der Bruder unseres Herzogs, also die HB-Karte ins Spiel.« Der Jost staunt, als wie von Zauberhand die HB-Karte unter der H-Karte vorkommt.

»Der Bruder von unserem Herzog spaltet sich ein Stück L ab, das bis dahin von beiden Brüdern gemeinsam regiert wurde.« Tausendschön reißt die L-Karte durch und legt je einen Teil unter die H- und die HB-Karte. »Jetzt erst kommt die K-Karte und versucht, unserem Herzog ins Gewissen zu reden.« Tausendschön klopft mit der K-Karte auf die H-Karte. Durch das Klopfen schiebt sich eine andere Karte hervor. Darauf steht ein J.

Der Jost staunt. »J wie Jost. Jetzt komme ich ins Spiel.«

»Nein, mein Jost. Hier kommt nun der Joker«

»Wer soll das sein?«

»Ich, Tausendschön.«

So wie die J-Karte erschienen war, ist sie auch schon wieder verschwunden. Der Jost guckt unter alle anderen Karten und findet den Joker unter der Ritter-Grumbach-Karte.

»Die J-Karte befindet sich unter den Fittichen der R-Karte«, erläutert Tausendschön. »Der Ritter von Grumbach hat mein Geldsäckel anschwellen lassen. Ich wiederum ließ anschwellen die Brust des Herzogs, weil die Engel zu mir sprachen: Gold und Edelstein sollen sein. Ich habe nie gesagt, wem Gold und Edelstein sein soll, aber der Herzog bezog's gleich auf sich.«

»Allein für den fernen Klang des Reichtums ward dir klingende Münze?«

»Ich sage nur wahr. Die Wahrheit zu sagen, bringt nichts ein. Zum Glück sprachen die Engel noch mehr: Dem Herzog soll werden hier auf Erden nicht nur die Würde der Kur, auch großer Ruhm und Kaisertum. Welchem Herzog? Ich hab keine Namen genannt.«

»Für so dumm hatte ich unseren Herzog eigentlich nie gehalten.«

»Wieso dumm? Vielleicht ein bisschen fern der Realität. Aber er ist so ein netter Mensch. Ich musste ihm immer wieder sagen, dass seine Zukunft in den Sternen steht.«

Tausendschön nimmt nun zwei weitere tote Fliegen und legt die eine auf die H-Karte und die andere als Zweitfliege auf das R. Reichsacht für den Herzog, Doppelacht für den Ritter Grumbach.

»Wegen der toten Fliege auf der brüderlichen H-Karte schiebt sich die HB-Karte zum Kaiser hin. Der Verräter!«

Der Jost meint lapidar: »Aber der hat auf die richtige Karte gesetzt. Er sitzt jetzt nicht in der Falle wie wir. Sag mal, Hans, ich sag jetzt mal wieder Hans, was sagt eigentlich dein Tausendschön für unsere Zukunft wahr?«

»Die Engel schweigen in mir, mein Jost.«

»Die haben sich zum Schweigen einen sehr günstigen

Zeitpunkt ausgesucht«, witzelt der kleine dürre Bauer sarkastisch, »jetzt, wo der Kaiser die K-Karte gespielt hat und der sächsische Kurfürst den Grimmenstein umzingelt hat.« In einem plötzlichen Wutanfall wirbelt er die Karten vom Tisch.

»Weißt du, mein Hänschen Tausendblöd, diese paar Karten sind nicht die ganze Geschichte. Wie wäre es, wenn du erst einmal eintausendfünfhundert Bauernkarten malen würdest und fünfhundert G-Karten für die Gothaer, die mit uns hier eingeschlossen sind und möglicherweise den morgigen Tag zerschnipselt erleben werden.«

»Ich kann kein Blut sehen!«

»Was siehst du dann, wenn du in die Sterne siehst?«

»Schwarz!«

»Na ja, kein Wunder, es sind Wolken vorgezogen«, sagt das kleine, dürre Bäuerlein mit Blick aus dem Turmzimmerfenster. Dann überlegt der Bauer Jost. »Wir könnten ja selbst ein wenig mitmischen in diesem grausamen Spiel. Wie wäre es mit Post?!«

»Oh, ich möchte nicht post sein. Post ist lateinisch und bedeutet nach. Nach mir – das ist kein schöner Gedanke«, sagt Tausendschön.

»Ich meine ja auch stille Post. Hast du einen Bogen?«

»Was für einen Bogen? Papier?«

»Um einen Pfeil abzuschießen. Hans! Wir müssen die Karten neu verteilen. Neue Runde, neues Spiel.« Da fällt Bauer Josts Blick auf eine alte Zither in der Ecke.

Der Brief mit der Kapitulationserklärung ist schnell geschrieben. Ganz so still ist die Post nicht, denn es gibt einen schneidend hohen Ton, als der Pfeil von der Saite schwirrt, um der Gegnerseite eine Nachricht zukommen zu lassen.

Am nächsten Morgen stehen die Kaiserlich-Kurfürstlichen mit August von Sachsen an der Spitze vor dem Tor der Festung Grimmenstein. Ritter Wilhelm von Grumbach schaut verwundert nach unten und ruft: »Was wollt ihr – etwa rein?«

»Was sonst?«, schreit der Kurfürst zurück. »Schließlich habt ihr kapituliert.«

Der Grumbach kriegt einen Lachkrampf. »Kapituliert?! Wer soll hier kapituliert haben? Ich nicht.«

»Wir schon«, ruft es ringsherum von den Mauern.

Der Ritter zieht sein Schwert. »Schwert raus! Schwert rein! Wer will der Erste sein?«

»Steck's dir selber rein!«, ruft ein Bauer. Wir kennen den Schelm. Er heißt Jost und stammt aus Sundhausen. Aber nein! Gerufen hat sein Nachbar, ein schmutziger Kerl, so hässlich wie die Nacht, ach was, wie tausend Nächte. Das ist doch nicht etwa …?

Hans Müller, inkognito. Der Wind hat sich gedreht und Ex-Tausendschönchens Kartenspiel durcheinandergepustet.

Der Grumbach schreit: »Fürst, die Meute meutert.«

Der Fürst zeigt sich nicht. Er hat es vorgezogen, sich in seine Gemächer zurückzuziehen. Er ist sich klar darüber, dass er kein Ass mehr im Ärmel hat. Ritter sind keine Asse mehr. Es hat sich ausgerittert in Thüringen. Zu dieser Einsicht braucht er auch keinen Wahrsager mehr. Johann Friedrich ahnt, dass nun die weiße Kutsche kommen wird mit den vorgespannten Schimmeln, denen man die Pferdeschwänze rot gefärbt hat als Zeichen, dass hier einer in die Verbannung rollt.

Nicht ganz so gut trifft es der Ritter von Grumbach. Der Karte mit dem R allerdings tut es nicht weh, als Hans Müller sie in vier Teile zerreißt. Damit sind die Grumbachschen Händel beendet, und Fürst Johann Friedrich darf sich in der weißen Kutsche mit Blick auf die roten Schwänze der Schimmel aus der Thüringer Geschichte hinausfahren lassen.

Weil das Kapitel mit einem Ochsen begann, soll es auch mit einem solchen enden. Die Festung Grimmenstein wird von den kaiserlich-kursächsischen Truppen leer geräumt. Kampflos sind ihnen siebenhundert Geschütze, tausende Tonnen Pulver, unzählige Kanonenkugeln und vor allem Mengen von Wein und gedörrtem Hirschfleisch in die Hände gefallen. Die Festung bekommt eine große Mine. Das ist kein Geschenk, sondern der Untergang, indem das Gebäude in die Luft gejagt wird. Kilometerweit rundherum wackelt die Erde, als durch die Explosion der Grimmenstein in seine Einzelteile zerstiebt und zerstäubt. Eine gute Sprengmeisterarbeit, über die bald Gras wächst, auf dass die Gothaer ihre Ochsen zur Weide treiben.

Die grimmen Steine warten nun auf gute Zeiten. Sie träumen davon, Friedensteine zu werden. Aber das ist schon wieder eine andere Thüringer Geschichte.

16. Kapitel

... in dem im Thüringer Wald ein Ferkel zum Schicksal wird, und etwas dorthin zurückkehrt, von wo es ausgegangen ist

....

In Suhl graut der Morgen. Und noch etwas graut. Es graut dem Büchsenmachergesellen Gunter vor dem Aufstehen. Das Leben könnte so schön sein. Aber nein, der Meister macht Betrieb im Betrieb. Der Betrieb ist klein. Schließlich ist es noch eine Manufaktur, aber es ist auch Krieg. Dieser Krieg geht in das sechzehnte Jahr. Gute Zeiten für die Büchsenmacher in Suhl. Schlechte Zeiten für Langschläfer wie Gunter. Wenn er wüsste, dass der Krieg insgesamt dreißig Jahre dauern wird, er würde ganz apathisch liegen bleiben. Noch vierzehn Jahre diese Schufterei von früh bis spät. Vor allem. Von früh!

Der Geselle wälzt sich aus dem Bett, lässt sich auf die Dielen seines kleinen Zimmerchens fallen, um noch ein paar Minuten auszuruhen. Das mit dem Ausruhen geht gut. Darum geht es schief mit dem geplanten Aufstehen.

Im trauten Tal unterm großen Beerberg, sozusagen dem Top of Thüringen, mischt sich Gunters Schnarchen mit dem Geräusch des Wassers. Es gluckern, rieseln, schnellen die Wellen der Hasel und etwas lauter plätschert die Lauter dahin. Das ist die perfekte Idylle. Der Wald hier scheint noch gesund, obwohl aus einer großen Zahl von Schornsteinen dicker Rauch quillt.

Plötzlich ein dumpfer Schlag, der die Bäume im Tal erzittern lässt. Die Vögel bleiben erstaunlicherweise auf den Zweigen hocken. Gunter dreht sich auf dem Fußboden um. Die Vögel und den Gesellen stört es auch nicht, als die dumpfen Schläge sich vervielfachen.

Der Ton der Schläge wird heller, so als passe er sich dem aufsteigenden Tageslicht an.

Jetzt haben die Töne einen festen Rhythmus, den Rhythmus des Tagwerks in den Hammerwerken. Da hinein mischen sich die noch helleren Töne aus den Werkstätten der Büchsenmacher.

Dem Meister Frank ist dieses Gehämmer Musik in den Ohren, weil er sich immer vorstellt, dass er im Takt mit den Hammerwerken Goldstücke in seine Geldkiste zählt. Die Geschäfte gehen glänzend, denn mit Suhler Gewehren und Pistolen schießt sich ganz Europa gegenseitig tot. In Suhl pulsiert das Leben. Überstunden müssen die Gesellen seit sechzehn Jahren machen. Aber auch schon die Jahre davor waren geschäftlich sehr erfolgreich. Schließlich haben seine Büchsen große Schlachten entschieden. Das Knallen der Suhler Musketen hat schon Iwan den Schrecklichen dahin versetzt, wohin ihn der polnische König Stephan Báthory haben wollte, nämlich in Angst und Schrecken. Die Moskowiter mussten damals ein großes Stück vom Livländer Kuchen an die Polen abgeben. Meister Franks Gewehre stehen in den Arsenalen der Schweiz und Italiens, in Ungarn, Frankreich, Griechenland und Spanien. Dass die dort nicht nur stehen, um zwischendurch ein kurzes reinigendes und ölendes Päuschen zu genießen, dafür sorgen die Generale aller Länder Europas.

Das reiche Danzig ist auch reich an Suhler Waffen. Suhler Löcher zieren Berge von türkischen Leichen. Das ist nun ein viel wirksameres Wirken für die Christenheit als das mühsame Hauen und Stechen der Kreuzritter mit dem Schwert. Man kann die Ungläubigen jetzt aus sicherer Entfernung über den Jordan schicken.

Meister Frank hat sich einen überdimensionalen Gewehrkolben schnitzen lassen. Der trägt die Franksche Erfolgskartei. Jede Schlacht, in der seine Gewehre dabei sind, entspricht einer Kerbe. Der Kolben ist übersät von Kerben – und zwar auf beiden Seiten. Schade, denkt Meister Frank, dass die Dänen ihre sechstausend Gewehre erst kürzlich abgeholt haben. Das gibt sogleich eine neue, tiefe Kerbe, wenn ihm zu Ohren kommt, dass seine Prachtstücke zum Wohle der dänischen Sache in Gebrauch waren. Meister Frank lächelt, denn ihm träumte diese Nacht, dass der Krieg noch Jahre anhalten würde. Der Haufen Goldstücke für die in diesen Jahren verkauften Gewehre lag im Traum gleich daneben.

Als er in die Werkstatt tritt, grüßen ihn die Gesellen ehrerbietig. Das hebt seine gute morgendliche Stimmung noch umso mehr. Gewohnheitsgemäß zählt er seine Mitarbeiter nach. Verflixt, da fehlt doch einer!

»Wo ist der Gunter?«

»Der Gunter ist noch nicht munter«, witzelt vorlaut der Obergeselle.

Der Meister explodiert wie das Pulver im Rohr. Nur dass aus seinem Mund nicht Feuer und Blei fliegen, sondern Spucke und Reste vom gestrigen Abendbrot. »Meine Reime kann ich mir alleine machen, aber nicht meine Gewehre.« Einer der Lehrlinge wird ausgeschickt, den Gunter zu holen. »Wohlan, Gesellen, an die Arbeit. Das Lager ist schon wieder leer. Die Heere schreien: Nachschub!«

In dem Moment drängelt sich Fridolin durch die Tür. Hinter ihm drein hastet Frau Frank, eine ansehnliche Weibsperson. Fridolin wieselt unter den Werkbänken entlang, schlängelt sich zwischen den Beinen der Gesellen durch und grunzt dabei wie ein Schwein. Man kann sich darüber streiten, ob Fridolin wirklich wieseln und sich schlängeln kann, aber grunzen kann er auf jeden Fall sehr gut. Fridolin ist nämlich ein ausgewachsenes Ferkel, sozusagen ein schweinischer Halbstarker, ein Läufer.

»Frau, raus mit dem Schwein!« Meister Frank fuchtelt mit einem Eisenrohr herum, das einmal eine gute Suhler Flinte werden soll. Fridolin bringt sich hinter Kisten voller Zündschlösser in Sicherheit. Die Gesellen gehen auf die Pirsch. Fridolin ist aber nicht nur ein schnelles, sondern auch ein schlaues Schwein. Die exakte Ordnung der Werkstatt, die makellose Geradheit einiger Rohre und der Mechanismus mehrerer Zündschlösser leiden stark dadurch, dass Fridolin nicht gewillt ist, so schnell aufzugeben. Zu guter Letzt sitzt das Ferkel wieder hinter den Zündschlosskisten. Noch bevor ihn Meister Frank endgültig an den Ohren bekommt, benimmt sich Fridolin trotz seiner Jugend wie eine alte Sau. Der Gestank in der Ecke ist etwas extrem.

Nun könnte ja wieder die Idylle einkehren im Tal der Hasel und der Lauter. In Meister Franks Werkstatt wird wieder alles auf Parallelität und im rechten Winkel ausgerichtet. Der Lehrling ist auf dem Weg zum Gunter. Die Hammerwerke schlagen dumpf. Dazwischen tönt es hell aus den Häusern der Büchsenmacher. Nur die Vögelein, die sich an diesen geschäftigen Krach gewöhnt haben und sonst immer singen, die schweigen. Als der Lehrling an Gunters Tür geklopft hat, fällt das ihm auf. Drinnen im Haus ist es so still wie draußen. Irgendwo drüben bei der Werkstatt quiekt ein Schwein. Sonst Stille.

Da sieht es der Lehrling im Wald blitzen. Da auch und dort! Von den Hängen rund um die kleine Stadt blitzt es durch den Wald. Soldaten! Wie glänzende Schmeißfliegen kommen sie von überallher gekrochen. Suhl, die Stadt im Tal, ist eine Stadt im Kessel.

»Männer!«, ruft der kroatische Heerführer Isolani. »Heut soll es Kesselgulasch geben! Da drunten im Tale liegt Suhl. Aber es liegt noch nicht genug! Machen wir es platt!«

Die Soldaten jubeln. Der Lehrling rüttelt an Gunters Tür.

Gunter öffnet gähnend. Der Lehrling drängelt durch, zieht den Gesellen dabei mit ins Haus. Drüben beim Meister Frank quiekt Fridolin.

Isolani meldet sich noch einmal. »Passt aber bitte auf, dass drunten in der Gewehrschmiede Europas nichts Wertvolles zerstört wird. Männer, Frauen und Kinder könnt ihr meinetwegen meucheln.«

Vorwärts marschieren alle Soldaten gern, noch dazu mit Aussicht auf Beute, einen hochgeschobenen Rock, Essen und Trinken bis zum Abwinken und ein neues Suhler Gewehr. Da die Soldaten einen starken Drang danach haben, sich ihre Herzenswünsche zu erfüllen, ergeht es der Stadt und den meisten Städtern nicht gut. Suhler Gewehre und Pistolen machen unschöne Suhler Löcher auch in Suhler Körper. Ab und an trifft ein guter Suhler Gewehrkolben aus hartem Holz einen nicht ganz so harten Suhler Schädel.

Zwei Landser haben es bis zur Werkstatt von Meister Frank geschafft. Wer sich bis dahin durchgeschlagen hat, schafft dies auch mit einer Werkstatttür. Dumm geht vor, was ein Geselle dazu nutzt, dieser Dummheit mit einem Eisenrohr ein Ende zu bereiten. Gleiches ereilt aber auch den Gesellen und zwar von einer Kugel aus einem Gewehr von seines Meisters Hand. Die anderen Gesellen ergreifen statt einem Verteidigungswerkzeug lieber die Flucht. Aber auch sie kommen nicht weit. Die kaiserlichen Landsknechte sind überall. So stehen sich nun der Büchsenmachermeister Frank und sein landsknechtischer Fan gegenüber. Ferkel Fridolin, auf dem Arm von Meister Frank, scheint interessiert den weiteren Verlauf dieser Gegenüberstellung zu erwarten.

»Sieh da, ein Schwein!«, sagt der Landser. Meister Frank ist sich nicht sicher, wen von seinen beiden Gegenübern der Landser meint. »Wem gehört denn wohl der Braten?«

»Mein ist das Schwein.«

»Oh, dass Ihr Euch da mal nicht täuscht. Das Schwein ernenne ich zu meinem Eigentum.«

»Mein Schwein gehört mir.«

Der Soldat legt die Flinte auf Meister Frank an. Der weiß genau, dass der technische Entwicklungsstand dem Gewehr nur das Abschießen eines Schusses erlaubt. Und dieser eine Schuss wurde schon auf den tot am Boden liegenden Gesellen abgegeben. Der Landser schleicht um Meister Frank herum, greift sich ein neues Gewehr.

»Das ist nicht geladen«, sagt der Meister Frank.

»Wollen wir es probieren?«, fragt der Soldat und legt auf Meister Frank an. Da stürzt Frau Frank herein, die die ganze Zeit auf echt thüringische Art durch den Türschlitz gelunst hat.

»Lasst meinen Mann leben, Herr. Und du Mann, gib ihm das Schwein.«

»Er kann es haben. Aber er muss es sich selbst fangen«, sagt der Büchsenmacher und stellt Fridolin auf den Boden. Der bedankt sich mit einem schnellen Abgang. Fridolin tritt die Flucht an. Das Schwein rennt hinüber zu Gunter. Der Lehrling, der alles gesehen hat, betet.

»Lieber Gott, mach, dass das Ferkel nicht bis hierher kommt.«

Aber weder Gott noch Fridolin erhören die flehentlichen Gebete des Lehrlings. Fridolin sucht im Schweinsgalopp das Weite und den Lehrling, der ihn immer mit ein paar schönen Brocken verwöhnt hat. Da schwenkt der Landser das Gewehr um und drückt ab. Fridolin bietet zum Abgang einen doppelten Salto.

»Schwein gehabt«, sagt Meister Frank und wischt sich den Schweiß von der Stirn.

Der Lehrling schluchzt: »Armes Schwein!«

»Hol den Braten, mein Freund«, befiehlt der Landsknecht.

Meister Frank trottet lieber los, denn der Soldat hat die nächste Franksche Flinte in Anschlag gebracht. Als er das Schwein aufhebt, stehen plötzlich der General Isolani und ein paar Landsknechte um den Meister Frank herum.

»Das sieht aber nicht gut aus für dich, Bürger!« Isolani hält dem Meister Frank eine Suhler Pistole zwischen die Augen. »Her damit! Oder willst du einem kaiserlichen General und guten Katholiken einen fetten Schweinebraten vorenthalten?«

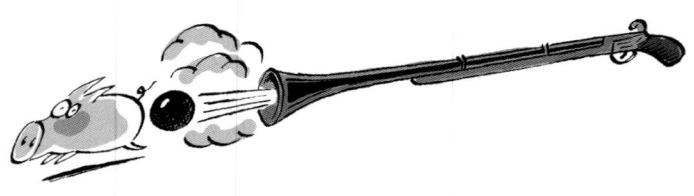

Meister Frank will natürlich nicht. Mit anderen Worten er will und zwar gern das Schwein hingeben, wenn er dafür nur weiterleben darf. Frau Frank ist es wieder, die sich dazwischenwirft, als das Schwein den Besitzer gewechselt hat, aber der General Isolani dem Meister Frank ein, wie er sagt, Loch für ein drittes Auge schießen will. Die Pistolenkugel fegt durch das Zimmerfenster des Gesellen Gunter und kostet dem dort versteckten Lehrling ein Auge.

»Ist das dein Weib, Mann.«

Frau Frank bittet: »Lasst ihn am Leben, bei Gott. Er ist ein guter Mann und Meister der Büchsenmacher.«

Graf Isolani lässt seine zwei gesunden Augen auf Frau Frank ruhen. »Ihr wollt ihn also lebend wieder? Nur unter einer Bedingung. Du, Frau, brätst mir das Schwein.« Frau Frank wird auf Isolanis Pferd gehoben. Als Meister Frank hinter dem lostrabenden Pferd hinterhertrotten will, sagt der Graf scharf: »Allein!«

Am nächsten Morgen wacht Meister Frank nach einer unruhigen Nacht voller Alpträume auf. Da sitzt Frau Frank in der Küche. Ihr Mann braucht gar nicht zu fragen, was geschehen ist. Er sagt bloß: »Ich hätte das Schwein gern abgeschlachtet.« Und er denkt dabei nicht an Fridolin.

Der gerade so bedachte Graf Isolani sitzt derweil beim Feldgeistlichen. Er hat gebeichtet. Er ist von der Sünde der Vergewaltigung freigesprochen. Das ist das Schöne am Katholizismus, denkt der Graf, wer sündigt, dem kann vergeben werden.

Meister Frank holt den vollgekerbten Gewehrkolben. Er schneidet eine weitere Kerbe hinein. Ordnung muss sein, auch wenn das Herz schwer ist und das Gewissen drückt.

Ach ja, da sind ja noch der Lehrling und der ewig müde Geselle Gunter. Der Lehrling hat Glück. Ihm fehlt zwar jetzt ein Auge, aber dem Meister Frank fehlt es an Arbeitskräften. So kann der Bursche Büchsenmacher bleiben. Und Gunter? Gunter schläft schon wieder. Es war aber auch ein aufregender Tag. Was macht er dann? Neue Suhler Gewehre.

Alle machen wieder Gewehre. Sie haben es nicht anders gelernt.

17. Kapitel

… in dem ein Stückchen Thüringen durch sieben geteilt wird, was vorher ganz schön ganz und absolut fortschrittlich war; aber es bedarf einer Vorbemerkung

....

Dieses Kapitel kann nicht anfangen. Das ist manchmal so und nicht anders, wenn nicht kurz vor Beginn etwas eingefügt wird, was der Leserschaft durchaus Erleichterung verschaffen könnte. Der Autor hat nämlich keine Lust, die thüringisch-sächsische Kleinfürstenfolge der vergangenen hundert Jahre vollständig auflaufen zu lassen. So etwas Unerquickliches haben wir ja schon einmal im 10. Kapitel durchexerziert. Nicht noch einmal! Das ist doch ein netter Fürsten-Zug vom Autor, ge!?

Nichtsdestoweniger muss erwähnt werden, dass der größte Teil der Thüringer Lande, die sich ja zurzeit – wir befinden uns am Ende des dritten Viertels des 17. Jahrhunderts – fest in ernestinischen Sachsenhänden befinden, nicht nur durch viele Fürstenhände gegangen ist, sondern sich jetzt in noch weitaus mehr Fürstenhänden befindet als noch vor kurzem. Kurz gesagt: Thüringen ist noch weiter zerfitzelt worden.

Aber keine Angst! Den Höhepunkt der allgemeinen Zerhackung haben wir noch nicht überschritten. Insofern kann man nun beruhigt und gelassen in ein ruhiges Gelass des Gothaer Schlosses Friedenstein eintreten. Nur so viel: Das Schloss ist erneut ein herzogliches, weil die Sachsenfürstchen durch Nichthervorbringung männlicher Erben von ihrer Coburger und Eisenacher Linie abgekommen sind. Dahernach kam es zur Neugründung von Sachsen-Gotha mit Ernst und zwar an der Spitze, also Herzog Ernst, genannt auch der Fromme.

Gottgefällig war der Ernst nicht nur im kirchlichen Niederknien, er hat sich noch ganz anders reingekniet, nämlich so, dass es zur siebenmaligen, erfolgreich-männlichen Niederkunft seiner Gemahlin kommen musste. Es wird sich zeigen, dass Niederkunft, Niedertracht und Niedergang sehr eng beieinander liegen, wenn sieben Söhne nicht alle beieinander haben und ein großes Ganzes auseinanderreißen.

Hinein also in das Gothaer Schloss Friedenstein. Aufmerksamen Lesern und Innen wird nicht entgangen sein, dass es sich bei den Steinen, aus denen die Mauern des Schlosses erbaut wurden, um die ehemals grimmen Steine aus dem vorvorigen Kapitel handelt. Sehr aufmerksam!

Man trete also ein. Man ist sehr unkonkret. Gehen wir also ins Detail.

Der Erste, der in das Zimmer tritt, ist auch der erste, wollen sagen, der älteste der herzoglichen Söhne.

»Noch keiner da? Dann bin ich wohl der Erste.«

Außerordentlich klug bemerkt, fast genial. Da kommt aber auch schon der Zweite, ein sehr höflicher Mensch. Angedeuteter Diener und: »Morgen, Friedrich!«

»Morgen, Bernhard!«

Bernhard kommt hier als Zweiter, ist aber eigentlich der Dritte. Als Dritter kommt jetzt der sechste Sohn.

»Morgen, Friedrich!«

»Morgen, Ernst!«

Jetzt kommt der Jüngste, der Johann Ernst: »Morgen, Friedrich!«

Die anderen kommen glücklicherweise gemeinsam: Albrecht, Heinrich und Christian. Sehr chorisch grüßen die drei: »Morgen, Friedrich!«

»Morgen, Brüder! Sind wir vollzählig?«

»Ja, alle sieben Raben-Brüder sind anwesend.«

»Etwas mehr Ernst, Ernst, wenn ich bitten darf!«, weist

der erste den sechsten zurecht. »Schließlich liegt Vater im Sterben.«

»Das ändert ja nichts an der Tatsache, dass du, mein lieber Friedrich, schon längst Vaters Stuhl besetzt hast.«

»Vater hat es so gewollt, Albrecht.«

Albrecht verdreht ein wenig die Augen und flötet: »Du, ach so uneigennütziger Diener des Herzogtums.«

Die Herren wiehern und gackern.

Der Älteste bittet nachdrücklich um Ruhe. »Es ist ja hier wie, wie …«

Ja, wie ist es denn? Wie im Kindergarten benehmen sich die Söhne, aber das kann Friedrich nicht sagen, denn der Kindergarten wird erst später von einem anderen Friedrich im Thüringer Bad Blankenburg erfunden, einem gewissen Fröbel. Der ist allerdings noch gar nicht geboren. Hühnerhof wäre bei dem Gegacker der Fürstensöhne auch eine passende Bezeichnung, aber das Leben auf einem Hühnerhof entzieht sich der Kenntnis des Ältesten. Also sagt er: »… wie im Flohzirkus!« Flöhe sind gerade eine weit verbreitete, darum recht bekannte Haustierart.

»Brüder!«, sagt der Älteste. »Wir müssen das Vermächtnis unseres Vaters zum Ruhme des Hauses Sachsen-Gotha erfüllen.«

»Noch lebt er, Friedrich«, sagt etwas pikiert Christian.

»Ja, aber sein Vermächtnis ist schon aufgeschrieben«, wirft Heinrich ein.

»Ein Glück«, meint Bernhard, »sonst hätte Friedrich behaupten können, der Vater hätte die Primogenitur eingeführt.«

»Was ist denn das schon wieder für eine Schweinerei?«

»Das Erstgeburtsrecht! Der Älteste erbt alles. Die reußischen Fürsten haben das schon seit 1690. Bei unseren ehemaligen Verwandten, den Albertinern, wurde das auch längst eingeführt. Nur die Schwarzburger Fürstensöhne und wir Sachsen-Gothaer teilen noch ehrlich.«

»Von wegen ehrlich! Hier wird fürstlich geteilt«, posaunt Friedrich.

»Na, prima«, sagt Bernhard, »du kriegst das große Tischtuch. Wir Jüngeren die Servietten.«

Bernhard hätte auch ein anderes Bild wählen können, zum Beispiel: das große Badetuch und die Waschlappen. Aber Waschen und Baden sind gerade nicht so in. Lieber holt man den Kratzstab hervor, um die Flöhe an den entlegensten Stellen zu ärgern.

»Oach!«, stöhnt Heinrich, sich wohlig räkelnd, »wenn doch nur die Steuergroschen unserer Untertanen so springen würden wie die Flöhe.«

»Jetzt lasst doch mal die Flöhe!«, raunzt Friedrich.

Christian hält dagegen: »Ich denke andauernd an die Flöhe, die ich erben werde. Oder anders gesagt: Kröten, Mäuse, Mücken. Ich stehe ganz tierisch auf Moneten, Kies, Penunze, Zaster, Piepen …«

»Ordinär, Christian! Ordinär!«

»Dazu stehe ich, schließlich geht es um Geld. Bist du in der Lage, Friedrich, uns ein bisschen Einblick in unsere pekuniäre Zukunft zu geben?!«

Friedrich vermag das. Es geht schließlich auch um sein Vermögen. Aber er macht noch einen großmachtpolitischen Versuch.

»Sagt mal, Brüder!« Der Ton lässt die sechs anderen sehr misstrauisch gucken. »Wir könnten doch eigentlich auch alle sieben das ganze Herzogtum zusammen regieren. So ein großer Landklumpen hätte Gewicht in deutschen Landen. Das gäbe ungeahnte Aufstiegsmöglichkeiten unseres Fürstenhauses.«

»Na, dann wetzt mal schon die Messer«, meint sarkastisch

Johann Ernst. »Schließlich kann immer nur einer von uns deutscher Kaiser werden.«

»Lieber ein Siebtel des Herzogtums ganz, als das ganze Herzogtum und ab durchs Schüttelsieb von Gevatter Tod.« Diesen schönen Spruch hat der Albrecht geprägt. Der Spruch ist noch nicht so ausgereift, aber das wird schon noch angesichts einer später liegenden deutschen Teilung.

»Ihr kurzsichtigen Hirnis!«, ruft der aufgeregte Friedrich, hat sich aber gleich wieder in der Staatsgewalt. »Was wollt ihr denn eigentlich? Den Fortschritt aufhalten?«

»Dein Fortschritt interessiert uns, gelinde gesagt, einen Scheiß.«

»Ich muss doch sehr bitten!«

»Ja, bitte, worum?«

»Um etwas mehr Ausdruck deiner guten Erziehung. Schließlich geht es hier nicht um irgendwelchen Mist, sondern um Staatsgeschäfte.«

»Geschäft ist Geschäft!«

»Kommt endlich zur Sache!«

»Also«, fängt Friedrich wieder an, »die Sache ist die. Wenn ich euch richtig verstanden habe, will jeder sein eignes popelforzkleines Herzogtümchen aufmachen.«

»Ja, das ist unsere Linie!«

»Jedem seine eigene!«

»Was wollt ihr denn in euren Kleinstaaten machen – Schulden?«

»Wenn es nicht anders geht. Aber bisher ist es doch immer gegangen«, sagt Christian.

»Wenn du schon von Gehen redest, geht's jetzt endlich mal vorwärts?«

»Rückwärts, Bruder, geht es, rückwärts, wenn wir teilen.« Friedrich hat seinen Traum vom Großherzogtum noch immer nicht aufgegeben. Es ist aber auch kurz vor Ultimo. Wenn jetzt nicht ein kräftiges »Wenn nicht jetzt« ausgesprochen wird, dann wird Thüringen nie wieder eine Chance haben, sich zu einer deutschen Großmacht aufzuschwingen. Aber Friedrich kann sich nicht mehr beherrschen. »Alles Scheiße!«, zischelt er. Die Brüder schweigen amüsiert.

»Beherrsch dich und teile!«

Die Brüder haben alle ihren Cäsar studiert, aber wohl falsch verstanden. Sieben kleine Fürstentümer, die sich nicht unter eine Oberhoheit scharen, sind zwar geteilt, aber herrschen nicht. Was dann herrscht sind die Zustände, die jeder einzelne Bruder kriegen wird, wenn er sein popelforzkleines Fürstentümchen zu regieren versucht.

»Teilen macht Spaß!«, singt Heinrich.

Das ist wieder Ironie, und Ironie konnten die Thüringer Fürsten ja noch nie leiden. Der Friederich wütet: »Wollt ihr wirklich all das, was unser Vater Ernst der Fromme geschaffen hat, diesen vorbildlich absolutistischen Fürstenstaat, aufgeben für sieben Stückchen Land? Die effiziente, einheitliche Verwaltung? Das oberste Gerichtsprivileg? Den geheimen Rat? Das einheitliche Schulsystem?« Friedrich appelliert an seine Brüder: »Jetzt, wo die Bildung selbst der Gothaer Bauern sprichwörtlich geworden ist.«

»Verschone uns mit diesen Sprüchen: Ein Gothaer Bauer hat zehnmal mehr Mores als zehn Doctores«, äfft Ernst.

»Aber das ist doch alles ganz unrationell. Aus einer werden sieben Verwaltungen. Die Kosten!«

»Egal was es kostet, es ist Vaters letzter Wille«

»Jawoll«, sagt Christian, »und weil wir in einem absolutistischen Fürstenstaat wohnen, ist der letzte Wille des Fürsten ein absolutes Muss!«

»Aber Brüder, denkt ihr denn nicht an das Wohl unserer Untertanen?«

»Wenn schon Wohl, dann zum Wohle der Fürsten.«

Friedrich versucht es noch einmal: »Unsere Menschen …«

Heinrich unterbricht: »Von wegen unsere Menschen. Diese Thüringer sind doch nicht einmal richtige Sachsen!«

»Jawohl, lasst uns an uns denken«, sagt Christian. »Jeder soll seinen eigenen Stiefel machen.«

»Als ob einer von euch etwas davon verstehen würde, wie Stiefel gemacht werden. Nicht einmal putzen könnt ihr! Und überhaupt Stiefel: Woher sollen bei so kleinen Fürstentümern die Gelder für sieben Armeen kommen?«

»Großer Bruder, du bist aber auch zu blöd. Eine Armee wird gegründet, um sie an jeden, der sie gerade braucht, auszuleihen.« Albrecht lehnt sich wohlgefällig zurück. Friedrich merkt sich das mit der Leiharmee. So wird er es auch machen. Vielleicht könnte er auch ein paar Landeskinder gegen klingende Münze duckeln.

Bernhard meldet sich wieder mal zu Wort: »Bruder, du kannst auch die Militärausgaben ganz streichen zugunsten der Kunst. Ich ziehe mich nach Meiningen zurück. Vielleicht mach ich dort dereinst ein Theater auf.«

Theater, denkt Friedrich, das mache ich auch, am besten ein Musiktheater, ich lasse den Ballsaal im Westturm des Friedensteins dazu umbauen, wollen doch mal sehen, wer hier der Erste beim Theatermachen im Staate ist. Da fällt ihm ein, dass es ja dann kein Staat mehr sein wird, mit dem sich Staat machen ließe, sondern sieben kleine Stückchen Land. Aber wenn schon reichspolitisch bedeutungslos, dann es wenigstens den Brüdern zeigen. Er reibt sich innerlich die Hände. Dieses Kunststück ist eine von Friedrichs leichtesten Übungen. Während des Reibens kann er sogar noch denken: Ihr armseligen Brüder, bitte, macht euch das Leben zur Hölle, ich schaffe mir meinen Himmel auf Erden, auch wenn es ein geteilter sein wird.

»Gut, schneiden wir die Landkarte in Stücke! Welche neuen Herzogtümer wollt ihr eigentlich schaffen?«

Alle sechs reden durcheinander, aber ein gelernter Börsenmakler könnte die Wünsche und Vorstellungen, die da prasseln, auseinanderhören.

»Sachsen-Coburg!«

»Sachsen-Meiningen!«

»Sachsen-Hildburghausen!«

Friedrich reibt sich nicht nur die Hände und denkt dabei, er lacht auch noch innerlich dazu. Sachsen-Hildburghausen! Ein Hühnerschiss auf der Landkarte, aber von einem Zwerghuhn. Das ist der vorprogrammierte Ruin. Na, ihm soll's recht sein.

»Sachsen-Römhild!«

Es wird ja immer verrückter.

»Sachsen-Saalfeld!«

»Sachsen-Eisenberg!«

Sachsen-Eisenberg? Das ist der totale Hammer! Friedrich brüllt innerlich vor Lachen.

Kammerdiener Karl tritt ein. Sein Gesicht ist komisch verzerrt. Es soll wohl Trauer ausdrücken.

»Meine Herren«, sagt Kammerdiener Karl, »seine fürstliche Hoheit Ernst der Fromme, Herzog von Sachsen-Gotha und Altenburg …«

»Karl!«, sagt Friedrich, der älteste Sohn und regierende Fürst auf Schloss Friedenstein. »Mach es kurz.«

»Jungs, euer Vater ist tot.«

»Welchen haben wir heute?«, fragt Albrecht, der sich nie das Datum merken kann.

»Den 26. März 1675 nach dem gregorianischen Kalender.«

»Danke, Karl!«, rufen die sieben wie aus einem Munde.

Karl wird herausgewinkt und verschwindet somit aus diesem Kapitel. Netter Mensch, aber für den weiteren Lauf der

Geschichte absolut unbrauchbar. Die sieben Brüder brauchen keine Zeugen, wenn es ans Teilen geht. Die Taschentücher liegen bereit, falls Blut fließen sollte. Messer und Gabeln werden gezückt, und es wird geteilt, was das Zeug hält. Aber das Zeug ist ein Stückchen Thüringen, und das hält nur so viel, wie es verspricht, nämlich nicht viel. Besonders, wenn es nun in sieben ungleiche Stücke zerteilt wird.

18. Kapitel

… in dem eine Patchwork-Decke genäht wird, was endlich die Schwarzburger und Reußen in dieses Buch hier bringt; außerdem entstehen Märbeln

»So, Mutter«, sagt der Märbelmüller Meier aus dem südthüringischen Eisfeld, »alles wird sich wenden, wenn sich das Jahrhundert wendet, aber meine Märbelmühle mahlt und mahlt.«

Na, das ist doch mal wieder ein herrlicher Kapitelanfang, was? Schließlich weiß nicht einmal die halbe Menschheit, was ein Märbelmüller ist und tut. Wenn das Kapitel sich rundet, spätestens dann werden auch dem unaufgeklärtesten Leser aus der anderen Menschheitshälfte die kleinen Murmeläuglein geöffnet sein. Lassen wir also den Märbelmüller Meier seine unterbrochene Rede fortführen.

»Die nächsten Märbeln sind in Arbeit, Mutter. Leg dein Flickwerk beiseite.«

Mutter Meier ist etwas empört: »Das ist kein Flickwerk. Das ist der letzte Schrei aus England. Pätsch-Wörk.«

»Dann unterbrich bitte mal dein Pätsch-Werkeln. Wir haben nur etwa eine Dreiviertelstunde Zeit füreinander.«

»Ach, Mann«, mault Mutter Meier, »immer nur diese Dreiviertelstunde, bis die nächsten Steine in die Märbelmühle kommen, und das bei Tag und bei Nacht. Manchmal bin ich es leid.«

»Dann hättest du eben keinen Märbelmüller heiraten dürfen. Mahle, Mühle, mahle, so ist das, wenn man einen weltverändernden Beruf hat.«

»Was verändern deine Märbeln schon, Mann?!«

»Weib, bist du dumm. Was denkst du, woher die vielen verschiedenen Münzen in unserer Haushaltskasse stammen? Das französische Geld habe ich im Holländischen Krieg verdient, als die Franzosen den Spaniern einiges an Küstenland wegnahmen.«

»Was redest du mir ein, Mann. Holländischer Krieg mit Franzosen und Spaniern, ha!«

»Weib, du bist nicht nur dumm. Es wäre auch besser, du wärst stumm, damit deine Dummheit nicht so offen zutage tritt. Der Sonnenkönig Ludwig XIV. kaufte bei mir Märbeln, um damit in den Seeschlachten vor Holland den spanischen Kriegsschiffen die Segel zu zerfetzen.«

»Der König persönlich kaufte bei dir? Oh, mit welch bedeutendem Mann bin ich verheiratet. So bedeutend, dass er immer nur eine Dreiviertelstunde Zeit hat, um mich zu be…«

Weiter kommt das Weib des Märbelmüllers nicht, denn er springt und zwar ihr an die Gurgel.

»Kein Wort mehr, Weib. Die Franzosen kauften bei mir. Als sie weg waren, kamen die Spanier, denen verkaufte ich auch Märbeln. Aber die Franzosen kauften die doppelte Menge und siegten darum über die Spanier.«

»Du bist ja ein niederträchtiger Kerl!«

»Wieso niederträchtig?«, wundert sich der Märbelmüller. Das Wort erinnert ihn allerdings daran, dass er ja seiner Frau ein quicker Gatte sein wollte. Aber es ist zu spät. Er lauscht hinüber zur Märbelmühle. Das Mahlgeräusch ruft ihn. Wieder eine Märbelladung fertig.

Mutter Meier pätscht weiter ihr Wörk.

Als der Märbelmüller wieder eintritt, nestelt er sofort an seinem Hosenband. Frau Meier will es aber genau wissen. »Du belieferst Freund und Feind?«

»Wer ist Freund, wer ist Feind? Freund sind alle, die für meine Märbeln bezahlen. Die Ladung, die ich gerade eingelegt habe, ist eine schwedische Bestellung. Die Schweden werden sich demnächst der Russen unter Zar Peter I. in der Ostsee erwehren müssen.«

»Und wenn die Russen kommen, denen lieferst du dann auch Märbeln!?«

»Die waren schon da. Sie haben bar bezahlt.«

Frau Meier ist entsetzt. »Ich bin mit einem Scheusal verheiratet.«

»Nein, mit einem guten Geschäftsmann. Am liebsten würde ich allerdings das Märbelmüllerhandwerk beenden.« Frau Meiers Gesicht hellt sich auf. »Um Kanonen zu verkaufen. Kanonen tun sich mehr lohnen.«

»Nun macht er auch noch Gedichte!«

»Komm jetzt, Mutter, Schluss mit den Diskussionen! Ehe das 17. Jahrhundert zu Ende geht, will ich noch etwas Spaß.« So spricht der Herr Meier und zieht seine Frau auf das Bett. Kaum sind die ersten Schleifen bei Muttern aufgezogen, klopft es.

Vater Meier steht seufzend auf, um zu öffnen. »Na, Sexer, was willst du?«, knurrt er seinen sechsten Sohn, den kleinen Leo, an.

Leo greint: »Mutter, wir sollen für die Schule aufschreiben, was wir am Ende des 17. Jahrhunderts über Thüringen wissen.«

»Und was weißt du?«

»Eigentlich alles, aber ich krieg es nicht zusammen.«

»Also alles und nichts«, sagt der Vater streng. »Was lernt ihr denn in der Schule?!«

Leo geht vorsichtshalber in Deckung, denn Vaters Stimme klingt wie kurz vor Ohrfeigen.

»Was ist denn nun Thüringen, Mutter?«

Mutter lächelt. »Frag deinen Vater. Der hat in der Schule immer alles gelernt.«

»Oh«, sagt der Herr Meier und lauscht, »es klingt so komisch, ich muss nach den Märbeln schauen. Schließlich wollen die Schweden keine Minimärbeln. Die russischen Segel sind aus fester Leinwand.«

Vater Meier entzieht sich der Thüringenfrage. Er schwört sich, es der Mutter, wenn der Sexer wieder aus dem Zimmer ist, so richtig zu besorgen. Mutter feixt dezent. Leo grinst. Mutters Zeigefinger wackelt. Leos Grinsen verschwindet. Bei aller Liebe zum Nachwuchs, antiautoritäres Wildwachstum ist noch nicht an der Tagesordnung.

Auf derselben, also der Tagesordnung, steht das Thema Thüringen. Leo wartet gespannt. Dann sagt Mutter Meier: »Ich weiß es auch nicht.«

Leo greint ganz fürchterlich. Das Geheule ruft den Vater wieder herbei. Der Märbelmüller kratzt sein Wissen zusammen.

»Also, Thüringen, das sind lauter kleine Fürstentümer, alle ohne Meeresanbindung, darum ohne Flotte, deswegen also für uns Märbelmüller ohne Bedeutung. Nichts weiter als kleine, bunte Kleckse auf den Landkarten.«

»So wie Mutters Pätsch-Wörk-Decke?«, fragt der Leo.

»So ungefähr, ja!«

»Jedes einzelne bunte Fleckchen auf dem Deckchen gehört also einem kleinen Fürsten. Das sind die Grafschaften. Wir leben in Sachsen-Meiningen, hat der Lehrer gesagt.«

»So ungefähr, ja!«, sagt der Vater wieder. »Aber wie gesagt, völlig unbedeutend. Keine Märbelabsatzgebiete.«

»Sachsen gibt es ja noch viele andere«, repetiert Sexer Leo laut weiter. »Sachsen-Eisenach. Sachsen-Eisenberg, Sachsen-...«

Mutter Meier unterbricht. »Aber da sind noch ganz ande-

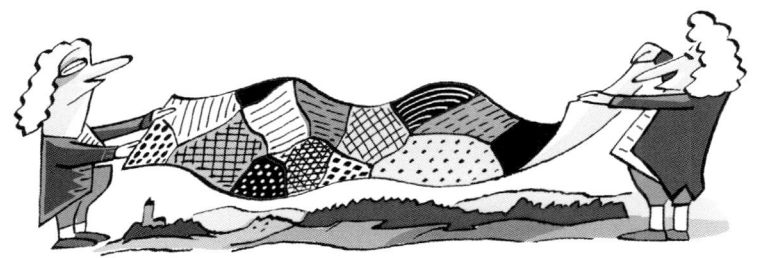

re bunte Flecken. Mittendrin und obendran. Meine Decke ist wohl doch nicht so als Thüringen zu gebrauchen.«

Leo überlegt. »Das könnten die Schwarzburger Fürsten sein, die sich geteilt haben in die Schwarzburg-Arnstädter und die Schwarzburg-Rudolstädter.«

»Junge, du bist ja intelligenter als …« Mutter Meier wollte sagen »als dein Vater«, aber um das familiäre Gleichgewicht nicht zu sehr zu gefährden, sagt sie: »… als ich dachte.«

Leo beschließt, wenn er schon so intelligent ist, dereinst zu studieren, am besten Thüringologie oder etwas Ähnliches.

Aber da entdeckt Vater Meier im Osten der Pätsch-Wörk-Decke noch ganz andere Muster. »Da haben wohl die großen Flicken nicht mehr gereicht, Mutter?«

Leo klatscht in die Hände. »Das könnten die anderen Thüringer sein, von denen der Lehrer erzählt hat. Das sind die Reußen!«

»Also keine Thüringer?«

»Sie heißen nur so, weil angeblich einer ihrer Vorfahren bei den Reußen war, bei den Russen.«

»Ein Thüringer Russe?« Der Märbelmüller ist plötzlich an Thüringen interessiert. Er überlegt, ob er nicht doch eine Chance hat, hier ein paar Tonnen Märbeln abzusetzen.

Leo holt jetzt alles aus sich heraus. »Die Reußen sind aber geteilt, in eine untere und eine …«

»Und eine obere Linie«, fällt ihm Vater Meier ins Wort, »das ist ja wohl nur logisch.«

»Logisch vielleicht, aber nicht genealogisch.«

»Solche Wörter kommen mir nicht ins Haus«, poltert der Märbelmüller. Leo rettet sich auf Mutterns Schoß. Vater Meier ist sehr neidisch auf die Sitzposition seines Sohnes.

Leo ruft: »Vater, Genealogie ist doch nur die Lehre von den Stammbäumen.«

»Dein Glück! Sag mal, mein Junge«, winkt Vater Meier seinen Sohn verschwörerisch zu sich heran, »haben die Reußen eine Flotte?«

»Keine Ahnung. Ich weiß nur: Die Reußen sind geteilt. Früher waren es eine Untergreizer und Obergreizer Linie, wobei die eine die ältere Linie war und die obere die mittlere. Die jüngere Linie nannte sich nach ihrem Hauptwohnsitz die Geraer. Obergreiz ist ausgestorben, und die Geraer Reußen haben sich noch weiter geteilt, nämlich in Reuß-Gera, Reuß-Schleiz und Reuß-Lobenstein.«

»Sehr gut«, sagt der Märbelmüller.

»Die ganze Teilerei, hat uns der Lehrer erklärt, ist gar nicht so gut.«

»Wieso? Je mehr die sich teilen, die hohen Herren, umso mehr Kundschaft. Ach, wenn sich doch nicht nur die Reußen, sondern auch die Russen teilen würden. Ich könnte Märbeln absetzen!!«

»Aber es ist wie mit der Kuhherde.«

Mutter ist erstaunt: »Leo, wo kommt denn jetzt plötzlich eine Kuhherde her?«

»Aus meinem Kopf, Mutter.«

»Was für ein Kopf! Nicht wahr, Vater!« Mutter Meier birst fast vor Stolz. »Leo, du wirst wohl dereinst nicht Märbeln verklickern müssen.«

»Weib, darüber reden wir nachher. Jetzt redet erst mal der Junge.«

»Hat ein Bauer zwölf Kühe und vier Söhne, kriegt nach dem Tod vom Bauern jeder drei. Und wenn der Bauer zwölf Söhne hat?«

»Kriegt jeder eine Kuh.«

»Und wenn die Söhne wieder Söhne kriegen, seien es auch nur zwei pro Sohn?«

»Dann wird jede Kuh geteilt. Dann gibt es wochenlang Rindfleisch.«

»Und dann?«

»Alles alle.«

»Was lernt uns das?«

Der Vater denkt angestrengt nach. Er isst wahnsinnig gern Rindfleisch. Als er alle halbierten Kühe durchdacht hat, kommt er zu dem Schluss, dass mit den Teilungen der Fürstentümer ja mal irgendwann Schluss sein muss.

»Lobenstein«, sagt Leo, »ist übrigens noch einmal geteilt in Lobenstein, Selbitz und Eberdorf.«

»Rindergulasch!«, sagt Mutter Meier. »Siehst du, Vater, und Rindergulasch kauft keine Märbeln. Jetzt weißt du, warum die Thüringer Fürsten nicht zu deiner Kundschaft gehören.«

»Ja, und weil sie keine Märbeln bei mir kaufen, können sie auch nicht die Welt verändern.« Er lauscht wieder hinüber zu seinen Märbeln. »Oh, verflucht, da stimmt was nicht.«

Als er wieder hereinkommt, ist sein Gesicht vor Ärger zerknautscht. »Die letzte Partie Märbeln ist hin. Alles Mehl. Der Muschelkalk war zu weich. Da werden die Schweden mit ihrer Verteidigung gegen die Russen noch etwas warten müssen.«

Nicht warten will Vater Meier. Er schickt den Leo hinaus, der mit Hilfe von Mutters Pätsch-Wörk-Decke den Stand Thüringens zur Jahrhundertwende tiefgreifend begriffen hat. Vater will jetzt die Mutter begreifen, aber Mutter Meier muss noch das Essen kochen.

»Du hast noch nicht gekocht!?« Das tut nun der Märbelmüller, also kochen, und zwar vor Wut. Die Frau kriegt er nicht. Zu essen kriegt er nichts. Und wer ist schuld? Der Leo mit seinem vermaledeiten Thüringen! Thüringen kriegt er auch nicht, auch wenn sich alle Thüringer bekriegen würden. Hier gibt es eben keine Flotte. Der Jähzorn steigt in Vater Meier hoch. Er nimmt Mutters Pätsch-Wörk, um es mit dem Ruf »Scheiß Thüringen!« zu zerfetzen. Als er sich genug mit der Decke gefetzt hat, stapft er in sein Mühlenzimmer.

Plötzlich ein Schrei! Familie Meier eilt herbei, um den Vater sterben zu sehen. Er ist mit der Hand in die Märbelmühle geraten. Sein Herz hat das nicht verkraftet. So steht Familie Meier oberhauptlos und zunächst kopflos an der Schwelle des 18. Jahrhunderts.

»Das fängt ja gut an«, schluchzt Mutter Meier nach einer Schweigeminute.

»Johannes!« Das ist der Älteste. »Du übernimmst Vaters Arbeit ab sofort ganz.«

»Na gut!«, sagt Johannes. Was bleibt Johannes weiter übrig. Leo streicht das Thüringologie-Studium in seinem Kopf. Er wird sich wohl nun auch mehr um die Märbeln kümmern müssen. Als er so an der Märbelmühle steht, sieht er Erstaunliches.

»Mutter, schau, die Märbeln sind so schön gefärbt.«

Die Farbe ist Vaters Blut, aber die Märbeln sehen wirklich gut aus. »Kinder«, ruft Mutter begeistert, »wir haben die farbige Murmel erfunden. Wenn es mal keinen Krieg mehr geben sollte, in dem unsere Märbeln als Schiffsballast und als Kugeln zum Zerfetzen gegnerischer Segel dienen, dann können wir die bunten Dinger als Spielzeugmurmeln verkaufen.«

Das also sind Märbeln. Oder wie man auch sagt: Murmeln, Schusser, Schosser, Stinnerte, Klucker oder Klicker, Kugeln aus Muschelkalk eben.

Die Erfindung der Spielzeugmurmel ist volkserhaltend. Bald sind die Kriegsschiffe der Franzosen, Spanier, Schweden, Russen und all der anderen treuen Kunden des Neumärbelmüllers Meierjohannes aus Eisen und segellos.

Aber Spielzeugmurmeln aus Thüringen, die sind zwar nicht so weltverändernd, aber man kann die sogar in Amerika in klingende Münze umrubeln beziehungsweise nach Rußland senden, um sie zu vercenten oder wie auch immer man zum Märbelnverscherbeln sagen will. Auf jeden Fall kommt auf diese Weise doch ein wenig Geld rein, da kann man sich das mit dem Auswandern nach Amerika noch ein- bis zweimal überlegen.

Mit ein paar klickernden Thüringer Märbeln in der Hosentasche stolpert der Leo nun in das nächste Thüringer Jahrhundert. Wie hat Mutter Meier gesagt: »Das fängt ja gut an.« Also entweder war das optimistisch oder nicht sehr weitsichtig oder sarkastisch gemeint. Schließlich war lange kein richtiger Krieg. Kommt gleich! Mal sehen, was dabei rauskommt.

19. Kapitel

*… in dem etwas Freude europäischen Zuschnitts
in Thüringen aufkommt, was aber aus diplomatischen Gründen in Berlin besprochen wird*

....

Wie das so ist mit der Zeitangabe »gleich«, in der Geschichte dauert so ein »gleich« ein wenig länger. Somit kommt zunächst nicht der Krieg, den man später den Siebenjährigen nennen wird, sondern es kommt erst ein Graf daher. Nichts Ungewöhnliches für Thüringen. Ein Graf mehr oder weniger, wer merkt das schon bei dem Gewimmel.

Ganz und gar nichts Ungewöhnliches auch für Berlin, wo die paar Grafen »unter ferner liefen« laufen. Wen interessieren hier Thüringer Grafen, wenn man einen König wie Friedrich II. hat.

Aber es tuschelt doch, sowohl im großen Berlin wie auch an den vielen kleinen und kleingeistigen Fürstenhöfen. Wie Wanzen krabbeln die Schranzen zuhauf, um den Thüringer Grafen Gotter durchzuhecheln.

»Er ist ein Gewöhnlicher!«

»Aus bürgerlichem Hause. Pfui!«

»Ein Parvenü!«

In Thüringen klingt das wie »Barwenüh!« und bringt den gräflichen Gustav Adolf, wie der Gotter mit Vornamen gerufen wird und der ein sehr feines Französisch spricht, immer wieder zum Lächeln.

Dieser Barwenüh kommt jetzt daher und mit ihm Friedrich II. höchstpersönlich. Der Preußenkönig und der Thüringer Graf machen in Smalltalk oder wie man damals sagte, sie parlieren beim Spazieren in den Gärten des Königs. Der

Garteneigentümer ist neugierig. »Es stört Euch nicht, mein lieber Graf Gotter, dass man Euch daheim im Thüringer Rund einen Emporkömmling nennt?«

»Warum? Wenn man den Inhalt des Wortes nimmt, so ist es wohl ein Lob. Denn solange er emporkömmt, Majestät, erfreut es die Damen und mich, den Herrn.«

»Für solche losen Sprüche müsste ich Euch ein, zwei von den vielen Ämtern wegnehmen, die Euch mein Vater samt einer Menge Orden gab.«

»Bei meiner Treu, Majestät, dann hätte ich ja noch alles, was Ihr mir an Ämtern und Orden gabt. Außerdem hätte ich dann mehr Zeit, und das würde nur dazu führen, dass ich noch empörer käme.«

Der wortspielgeschulte Leser wird hier zweifellos bemerken, dass Graf Gotter seine Rede mit einem französelnden Wortspiel würzt. Von Französisch war in diesem Zusammenhang ja vorhin schon die Rede. Es ist auch etwas frech, denn sollte es Gotter englisch gemeint haben, so hat er dem König ein kaiserliches Wortspiel untergeschoben. Aber so etwas gefällt auch dem obersten Preußen. Solche Wort-Spielchen spielt er auch gern mit Voltaire.

»Gotter, Ihr macht Eurem Wahlspruch ›Es lebe die Freude!‹ alle Ehre!«

»Solange es der Entspannung dient. Aber bitte Französisch.«

Der König tut pikiert. Man weiß nie, ob nicht doch hinter einem der Büsche oder Bäume einer über den guten Ton und die Staatsräson wacht. »Ihr meint dies jetzt sicher politisch, als Diplomat?!«

»Als solcher möchte ich auch diplomatisch antworten: Ohne den Doppelsinn der Worte und deren geschickten Gebrauch auf dem glatten internationalen Parkett gäbe es jeden Tag einen neuen Ausrutscher, der Anlass wäre, einen Krieg zu beginnen. Aber die Entspannung nach einer Schlacht auf dem Felde der Liebe hat schon so manchen Krieg verhindert. Vive la joie! Es lebe die Freude!«

»Jetzt ist mir endlich klargeworden, warum ich keine Frauen mag«, sagt Friedrich II.

Wie kommt der kleine Thüringer Graf Gotter eigentlich an den Hof des großen Königs? Friedrich I., König und Vater des Fritz Zwo, hat den Spross einer Gothaer Pfarrersfamilie nach Berlin und zum Wirklichen Geheimen Staatsrat berufen. Alles streng geheim! Aber wie soll etwas geheim bleiben, was einen Gotter betrifft, den Liebling aller Frauen, den – mit Verlaub – der liebe Gott höchstwahrscheinlich höchstpersönlich gezeugt haben mag. Vielleicht war es auch Zeus mittels Goldregen.

Ein Mensch allerdings behauptet immer wieder, der Vater Gotters zu sein. Dieser Mensch hat es bis zum Kammerdirektor am Gothaer Hof von Ernst dem Frommen gebracht. Pfarrersleut gehen gern in die Politik. Weg mit dem Talar – her mit dem Salar! Oder heißt es Salär? Egal, Hauptsache Geld. Da kann der Sohn auf die Universitäten geschickt werden. Auch ins Ausland!

Her mit dem Jungen und her mit dem Geld, schreit das Ausland. Paris schreit auch. Leider ruft gerade jetzt der Vater, auch das Vaterland ruft. Abschied von Paris und den Parisern und den Pariserinnen. Der Gottersohn soll dem Vater in Wien – Wien? Na, auch nicht schlecht! – diverse verwickelt diplomatische Verwicklungen auszuwickeln helfen.

Das klingt verzwickt, aber ein Gottersohn ist eben doch ein Göttersohn. Leuchte, mein Glücksstern, leuchte! Da leuchten gleich zwei Sterne, ach was, vier Sternenäuglein zweier Nichten des österreichischen Feldmarschalls Prinz Eugen.

Wie antwortet Gotter auf die Frage König Friedrichs, ob er, Gotter, gleich Erfolg in Wien gehabt hätte: »Mit Nichten, Majestät!«

»Mitnichten? Ein Misserfolg also gleich am Anfang?«

Gotter lächelt: »Miss Erfolg doppelt.«

König Friedrich kichert. Der König ist auch auf diesem Gebiet nicht blöd, wenn er auch meist nur mit der Querflöte spielt.

Friedrich schätzt den Thüringer. Der Gotter ist galant, ein schicker und geschickter Mann, den man in schwierigsten diplomatischen Missionen sonst wohin schicken kann. Dass Friedrich der Maria Theresia Schlesien wegnehmen konnte, hat er zu einem großen Teil dem Gotter zu verdanken.

Wie der das geschafft hat? Geheim!

Der Gotter hat nicht nur gothaische und preußische Orden in seiner Schatulle, auch russische. Zar Peter II. dekorierte ihn für hervorragende Leistungen im diplomatischen Wettbewerb mit dem Alexander-Newski-Orden. Dieser Gotter ist ein Internationalist. Auch nachts. Aber sein Nachtleben ist – man ahnt es schon – geheim! Alle zerfetzen sich die Mäuler darüber, doch nichts Genaues weiß man nicht, denn Gotter ist Gentleman, und ein Gentleman genießt und schweigt.

Die Schranzen tanzen den Intrigitango, aber Gotter tanzt nicht mit. Er, der den Frauen Europas reihenweise die verschiedensten Lippen öffnet, dessen Lippen sind verschlossen. Geheim!

Den König jedoch treibt die Neugierde. Er ist ein verständnisvoller Mann. Die Frauenfrage steht zwar für ihn nicht, denn er sieht Gotter als Antwort. Nur eines hat der zwote Fritz noch nie verstanden.

»Gotter«, sagt der Preuße, »fast die halbe Welt liegt Euch zu Füßen.«

»Verzeiht, Majestät, wenn ich unterbreche, ich bin es vor

allem, der zu Füßen liegt, nämlich zu Füßen der halben Frauenwelt.«

»Aber der Weg von dort unten zu ungeahnten Höhen, hinein in die Täler, hinauf auf die Hügel der Lust, wollt Ihr das alles wegwerfen?«

Gotter ist erstaunt. »Ich verstehe Majestät nicht.«

»Ihr seid ein Mann von Welt, zu Hause an den Höfen Europas, aber Ihr zieht Euch zurück nach Thüringen? Wir könnten zusammen alle Länder des Kontinents erobern. Ich nehme dann die Länder und Ihr die Frauen. Was für Perspektiven, Gotter! Doch Ihr zieht es vor, in das Meer von Neid und Missgunst der Provinz zu tauchen. Warum?«

»Weil keiner auf der Welt so schön ›Barwenüh‹ sagen kann, wie die Hofschranzen in meiner Heimat.«

»Mein Gott, Gotter!« Der König merkt gar nicht, dass ihm ein Wortspiel unterlaufen ist. »Mir kommen die Tränen. Heimat! Was soll das sein? Wo ich bin, ist Heimat.«

»Eure Heimat vielleicht, Majestät.«

»Ach, diese romantisch glotzenden Thüringer! Dieses Heimatgesülze!«

»Ja, Majestät, es ist auch der Geschmack der Thüringer Sülze! Nirgendwo auf der ganzen Welt werdet Ihr wieder so etwas wie Thüringer Sülze genießen können. Und sie machen dort jetzt aus der amerikanischen Kartoffelknolle eine Wunderspeise. Die Thüringer nennen sie Kloß. Ich wünschte, Ihr könntet nur einmal so einen frisch gebrühten Kloß mit Messer und Gabel aufreißen!« Gotter verdreht verzückt die Augen. »Majestät, das kann keine noch so feine Küche irgendeines Königshauses in Europa. Was also soll ich essen, wenn ich mit Euch die Welt erobere?«

»Dann esst Ihr andere Speisen!«

»Durchaus, Majestät, aber den anderen fehlt der Duft der Heimat.«

»Ihr könntet nie preußischer König sein, Gotter. Meine Heimat ist die Armee, mit der ich das Heimatland aller Preußen vergrößern kann. Das gebietet die Staatsräson. Und gegessen wird, was auf den Tisch kommt.«

»Ich vergrößere lieber meine Gemäldesammlung. Die Bilder hänge ich in mein kleines Schloss bei Molsdorf, wo die Bäume rauschen.«

»Bäume rauschen überall!«

»Aber kein Baum rauscht so wie die Pappel, die ich zu Hause gepflanzt habe.«

»Pappel? Papperlapapp! Er bleibt mir ein Rätsel.«

Soll der König doch seine Länder erobern. Macht er auch. Während Gotter wieder einmal nach Thüringen aufbricht, bricht Friedrich einen neuen Krieg vom Zaun. Der König muss noch ein bisschen dafür tun, damit er zum Brechmittel Nummer Zwei der Geschichte für alle Pazifisten wird.

Der Graf Gotter lauscht lieber dem Rauschen der Pappel. Er reißt Klöße auf und sammelt Ölgemälde. Von fünfunddreißig Ölgemälden lächeln ebenso viele Damen von den Wänden seines Schlosses in Molsdorf. Das Lächeln bezeugt große Dankbarkeit. Die Sternenäuglein der porträtierten Damen blitzen.

Eine Dame scheint den Mund zu öffnen. Gotter hört: »Barwenüh!« Er lächelt.

»Thüringer!«, sagt er.

20. Kapitel

… in dem ein einfacher Mann sieben Jahre lang seinem Magen hinterherläuft und der Räuber Rhönpaulus Verstärkung bekommt

....

Die Schlüssel klirren. Die Gefängnistür öffnet sich. Der alte preußische Wachtmeister tritt zum Insassen: »Gute Nachrichten, Deserteur! Du wirst nicht an die Wand gestellt!«

»Wieso! Hat Euer Krieg sämtliche Wände zum Einsturz gebracht?«

»Deine Frechheiten werden dir schon noch vergehen, denn jetzt kommt die schlechte Nachricht.«

»Ich hätt's mir denken können. Eine Wand wurde extra für mich stehen gelassen?«

»Halt's Maul, Bube! Du wirst Spießruten laufen!«

»Das ist ja wie Weihnachten beim Marquis de Sade!«

Der Wachtmeister kann über diesen Witz nicht lachen. Der Wachtmeister ist über die neuesten Entwicklungen auf zwischenmenschlichem Gebiet nicht informiert. Außerdem liest er keine Feindesnachrichten, und Frankreich, das Heimatland des Marquis de Sade, ist Feindesland. Frankreich steht mit den Habsburgern, den Sachsen und Russen auf der Feindesseite.

Friedrich Zwo hat allerdings frühzeitig das Sachsenheer geschlagen und die Soldaten in die preußischen Farben gesteckt. Wie praktisch, man lässt seine Feinde seine Feinde totschießen! Andernfalls könnte aus einem siebenjährigen Krieg ja schnell wieder ein dreißigjähriger werden.

Der Wachtmeister bringt etwas Brot und Wasser. »Wie heißt du eigentlich, Deserteur! Nicht dass mich das brennend interessiert, aber ich muss die ganze Nacht mit dir verbringen. Da will ich wenigstens wissen, mit wem ich mich unterhalte!«

»Paul Naht.«

»Bist du nicht Schneider? Ein Schneider, der Paul Naht heißt. Haha! Witzig, Bürschchen!«

»Wie heißt Eure Schlüsselgewaltigkeit?«

»Hä?!«

»Euer Name?«

»Franz Freitaler!«

Der einsitzende Schneider denkt: Dein Name in Gottes Gehörgang. Er hat da so eine Idee. Darum verwickelt er den Wachtmeister in ein Gespräch mit dem Ziel, ihn einzuwickeln. Und wie geht das besser unter Männern, als mit einem Schwatz über Frauen.

»Hör mir bloß mit Weibern auf. Ich habe eine zu Hause, sage ich dir! Deswegen schiebe ich so gern Wachdienst im Gefängnis. Hier fühle ich mich nicht so eingesperrt. Erzähl lieber von dir, Deserteur – Naht. Hahaha!« Als der Insasse trotzt, sagt der Wachtmeister: »Los, Mensch!«

Lassen wir es eben menscheln. Paul Naht hat reichlich Gelegenheit gehabt, zu beweisen, dass auch der Thüringer nur ein Mensch ist. Menschen haben so einen Instinkt, der stark am Magen orientiert ist. Tja, seinen Magen mag man nicht mögen, aber irgendwas muss rein, sonst wird der Schneider zum Faden in der Landschaft.

»Bei uns zu Hause waren wir acht. Hunger ist der beste Koch, sagte mein Vater immer. Aber als der beste Koch zum Oberchefkoch an unserem Herd wurde, da bin ich losgewandert, dem Duft der großen weiten Welt hinterher, vor allem dem Duft der Backöfen und Räuchereien. So kam ich ins kurfürstliche Sachsen, fand aber keine Arbeit. Mit Nadel und Faden gab es dort kein Überleben.

Gerade wollte ich mir ein letztes Festmahl aus Nadeln

richten, da schallten die Trompeten, und im Handgeldumdrehn war ich beim sächsischen Heer. Die Uniform war anfangs noch schmuck und sauber, dass die Weiber auf einen flogen wie Hühner auf das Futter.«

»Sprich nicht von Weibern und Schmuck! Mein Weib heult mir die Ohren voll, dass ich ihr Geschmeide kaufen soll. Woher nehmen, wenn nicht stehlen. Na, eben, man könnte mal wieder was stehlen! Äh, erzähl weiter.«

»Bei Pirna kamt ihr Preußen über uns.«

»Da habt ihr Sachsen eine Naht bezogen, haha!«

»Sehr witzig, Eure Lachhaftigkeit. Und Sachse bin ich schon gar nicht.«

»Was dann?«

»Thüringer!«

»Südlich Berlins ist doch alles eine blubbernde Soße. Was bist du beleidigt? Spinn deinen Erzählfaden weiter, Schneider!«

Letztendlich ist es ja auch egal, als was man hinter Gittern sitzt, als Sachse oder Thüringer.

»Nach der Schlacht hieß es: Kopf ab oder Preuße werden! Meinen Kopf wollte ich behalten. So zog ich nun die preußische Uniform an und gegen die Österreicher, was doch die Verbündeten des Kurfürsten waren, von dem ich das Handgeld nahm.«

»Handgeld haben und Preuße sein dürfen, was willst du mehr?«, fragt der Wachtmeister Franz.

Paul Naht verkneift sich die Antwort, dass er jetzt lieber eine Thüringer Wurst essen würde, als sich zu preußischem Hackepeter abschlachten zu lassen.

»Als die Preußen bei Kollin von den Österreichern …«

»Hör auf, da war ich dabei, noch nie musste ich so schnell laufen. Dass wir uns da nicht getroffen haben.«

»Ein Glück, dass wir uns nicht getroffen haben.«

»Was?«

»Mit Gewehrkugeln! Gelaufen bin ich auch, aber trotz Sieg meiner Truppe in die entgegengesetzte Richtung.«

»Pfui, du bist ja ein Dauerdeserteur.«

Als ob das etwas bedeuten würde, wenn es um die Dauerwurst geht.

»Aber ich kam vom Regen in die Traufe. Bei euch Preußen war die Versorgung nie schlecht. Bei den Österreichern waren wir mehr damit beschäftigt, den Bauern die letzten Rüben vom Feld zu stehlen. Sagt selbst, Eure Dicklichkeit, ist es Recht, dass wir nicht auf dem Felde der Ehre kämpften, sondern auf den Feldern die Ähren klauten.«

»Proviant muss sein.«

»Das dachte ich auch. Ich dachte vor allem, im Reichsheer sei der Proviant besser. Der Hunger trieb mich, erneut die Tischtücher zu wechseln. Bis bei Roßbach an der Saale der große Friedrich wieder über mich kam.«

»Bei Roßbach hab ich auch gekämpft. Ist es nicht schön, gemeinsame Erinnerungen zu haben?«

»Ja, es ist nicht schön. Ich suchte damals mein Heil in der Flucht und mein Seelenheil in einem süddeutschen Kloster.«

»So weit bist du geflüchtet?«

»Bis ich keinen Kriegslärm mehr hörte. Dafür hörte ich die süßlich säuselnde Stimme des Klostervogts, er müsse zur Reichsarmee einen halben Soldaten stellen, aber er hätte noch nicht einmal ein Viertel eines Freiwilligen gefunden. Zurück im Heer mussten meine Beine wieder den anstrengendsten Dienst tun, den ein Soldat tun kann. Vor lauter Rückzug wussten wir, also meine Beine und ich, bald nicht mehr, wo vorn und hinten war.«

»Vorn ist immer da, wo wir Preußen sind. Wenn du morgen das Spießrutenlaufen überlebst, darfst du wieder ganz vorn mit dabei sein. Deine Chancen stehen doch nicht schlecht. Deine Beine müssen vom vielen Davonlaufen ganz harte Muskeln haben.«

Gern würde ich diese Muskeln anstrengen, lieber sofort als gleich, denkt sich der Schneider. Lieber Spießbraten als Spießruten, denkt er, aber woher jetzt einen Spießbraten nehmen?

»Die Geschichte ist ja noch nicht zu Ende.«

Wie recht er hat, der Paul Naht. Schließlich soll dieses Thüringer Geschichtsbuch ja nicht mit dem Siebenjährigen Krieg enden.

»Ich war des Rückwärtslaufens müde. In Suhl habe ich mich in die Büsche geschlagen. Reichswehr adé! Büchsenmacher wollte ich werden. Leider habt ihr Preußen meine Ausbildung unterbrochen.«

Dumm ist es gelaufen für den Paul. Jetzt, wo der Krieg in den letzten Rückzügen liegt, sitzt er als Deserteur hinter Gittern. Aber er will wieder etwas Bewegung in die Angelegenheit bringen.

»Herr Oberwachtmeister!«

Der Wachtmeister ist ob der Beförderung gekitzelt. Der Todeskandidat erhält gerade zehn Bonuspunkte. Als der Paul Naht gar noch anfängt, die Naht am Saum seines Rockes zu öffnen, ist der Anfang gemacht, das Punktekonto vollends zu füllen. Paul holt ein Goldstück aus dem Kleiderversteck und noch eins und noch eins. »Damit könnt Ihr mit Eurer Frau in erfolgversprechende Friedensgespräche eintreten.«

»Aber doch nicht mit drei Goldtalern.«

»Würden fünf eine Verhandlungsbasis darstellen?«

Fünf würden. So wandert der Schlüssel ins Schloss der Gefängnistür.

Nun wandert auch der Paul Naht. Sein Wandertempo ist rekordverdächtig. Paul wandert Richtung Norden. Ein paar

Bäume kriegen Beulen, denn es ist zappenduster, als der Paul seine Wanderung beginnt. Nach ein paar Tagen straffen Laufens tritt ihm plötzlich eine verwegene Gestalt entgegen, wie es nach den sieben Jahren Krieg viele Gestalten in Thüringen gibt: »Halt! Das ist ein Überfall! Habt Ihr Geld dabei?«

Paul ist nicht aufs Maul gefallen: »Ich bin froh, dass ich dabei sein kann, mein Leben zu retten, da fragt Ihr nach Geld! Wer seid Ihr überhaupt, Herr Räuber?«

»Der Rhönpaulus!«

»Ich bin schon in der Rhön? Schön!«

»Weil wir gerade von Schönem reden«, sagt Rhönpaule, der in Wirklichkeit Johann Heinrich Valentin Paul heißt, »wie wäre es mit einer schönen kleinen Spende für die Armen?«

»Na, dann her damit«, sagt Paul Naht. »Übrigens heiße ich auch Paul, aber vorn.«

Rhönpaulus ist ob seiner Erfolglosigkeit bei diesem Überfallenen ein wenig konsterniert. Aber er ist schlauer Räuber genug, der Sache eine positive Wendung zu geben: »Namensbruder, reich mir die Hand. Wenn du schon mittellos bist, lass uns ein Unternehmen gründen zur Förderung armer Schichten der Bevölkerung. Schlag ein.«

Paul schlägt ein. Er ist ein Siegertyp. Recht viele reiche Bauern verlieren ihre frisch geräucherten Würste und Schinken, ihr duftendes Brot, ihr gackerndes Federvieh, ihre wärmenden Kleider und klingenden Münzen. Nur die Glöckchen von den Hälsen der Schafe und Ziegen können sie behalten. Schließlich soll Waldesruh herrschen, und nicht den Häschern der Weg zum Versteck des Rhönpaulus gebimmelt werden.

Paul ist und bleibt ein vorsichtiger Mensch. Das sieht man auch daran, dass die mittelständische Firma weiterhin nur den Namen »Rhönpaulus« trägt. Einer muss schließlich die Verantwortung und das Risiko tragen.

»Ach, noch etwas«, sagt Paul Naht, frischgebackener Räuber à la Robin Hood. »Ich bin ein sehr humorvoller Mensch. Nur eine Art Humor geht mir ab: der Galgenhumor. Sollte jemals der traurige Fall eintreten, dass du unterm Galgen stehst, möchte ich nicht den Spaß haben, dich zu begleiten.«

»Rhönpaulus unterm Galgen, ein guter Witz.« Der Oberräuber lacht sich einen Ast. So etwas sorgt für gute Stimmung in der Waldräubertruppe. So gut der Witz auch gewesen sein mag, langlebig ist er jedenfalls nicht. Als dem Rhönpaulus 1780 der Galgenstrick am Hals scheuert, kehrt in Thüringens Oberschicht wieder Ruhe und im Rhönwald Ordnung ein. Apropos Ruhe und Ordnung: Die neue Ordnung sieht man auch auf der Landkarte. Es gibt jetzt im Thüringer Flickenteppich eine Anzahl größerer Flecken in den Farben Preußens. Wenn noch etwas von Thüringen übrig war, jetzt ist es verschwunden, so verschwunden wie Paul Naht. Aber das ist ja nur Thüringer Normalverhalten. Das ist die erlernte Tarnkunst.

21. Kapitel

… in dem sozusagen das Fahrrad zweimal wiedererfunden wird, eigentlich sogar dreimal, und die Sachsen wieder einmal froh sein können, dass sie die Thüringer haben

Mitten in dem Krieg, dessen verrückt-volkstümliche Seite wir gerade kennengelernt haben, stehen zwei Männer in ihrer Alchimistenstube und rühren einen Brei, den sie hernach in eine Form füllen und in den Brennofen schieben.

Sagt der eine: »Mal sehen, was dabei rauskommt.«

Sagt der andere: »Mal sehen, was dabei rauskommt.«

Man sieht, da sind zwei echte Thüringer am Werke, die den Wahlspruch ihrer Heimat schon am Kapitelanfang beherzigen und auch in der zweiten Hälfte des 18. Jahrhunderts danach leben und arbeiten. Allerdings könnte der Eindruck entstanden sein, diese beiden sind entweder taub oder einer hört nicht auf den anderen.

Keines von beidem. Die Alchimistenstube des einen befindet sich in Sitzendorf, im schönen Tal der Schwarza, die des anderen in Limbach, einem kleinen Flecken am Rennsteig. Aber beide manschen zur selben Zeit und mit demselben Ziel in verschieden zusammengesetzter Pampe herum.

Der eine heißt Georg Heinrich Macheleidt, der andere Johann Gotthelf Greiner. Aber auch dem hat Gott bisher noch nicht geholfen.

Als wieder einmal die Ofentür geöffnet wird, schimpft Macheleidt in Sitzendorf: »Wieder nichts! Wie soll man da die Thüringer Wirtschaft ankurbeln?« In Limbach bei Greiner dasselbe. Versuch um Versuch schlägt fehl.

»Es muss ja nicht unbedingt Gold werden«, sagt der Pfarrer Macheleidt, der da im Nebenberuf praktisch-chemische

Experimente macht. Sein Hauptberuf bringt allerdings mit sich, dass er seiner Freizeitbeschäftigung mit einer gewissen Verbissenheit nachgeht.

Der Glasmacher Greiner ist eine Frohnatur und singt ein Thüringer Kinderliedchen vor sich hin: »Da ohm aufm Berge, da steht ein Kartong, da machn die Zwerge aus Kacke Bombong.« Oder so ähnlich singt er. Aber es werden weder »Bombongs«, wie in Teilen Thüringens die Bonbons gerufen werden, noch der kleinste Teil des Erwarteten.

»Das kann doch nicht sein, dass der wissenschaftliche Fortschritt einen großen Bogen um Thüringen macht und immer wieder in Groß-Sachsen landet«, nörgelt der Macheleidt.

Es ist aber auch zum Haareausraufen. Wobei das überhaupt nichts nützen würde, denn Haare sind garantiert kein Ausgangsstoff für das, was die beiden Alchimisten herstellen wollen. Alle Rohstoffe, die Greiner und Macheleidt brauchen, sind in Thüringen heimisch. Die beiden Matschepampemischer sind einfach noch nicht so weit. Darum schütteln sie auch nur: der eine seinen Kolben, der andere sein Haupt. Es geht nicht vorwärts.

Dabei köchelt der Georg Heinrich seit seiner Studienzeit in Jena. Da hat er neben dem Studium für seinen zukünftigen Broterwerb als Pfarrer lieber der Physik gefrönt und der Chemie, die den Vornamen Al trägt.

Dem Johann Gotthelf pfeift die Lunge von der anstrengenden Glasbläserei. Wenn er sich seine Atmungsorgane nicht völlig ruinieren will, muss er endlich das erfinden, was seinen Geldsäckel füllt, ohne dass die Lungenbläschen platzen. Ja, so verschieden können die Gründe für Thüringer Erfindungsgeist und Fortschritt sein: Experimentierfreude und überanstrengte Lunge.

Aber es wird nichts. So ist das in der Geschichte. Eine ganze lange Weile will es nicht werden. Es sammeln sich unheimliche Quantitäten an Abfall an. Ein Berg hinter Macheleidts Alchimistenküche, ein ebenso hoher Berg Abfall hinter Greiners Haus. Die neue Qualität will einfach nicht gelingen.

Greiner greint: »Es liegt uns Thüringern im Blut, so was zu erfinden. Aber was machen wir? Wir geben unser Blut nach Sachsen. Ja, wo ist denn der Böttger geboren!? In Schleiz in Thüringen freilich. In der Freiheit. Und wo hat er das Porzellan erfunden. In Sachsen im Gefängnis, der Dummbittel.«

Jetzt wissen wir endlich, woran die beiden Thüringer Herren forschen: Porzellan soll es werden, der neue Modestoff in der Gefäßbranche! Der Böttger hat die Idee zwar auch nur von den Chinesen, aber wie es geht, hat er selbst erfunden. Einen kleinen Umweg ist er gegangen, hat erst rotes Steinzeug hergestellt, aber dann mit weißer Erde wunderbares Porzellan geschaffen. Der Böttger weiß wie weißes Gold gemacht wird, und der Kerkermeister und Sachsenkönig August der Starke hat das Wissen fein für sich behalten. In Thüringen will nun der eine das Sitzendorfer Porzellan erfinden, der andere das Limbacher.

»Fünfzig Jahre ist das jetzt her«, mosert der Greiner weiter. »Ein abtrünniger Thüringer Böttger verschafft den Sachsen so einen Vorsprung beim Fortschritt. Verrat!« In Sitzendorf öffnet Macheleidt die Tür des Brennofens. »Wieder nur Mist! Ich geb's auf, ich schreibe meine Predigt für den Sonntag. Mal sehen, was dabei rauskommt.«

Es wird übrigens die 99. Predigt, seitdem Macheleidt seine Pfarrstelle hat. Eigentlich wollte er keine hundert Predigten schreiben, bis er mit eigenem Porzellan groß rauskommt. Jetzt richtet er sich in Gedanken schon auf das zweite Hundert ein. Ja, irgendein Ziel muss der Mensch ja haben, auch der thüringische. Aber wie das so ist: Gottes Wege sind unerforschlich, auch die Wege der Forscher. So nimmt denn der Herr Pfarrer und Hobbychemiker Macheleidt auf dem Rückweg von seiner 99. Predigt einen anderen Spazierweg nach Hause. Während Greiner in Limbach wieder einmal leise fluchend den Abfallberg hinter seinem Haus erhöht, entdeckt Macheleidt einen besonders schön glitzernden Sandstein.

Kurz gesagt: Das isses!!

Darum ist auch das Kapitel hier schon zu Ende, denn in aller Kürze ist bewiesen, dass der Thüringer, lebt er nur lange genug nach seiner Maxime »Mal sehen, was dabei rauskommt!«, zu Leistungen fähig ist, die den Wirtschaftsstandort blühen lassen. Jetzt treibt er Blüten: Porzellanblüten! So hat's auch der Thüringer Böttger schon fünfzig Jahre früher gemacht, leider allerdings im damaligen Ausland. Sachsen, verneigt Euch! Sendet Dankesgrüße!

»Macheleidt? Macheleidt?? Nie gehört«, sagt der Johann Gotthelf Greiner in Limbach. Seine Lunge pfeift. Oh, ist er neidisch, dass nicht er der erste Nacherfinder des Porzellans ist, sondern dieser Sitzendorfer. Aber er denkt an die Maxime und manscht wacker weiter. Gut ein Jahr später mischt sich in den Pfeifton der Lunge ein Triumphschrei: »Heureka! Ich hab's!«

Das wurde aber auch Zeit, denn es braucht schon ein paar Manufakturen, damit das andere Gebrülle aufhört. Welches Gebrülle? Die Zeit schreit nach Fortschritt, und die Herren dieser Zeit brüllen am lautesten. Die vielen kleinen Thüringer Fürsten, die ihre Zeit nicht in der großen Politik verschwenden, schreien nach Tafelservices aus Porzellan.

Schließlich braucht man auch in Thüringen mal etwas Neues, was dann wieder in Scherben fallen kann.

22. Kapitel

… in dem sich in einem Weimarer Gartenhaus eineinhalb Genies treffen, was aber den Lauf der Welt wenig beeinflusst, da schon wieder ein Elefant vor dem Porzellanladen steht

»Wann begreifen es die Leute endlich? Es heißt Weimarer und nicht Weimaraner. Menschen sind's, nicht Hunde!«

Johann Wolfgang von Goethe ist ergrimmt. »Was nützt die ganze schöne Aufklärung, wenn es am Elementarsten mangelt!? So kann es mit den Deutschen und ihrer Sprache nicht weitergehen.«

Der gebürtige Frankfurt-Mainer will wenigstens in einem kleinen östlichen Fürstentum für sprachliche Ordnung sorgen. Und wer anders als Johann Wolfgang sollte dies schaffen? Schließlich ist er ein Mensch von vielfältigen und vielfachen Fähigkeiten. Gut, den Ilmenauer Bergbau hat er nicht wieder in Gang gekriegt, als er noch ordentlicher Minister vom Weimarer Herzog Karl August war. Aber die Universität in Jena ist mit Goethes Hilfe wieder so richtig zu hochschulischem Leben erwacht. Er hat den Zwischenkieferknochen entdeckt. Das war ein Heidengesuche, weil er ja nicht wusste, wonach er suchen sollte. Er steuert dem kleinen Staat Karl Augusts Steuergelder in die Schatulle, ist Mitglied der Weimaraner – Halt! Jetzt ist es ihm ja schon selber falsch unterlaufen. Goethe flucht ein wenig und verbessert sich: der Weimarer Schlossbaukommission, Direktor des Theaters, er hat die Oberaufsicht über die Botanischen Gärten in Jena und das Münzkabinett in Weimar. Manchmal wundert er sich, dass er währenddessen sogar noch geschriftstellert hat: Iphigenie, Tasso, Faust. Zugegeben, Faust ist noch nicht die geballte Ladung deutscher Dramatik, die es einmal werden könnte, aber zwei, drei Finger sind schon gebeugt. Gar nicht zu reden von der Mitarbeit an verschiedenen Zeitschriften und der Zeit, die er im Geheimen Consilium, der Staatsregierung, absitzt.

Zwischendurch war er länger in Italien. Er hat sogar seine Privatangelegenheiten sehr zum Verdruss der Frau von Stein und zur Freude von Christiane Vulpius geregelt. Eine Titanenarbeit! Aber alles kein Problem für ein Genie. Und dass er ein Genie ist, das weiß die ganze Welt und er am besten.

So ein Geistesriese und Praxishühne soll an dieser einen kleinen Aufgabe scheitern, den Leuten beizubringen, dass die Weimarer nicht Weimaraner heißen, sondern eben Weimarer und auch solche sind? Das hieße, den Glauben an den Fortschritt und den Glauben an die Lernfähigkeit der Menschheit verlieren. Goethe ist ein schlechter Verlierer, denn er weiß, dass er ein besserer Gewinner sein kann. Stillstand oder gar Rückschritt, das sind Entwicklungen, die der Geheime Rat nicht akzeptieren kann. Er muss das mit jemandem disputieren. Der Geheimrat geht vor die Tür seines Gartenhauses, um durchzuatmen. Frische Luft macht frische Gedanken, aber nur, wenn ein Gehirn da ist, das in der Lage ist, frische Gedanken auszubrüten. Goethes Gehirn ist ein schneller Brüter. So wendet er stehenden Fußes, tritt wieder in sein Haus und sofort an das Pult, um einen Brief an Schiller aufzusetzen.

Da die Post mit Kutschen direkt befördert wird, ist der Brief schon am folgenden Morgen bei Schiller in Jena.

»Goethe ruft mich«, sagt Schiller zu seiner Frau Charlotte. »Pack mir die Reisetaschen, ich muss nach Weimar.« Charlotte von Lengefeld tut dies, aber sie tut es nicht mit überschäumender Freude. Es ist wie so oft: Ihr Friedrich springt, wenn der Goethe ruft. Es elektrisiert ihn geradezu. Schön für Friedrich. Sie jedoch muss, während Goethe ihren Mann zum Verändern seiner Gedankenwelt braucht, allein im Haus die Stellung halten. Es ist mit dem anwesenden, jedoch ständig abwesenden Friedrich schon schwer, weil der manchmal tagelang und die Nächte dazu nur in der Kammer sitzt, um seinen Platz am deutschen Dichterhimmel zu behaupten. Aber ruft der Goethe, gibt Friedrich seinen Dichtplatz sofort auf. Das geht gegen Charlotte von Lengefelds praktischen Verstand.

»Tschüss, Charlotte, wenn ich zurück bin, ist die Welt wieder ein klein wenig anders.«

»Ja, Friedrich, geh nur, die Welt zu verändern. Ich interpretiere so lange unseren Haushalt«, seufzt die Zurückgelassene.

Schiller in Weimar. Huldvolle Umarmung. Goethe bittet herein und erzählt dem Schiller gleich das Problem mit den Weimarern und Weimaranern.

Schiller ist erstaunt: »Das ist ja nicht gerade ein weltbewegendes Thema. Deswegen holst du mich aus Jena, fort vom Schreibtisch, auf dem ein neues Drama heranreift?«

»Nun mach doch kein Drama aus der kurzen Reise, Friedrich. Außerdem, weltbewegend ist es doch, wenn es mich bewegt. Hier geht es um Grundsätzliches.«

Man merkt, dass der Goethe ein Mann des Wortes ist, wobei dies eine feinsinnige Untertreibung ist, denn so massig viele Wörter wie Goethe hat kaum jemand zur Verfügung. Nicht einmal Schiller. Nun, und wenn der richtige Gebrauch von Weimarer und Weimaraner so grundsätzlich sein soll, dann ist Schiller eben erst einmal grundsätzlich gespannt. Goethe doziert.

»Sag selbst, ich habe das doch alles bisher gut hingekriegt. Das mit dem ›Werther‹ war eine der genialsten PR-Maßnahmen, die sich ein junges Genie wie ich nur auszudenken in der Lage war.«

»Entschuldige, Wolfgang, was war das für eine Maßnahme?«

»Papplick riläjhschns, das ist das Neueste aus England. Werbung! Der deutsche Volksmund würde sagen: Trommeln gehört zum Handwerk.«

»Oh ja, nach dem ›Werther‹ hat es in Deutschland mächtig getrommelt. Das war ein Trommelwirbel, wie sich da die jungen Herren aus Liebeskummer laut deiner literarischen Anweisung reihenweise in die Köpfe schossen.«

»Dummköpfe! Nehmen Literatur für das Leben.«

»In diesem Falle haben sie sich mit Hilfe der Literatur das Leben genommen.«

»Wenn sie das Leben genommen hätten und nicht den Tod, wenn sie sich gepackt hätten beim Schopfe, lebten sie alle heute noch. Aber wir schweifen ab, Friedrich.«

»Ja, ich wollte auch gerade fragen, was tote Liebeskranke mit der Unterscheidung von Weimarern und Weimaranern zu tun haben.«

»Geduld!«, sagt Goethe und doziert weiter: »Der Sturm und Drang war eine geniale PR-Maßnahme, um an den Weimarer Musenhof zu kommen. Du hattest eine gute Publicity ...«

Schiller unterbricht: »Was hatte ich?«

»Papplissiti! Das kommt auch aus England und bedeutet einen öffentlichkeitswirksamen, das Ansehen und den Ruhm der Persönlichkeit fördernden Akt. Den hattest du mit deiner Flucht vom Militär und deinem Mannheimer Premierenerfolg mit den ›Räubern‹, mein lieber Friedrich. Anschließend Gefängnis und Schreibverbot, was kann einem Schriftsteller Besseres passieren, um berühmt zu werden!«

Schiller wird ungeduldig: »Aber was hat das mit den Weimarern und den ...?«

»Gemach, gemach. Pass auf!« Schiller passt und zwar auf.

Goethe senkt seine Stimme und flüstert wichtig: »Ich der Stürmer und Dränger, ein Frankfurtmainer, ging ins Thüringische. Du, ein Schwabe, auf der Flucht vor den Bütteln des Württembergischen Herzogs Karl Eugen, gingst wohin?« Goethe gibt die Antwort gleich selbst: »Ins Thüringische!«

»Ja, und?«, wagt Schiller zu fragen.

»Warte, gleich. Wie haben wir das mit der Fürstenerziehung in Sachsen-Weimar gemanagt?«

»Was haben wir?« Schiller ist des Englischen nicht mächtig, was den Goethe mächtig ärgert, da er dauernd in seinen genialen Gedankengängen unterbrochen wird.

»Gemänädscht haben wir das. Wir haben die Erziehung und Bildung des hiesigen Fürsten gut in den Griff gekriegt. Karl August ist gebändigt. Und wie haben wir das geschafft?«

»Mittels der Aufklärung.«

»Richtig! Und ich sage dir, dieses Erziehungsprinzip wird in die Geschichte eingehen.«

»Ja, aber …!«

Goethe ist in Fahrt: »Kein Aber mehr, Friedrich! Jetzt, wo wir es geschafft haben, dass Karl August als Oberhaupt dieses blühenden Herzogtums endlich ein Vollmensch geworden ist, der es gelernt hat, all seine Triebe im wahrsten Wortsinne zu beherrschen, jetzt kommen ein paar stumpfsinnige Landmänner und nennen ihren obersten Landsmann einen Weimaraner, also einen Hund. Das konterkariert doch unser Lebenswerk!«

»Was macht es?« Schiller ist heut wirklich nicht in Form. Seine Ohren hören oft nach innen, wo die Tuberkulose seinen Lungenflügeln Zügel anlegt und den Bläschen langsam die Luft ausgeht.

»Das konterkariert. Das schmeißt einen Großteil unseres Lebenswerks über den Haufen.«

Schiller ist ein geduldiger Mensch, vor allem im Umgang mit Genies. Aber jetzt meldet er vehement Widerspruch an.

»Johann! Wolfgang! Meinst du wirklich, dass ein Genie wie du eines bist seine Zeit mit solch einer Lappalie totschlagen sollte?«

»Lappalie? Was sollen unsere Biografen später schreiben? Dass das Genie und sein Freund gescheitert sind, gescheitert an einer Lappalie? Wo jetzt schon alle Kleingeister und hündischen Rezensenten Gift und Galle über uns verspritzen, wie sollen wir dann als große Deutsche in der Literatur- und sonstigen Geschichte dastehen. Gescheitert? Nein, ein Genie scheitert nicht!«

Schiller überlegt. »Wir könnten es ja wieder mit Aufklärung versuchen.«

»Habe ich alles schon versucht. Es ist, als wolltest du einem Esel das Lesen beibringen.«

Schiller fasst sich an die hohe Stirn. »Was ist, geht es dir nicht gut?«, fragt Goethe nur leicht besorgt.

»Das auch, aber du hast gerade ein Stichwort gegeben, wo ich … Jetzt fällt es mir wieder ein. Eulenspiegel!«

»Eulenspiegel?«

»Ja, der hat versucht, in Erfurt einem Esel das Lesen beizubringen. Er hatte mit den hohen Professores der Erfurter Universität gewettet, dass er es schaffen würde, einem dummen Esel etwas beizubringen.«

»Der Narr!«

»Er hat Heu zwischen die Seiten eines Buches gelegt, so dass der Esel mit dem Maul die Seiten umblättern musste, um an sein Fressen zu kommen. Ab und zu sagte der Esel: I – a! Seht ihr, sagte Eulenspiegel, zwei Buchstaben kann er schon!«

»Was soll das jetzt? Soll ich, ein deutsches Genie, mich auch zum Kasper machen?«

Jetzt ist es an Schiller, einen genialen Gedanken zu haben. »Wolfgang, wir müssen nur so pfiffig denken wie der Eulenspiegel. Wie bringen wir dem Esel, also dem gemeinen Volk bei, so oft Weimarer zu sagen, dass es nie wieder Weimaraner sagt?«

»Keine Ahnung!«

»Wir müssen etwas schreiben, das jedes Schulkind lernen muss, etwas so Volkstümliches, dass alle naselang daraus zitiert wird. Und dann wird es immer heißen: Das haben die großen Weimarer geschrieben.«

»Na ja, du bist ja mehr ein Jenaer«, sagt Goethe. »Ich hätte da ein paar nette Zeilen aus dem ›Faust‹.«

Schiller will sich sein Licht unterm Scheffel nicht ganz von Goethes großem Atem auspusten lassen und steuert bei, was er an Zitierbarem geschaffen hat. Aber das ist es nicht!

»Nein, Wolfgang, bei allem Respekt, diese Spielwiesen für intellektuelle Theaterregisseure sind nicht volkstümlich genug.«

»Ja, sollen wir Moritaten für den Rummelplatz schreiben!?«

Schiller ist entzückt von dieser Idee. Es dauert nicht lange, da haben die beiden großen Geister ihren Geist vereinigt und etwas sehr Volkstümliches ausgebrütet, was Generationen von Schülern peinigen wird. Aber es wird zitierbar sein und Generationen von Germanisten geradezu zwingen, täglich mindestens dreimal voller Bewunderung auszurufen: Diese Weimarer!!

Die beiden großen Weimarer haben nicht etwa das Moritaten-, sondern das Balladenjahr erfunden. Ein kleiner Wettstreit unter Freunden, und die Balladen purzeln nur so. So schnell purzeln sie, wie kein Schüler jemals in der Lage sein wird, sie auswendig zu lernen. Da sind eben Genies am Werkeln.

Am Ende des Balladenjahres 1797 fragt Goethe Schiller: »Bist du dir sicher, dass dem blöden Volk jetzt der Unterschied zwischen Weimarern und Weimaraner eingebläut wird?«

Schiller gibt sich salomonisch: »War es nicht ein schriftstellerisch gutes Jahr!? Wir haben Großes geschaffen. Ansonsten halte ich es mit den Thüringern: Mal sehen, wie's kommt!«

Es kommt aber kein Wie, sondern ein Wer. Wer kommt, um wieder einmal elefantengleich durch den Thüringer Porzellanladen zu trampeln? Der Oberfranzose ist's, der Napoleon.

Gespräch kurz vorher zwischen zwei bäurischen Thüringer Elternteilen. Sagt das männliche Elternteil: »Was die Kinder jetzt alles in der Schule pauken müssen!«

»Jaja«, seufzt das weibliche Elternteil, »vor allem diese ellenlangen Gedichte, diese Balladen von dem Goethe und dem Schiller. Als ob unsere Kinder nichts Wichtigeres zu tun hätten. Gerade jetzt in der Erntezeit. Die Ernte muss rein, ehe die Franzosen sie zerlatschen.«

»Die sind eben nicht von hier, dieser Goethe und dieser Schiller. Der eine ist aus Frankfurt und der andre aus Schwaben.«

Sagt das weibliche Elternteil: »Solche Leute verstehen nicht die Sorgen der Hiesigen. Das sind eben keine Weimaraner!«

23. Kapitel

… in dem in Erfurt ein Europa-Kongress stattfindet, was letztendlich Thüringen wieder auf die Landkarte bringt; und Preußen tauchen auf

In Erfurt ist der Teufel los. Es ist, als wären alle Handwerker Europas am Handwerkeln. Die Stadt ist wie neu. Die Gebäude in der Innenstadt sind renoviert, jedenfalls frisch gestrichen. Die Straßenbauer haben sich als Experten feinster Schneiderei gezeigt und die Schlaglöcher geflickt. Überall hängen Fahnen und Spruchbänder. Die Fahnen sind französisch, manche Sprüche zweisprachig, die meisten löblich gereimt zum Lobe eines gewissen »N«. Dieser Buchstabe hängt lorbeerumkränzt fast an jedem Haus.

»Gäb's noch einen Göttersohn, so wär's gewiss Napoleon« steht da auf einem Transparent. Auf einem anderen: »A Napoleon faute d'argent – Nous faisons de nos ocurs present«. Frei übersetzt: Dein ist mein ganzes Herz, Geld ist nicht drin.

Die Stadt quillt über. Es wimmelt nur so von zwei Kaisern, wobei der eine eigentlich ein Zar ist, und von mehreren Königen. Haufenweise sind regierende Fürsten in die Stadt eingefallen, dazu Prinzen, Herzöge und Kleinstadelige. Alle haben ihre Dienerschaft mit, einige sogar ihre Frauen. Alles in allem hat sich die Einwohnerzahl der Stadt verdoppelt. Die versammelten Adelshäusersprossen stammen aus ganz Europa, und sie kamen, weil einer zum Fürstenkongress gerufen hat: der kleine Korse, der mittlerweile zum großen Napoleon mutiert ist.

Eigentlich könnte es in der Stadt ganz angenehm heimelig und ruhig sein. Aber der kleine Kaiser möchte seine Höhe spüren. Er möchte auch ein wenig angeben, es dem russischen Zaren zeigen, wie alle daherspringen, wenn er nur kurz mit den Fingern schnipst. Es reicht nicht, wenn nur das niedere Volk bis in Bodennähe dienert. Da müssen sich schon ein paar Höhergestellte beugen. Außerdem peppt so ein adeliger Menschenauflauf die Veranstaltung auf.

Aber auch das Volk lässt sich nicht lumpen.

»Es lebe Napoleon!«, hört man das Erfurter Volk rufen. Gerade eben haben sie noch »Ein Hoch dem preußischen Adler!« gerufen. Der Adler ist zunächst wieder abmontiert, aber sicher eingelagert, da man ja nie weiß, wie's kommen wird. Kurz vor der Adleraufhängung ließen die Erfurter übrigens noch den Mainzer Erzbischof und seinen Statthalter hochleben. Weil die Erfurter in letzter Zeit so oft das Hoch-Leben trainieren mussten, können sie es jetzt bei Napoleon besonders gut. Nur die zugereisten Chaoten finden wieder mal nicht den ehrlich schmeichelnden Ton:

»Es lebe der Franzose, der große!« Diese Reimerei klingt ein wenig ironisch. Der Rufer ist einer der wenigen verbliebenen Studenten der Erfurter Universität, die zurzeit ihre letzten Seminarstunden anbietet, bevor demnächst ihr letztes Stündlein geschlagen haben wird.

»Na«, sagt sein Begleiter, ein Vertreter der hiesigen Journaille, »habe ich da jetzt Zweifel an der Größe des Franzosenkaisers herausgehört?«

»Aber nicht doch. Er ist groß. Hat er nicht dafür gesorgt, dass ein paar Tausend Menschen als Soldaten verkleidet den Heldentod auf dem Feld der Ehre starben? Bei Jena und Auerstedt waren es nicht mehr als fünfzehntausend Franzosen. Dafür aber zweiundzwanzigtausend elendige Preußen und Sachsen. Wer seine Verluste so zu minimieren vermag, der ist groß«, wispert der Student.

»Je größer die Verluste, desto größer wird man, allerdings unter der Voraussetzung, die Verluste führen zum Sieg.«

»Derzeit scheint er ein Abonnement auf siegreiche Verluste zu haben: bei Austerlitz die Österreicher und Russen geschlagen, bei Jena und Auerstedt die Preußen, voriges Jahr bei Friedland noch einmal die Russen.«

Der Journalist kann das nicht unkommentiert lassen, und hat zunftgemäß das letzte Wort: »Napoleon ist nun Kaiser dreier Reiche: des Franzosen-Reiches, des Sieg-Reiches und des Verlust-Reiches.«

Als eine französische Patrouille um die Ecke biegt, tun die beiden jungen Herren das Nächstbeste und verschwinden um die nächste. Widerstand ist ja ganz schön und gut, aber auch die Journalisten und Studenten richten sich weiterhin nach dem Thüringer Tarnungsgebot. Der Widerstand muss ja nicht vor den Baum gehen und vor einer Wand enden. Ruhe ist die erste Bürgerpflicht.

Ach, von wegen. Die Menge brüllt in Volkes Rhythmus: »Vivat Napoleon Maximus! Heil dir in diesen Erfurter Tagen!«

Zweite Bürgerpflicht ist, möglichst laut und melodiös das Loblied des derzeitigen Eigentümers der kaiserlichen Domäne Erfurt zu singen. Sie singen ein bisschen schief, aber aus voller Brust. Aus besonders voller Brust singt ein junges Erfurter Mädchen namens Christiane Zettler:

»Möchte doch Napoleon
Unsre Sehnsucht stillen!
Dann lasset uns mit Jubelton
Tal und Berg erfüllen.«

Dabei wogen die Berge, und das Tal zittert, denn das Mädchen Christiane weiß ihren Vater oben bei Napoleon. Vater Zettler ist Kammerdiener in der Statthalterei, verantwortlich für das Nachschenken alkoholfreier Getränke. Gerade steht er am Fenster. Das Mädchen winkt. Gar zu gern würde sie das Nachschenken übernehmen. Noch lieber würde sie sich verschenken. »Möchte doch Napoleon meine Sehnsucht stillen«, so summt sie ganz leise und nicht ganz textgetreu in sich hinein.

Aber Vater Zettler steht derzeit gar nicht in Napoleons Zimmer, sondern in dem des gleichfalls in Erfurt anwesenden russischen Zaren Alexander. Nach der russischen Niederlage bei Friedland musste Alexander notgedrungen ein Bündnis mit Napoleon eingehen, um nicht selber einzugehen. Seitdem ist er sozusagen der Juniorpartner im Europageschäft des korsischen Kurzen. Man teilt sich Europa wie einen Pudding, ein Zitterpudding, der schon bibbert, wenn Napoleon nur säuselt.

Alexander weiß, dass man einen langen Löffel haben muss, wenn man mit Napoleon Pudding essen möchte. Alexanders Löffel kommt langsam, aber gewaltig. Das allerdings ist dem Franzosenkaiser bisher noch nicht zu Ohren gekommen. Zu den Ohrenzuhältern in Erfurt gehört Kammerdiener Zettler. Wenn der sprichwörtliche Honig, den dienende Menschen ihren Übergebenen um das Maul schmieren, wirklicher Honig wäre, Napoleon wäre vor Honig nicht nur stumm, blind und taub, sondern auch längst zu Tode erstickt. Im Schutze des Honigs ist gut intrigieren.

Zettler zieht ein Zettelchen von Charles-Maurice de Talleyrand-Périgord, dem Sonderbeauftragten des Kaisers Napoleon, aus dem Ärmel.

Zar Alexander liest: Ein Komet, der aufstieg, hat seinen Zenit überschritten.

Dieser Talleyrand ist ein Sonderbeauftragter, der seine Aufgabe recht sonderbar ausfüllt. Steht treu nur einem zur Seite, nämlich sich selbst und schon vorzeitig auf der Seite der späteren Sieger. Eine Spürnase hat der Mensch, echt hündisch. Ein Ass und Aas zugleich, ein großer Politiker, der nur eines will: groß bleiben, egal unter welchem Oberhaupt.

Unkaputtbar, dieser Talleyrand, was Wunder, er bildet eine alte Seilschaft mit der Nr. 1 der europäischen Politchamäleons, mit Joseph Fouché, derzeit Polizeichef Frankreichs, ein Mann, der alles weiß und sein Wissen noch personenbezogener nutzt als Talleyrand. Talleyrand darf mitwissen. So weiß auch Zar Alexander.

So etwas wie mit dem Kometen liest Alexander gern, auch wenn diese Einsicht keine neue ist. Alexander weiß durch Talleyrand, dass Napoleon bereits an das Eingemachte gegangen ist, dass er sein eigenes Land ausplündert, um ins Feld ziehen zu können. Solch frevelhaftes Tun führt in den Ruin. Aber Alexander weiß auch, dass der Weg dorthin ein langer sein wird. Nationen wie die französische sind unglaublich zäh und darum nur schwer zu ruinieren. Also übt sich der Zar in Geduld und sein Lächeln für das geplante Treffen mit Napoleon. Alexander spielt gern das Spiel »Oben freundlich schauen – unten trefflich hauen« oder wie der Kammerdiener Zettler auf Erfurtsch sagt: »Ohmne Neddes saachn – undn Bein abschlaachn!«

Dieser Zettler, denkt der Zar, ist bei aller Bescheidenheit und dienernder Zurückhaltung ein Mann im Vorwärtsgang. Gut, mit geheimen Botschaften von Napoleons Sonderbeauftragten Talleyrand im Ärmelaufschlag lässt es sich trefflich vorwärtsgehen.

Es klopft. Zettler meldet: »Majestät, Ihr Nützling – Verzeiht! – Ihr Schützling Talleyrand.«

Der Zar legt den Finger vor den Mund, erstens ist er inkognito hier, zweitens möchte er einen so wertvollen Zuträger nicht wegen abträglicher Äußerungen eines Kammerdieners verlieren. Er geht zwei Schritte auf Talleyrand zu. Der fühlt sich geschmeichelt.

»Nun«, schmunzelt der Zar, »wieder eilig unterwegs im Auftrag des Kaisers!?«

Talleyrand schmunzelt zurück. Aber Talleyrand kann auch anders, dramatisch: »Majestät, Sie müssen Europa retten, und das wird Ihnen nur gelingen, wenn Sie sich Napoleon widersetzen.«

»Zunächst werde ich mich heute Abend wieder im Theater neben ihn setzen.«

Der Sonderbeauftragte weiß, dass es noch nicht an der Zeit ist, dem Kaiser die Beine wegzuhauen, sondern noch die Stunde, ihm kräftig auf die korsische Schulter zu schlagen.

»Was wird eigentlich heute Abend gegeben?«, fragt Alexander.

Talleyrand zeigt sich informiert: »Voltaire!«

»Etwa ›Oedipe‹?«, fragt der Zar. Talleyrand bestätigt dies.

»Vortrefflich!«, sagt der Zar. »Kommt darin nicht das wunderbare Zitat vor: Die Freundschaft eines großen Mannes ist eine Wohltat der Götter?«

Talleyrand ist erstaunt über die Kenntnisse des Russen im Fach »Französische Dramatik«.

Wieder schmunzelt der Zar sein gewinnendstes Schmunzeln. »Großer Mann, das wird das Stichwort sein, mich zu voller Körpergröße zu erheben und den kleinen Korsen zu umarmen. Da kann er sich schon einmal an das Maß gewöhnen, auf das er dereinst schrumpfen wird.«

Talleyrand kann den Rand nicht halten und gibt noch seinen Senf dazu: »Majestät, das französische Volk ist zivilisiert – der Herrscher nicht. Der russische Herrscher ist zivilisiert – das russische Volk nicht.«

Das gibt dem Zaren bei aller Richtigkeit der Aussage dann doch einen kleinen patriotischen Stich, aber der französische Schelm bemerkt seinen Fauxpas und vollendet geschickt: »Infolgedessen muss der russische Kaiser der Verbündete des französischen Volkes sein.«

Hübsch gesagt. Das verfehlt seine Wirkung nicht. Der Zar

ist gerührt. Er schüttelt Talleyrand die Hand. Als der kaiserliche Sonderbeauftragte zum Gehen die Tür aufmacht, verpasst er Zettler eine Beule. Auch ein Kammerdiener will gut informiert sein. Man weiß nie, wie's kommt!

Talleyrand geht, weiter an seiner glücklichen Zukunft zu zimmern, indem er den gegenwärtigen Kaiser in Sicherheit wiegen wird, wie treu doch der Alexander zu seinem Napoleon steht.

In verhängten Kutschen fahren Zar und Zimmermann durch die wogende Erfurter Volksmenge. Mittendrin Christiane Zettler, die hübsche junge Kammerdienertochter und in der Tochter schönem Busen eine Nachricht vom Vater an Herzog Karl August von Sachsen-Weimar-Eisenach. Der nämlich sitzt nicht nur unter den vielen herbeizitierten adeligen Gästen des Fürstenkongresses, sondern vor allem in der Bredouille oder auf gut deutsch in der Patsche.

Das war so gekommen:

Karl August, unter dem Preußenkönig Friedrich Wilhelm III. General der Kavallerie, hatte in jenen Tagen von Jena und Auerstedt ein eigenes Truppenkontingent an die Armee des Preußen geliefert. Er selbst befehligte damals eine kleine preußische Teilarmee, mit der er weitab vom Schuss bei Meiningen herummarschierte. Das wiederum war sein Glück im Pech. Er gehörte nicht zu den fast 40 000, die in das saftige Thüringer Gras beißen mussten. Sich selbst glücklich lebend gerettet, hatte er allerdings das Pech, als verpreußter Mittäter bekannt zu sein. Wie sagte er damals eilig auf der Flucht und darum schnaufenderweise, aber weise: »Herzog von Weimar und Eisenach wären wir einstweilen gewesen.« Einstweilen!

Wie das so ist, man hat sich an sein Bett in seinem Schloss gewöhnt und möchte sein müdes Haupt wieder darin betten. Also senkt man die herzogliche Rübe vor dem Feldbeherrscher Napoleon. Dies geht umso leichter, als einen der vom Kaiser geschlagene König in Ehren aus preußischen Diensten entlassen hat, damit man sich den Weimarer und Eisenacher Angelegenheiten widmen kann. Das Erstaunliche ist, man kann sich widmen. Die Residenz Weimar ist nicht wesentlich zerstört und geplündert worden. Das kleine Wunder hat seine Ursache in der großen Politik. Schließlich gehört zum Weimarer Fürstenhaus weibliche Verwandtschaft des russischen Zaren. Mit dem will es sich Napoleon nicht verderben, also verderben seine Truppen auch nicht das schöne Weimar. Im großen Rest der Thüringer Lande sieht es da anders aus.

Wie gesagt: Lieber Rübe runter als Rübe ab! Karl August wird Napoleonist und lässt sich fortan vom Kaiser »Monsieur Weimar« nennen.

Und jetzt kommt der große Knalleffekt für Thüringen. Das, was all die Jahrhunderte durch seit dem Untergang des Thüringer Königreiches allerhöchstens als Landgrafschaft in den Atlanten zu finden war, das ist plötzlich wieder da. Weil alle Thüringer Fürstentümer so ein Fliegenschiss neben dem anderen auf der Karte sind, fasst Napoleon sie kurzerhand als »Thüringische Staaten« zusammen. Genaueres interessiert ihn nicht. Er ist für Weltpolitik zuständig. Was soll er sich da mit Popelkram abgeben?

Na, gucke da! Da ist das gute alte Thüringen also wieder aktenkundig. Die Tarnung ist aufgehoben und gleichzeitig wiederhergestellt. Denn Thüringer Staaten gibt es gar nicht. Das ist nur eine französische Erfindung.

Genau das ist die Patsche, in der Herzog Karl August nun sitzt. Als fürstliches Oberhaupt eines kleinen Teilchens Popelkram musste er sich, wie alle anderen Popelfürsten auch, von Napoleon in den Rheinbund einbinden lassen. In diesen nicht allzu zarten Banden zappelt er nun.

Da kommt Christiane Zettler mit ihrem Zettelchen gerade recht. Mit einem Knicks überreicht sie die Nachricht von ihrem Vater. Es ist so etwas wie ein Glückwunsch-Telegramm, denn in kurzen, knappen Worten steht dort das Wichtigste über die Unterredung Talleyrands mit dem Zaren. Karl August sieht wieder einen Silberstreif am Horizont, und es ist ein Silberstreif, den er nicht als Tribut an den Kaiser Europas abgeben muss. Der Herzog beschließt, sich rechtzeitig und ohne Abschiedsgruß von Napoleon zu verabschieden. Nur Geduld!

Der schon allseits Verlassene merkt von all dem nichts. Er schwebt auf den Schallwellen von Volkes Sympathie. Wie sie tagelang ausdauernd Sprechchöre skandieren und dazu noch

die Fähnchen schwenken! Dabei ist ihnen ehrlich gesagt egal, wessen Fahne sie da in den Wind hängen. Schließlich kommt mit dem Fürstenkongress Geld in die Stadt. Die Freude darüber lässt die Fähnchen nur noch heftiger wackeln.

Noch jemand wackelt und zwar mit ihrem schönen Hintern, als die kaiserliche Kutsche vorfährt: Christiane Zettler. Nur einen Blick des Imperators erhaschen, etwas kreischen und in Ohnmacht fallen, das wär's! Aber die Kutsche rollt in den Hof. Die Tore werden geschlossen.

Oben im ersten Stock der Statthalterei füllt Vater Zettler die Karaffen mit den alkoholfreien Getränken nach. Wenn Napoleon Lever hält, was der Morgenempfang à la Sonnenkönig ist, dann darf nur Thüringer Quellfrisches aufgetischt werden.

Erfrischend wird auch der Vormittag. Zettler sperrt die Ohren auf. Talleyrand kneift ab und zu ein Auge zu. Es ist ein Kommen und Gehen auf der Weltbühne, die zurzeit in Erfurt aufgeschlagen ist. Pünktlich 11 Uhr steht der zur Audienz bestellte Goethe vor der Tür. Zettler ruft ihn herein. Goethe hat sich schick gemacht. Er weiß, was sich gehört, wenn man zum Kaiser geht. Das hat er beim Fürsten gelernt. Der große Dichterfürst steht da vor dem kleinen Korsen, der es fertigbringt, Goethe von unten herauf von oben herab zu behandeln. Goethe macht es ihm allerdings auch leicht, so untertänig wie er dasteht.

»Vous êtes un homme«, sagt der Kaiser. Sieh da, ein Mensch! Nette Zweischneidigkeit! Es könnte übersetzt auch heißen: Sie da sind ein großer Mann. Leider hat Napoleon das »groß« vergessen. Oder hat der Kleinwüchsige es bewusst unterschlagen?

»Wie alt seid Ihr?«

Goethe weiß nicht, wohin die Frage zielt. »Sechzig«, sagt er.

»Gut ge-alten.«

Goethe weiß nichts zu erwidern. Er wird sehr einsilbig, was für einen Mann des Wortes durchaus als Armutszeugnis gewertet werden muss. Der Kaiser schwatzt noch ein bisschen über Literatur im Allgemeinen und den »Werther« im Besonderen. Zwischendurch gibt er Befehle, trinkt ein paar Schlucke von Zettlers frisch Eingeschenktem, diskutiert mit seinen Beratern die Höhe der Kontributionen, zitiert Volkes gereimte Stimme: »Andel und Wandel macht blü-end das Land; mehr noch Napoleons Erz und Verstand.«

Goethe beginnt zu kochen. Der Kaiser macht sich anscheinend über ihn als Dichter lustig. Der kleine Korse erhebt sich zur vollen Mittelgröße und winkt Goethe, zu ihm ans Fenster zu kommen. Vertraulich! Alle spitzen die Ohren. Zettlers Lauscher wollen Hasenlänge kriegen, was aber an der Begrenztheit der menschlichen Anatomie scheitert.

»Darf isch Wolfgang sagen?«

Goethe ist ganz verdattert.

»Isch nehme das als Zustimmung, Wolfgang! Du schreibst Trauerspiele!?«

Goethe will antworten, aber Napoleon schneidet ihm das Wort ab. Kostbar ist des Kaisers Zeit. Die will man doch nicht mit überflüssigen Einlassungen verplempern.

»Isch lade disch nach Pari ein. Schreibe ein Drama über Cäsars Leben und Tod. Wir könnten einen Schauspieler nehmen, der mir ein wenig ähnelt. Das wäre gut für mein Immidsch. Du weißt, was Immidsch ist?«

Goethe kommt wieder nicht dazwischen, um zu glänzen und sein Image aufzubessern.

»Es ist ein englisches Wort. Ich asse die Engländer, aber Dreispitz ab, gute Wörter erfinden können sie. Also was ist mit Pari?«

Goethe zögert. Paris wäre durchaus eine Überlegung wert.

»Hast du Angst wegen der Versorgung, Wolfgang? Superb, kann ich nur sagen. Französische Küche. Weltspitzenköche! Wenn du das nischt willst, nimm einen deutschen Koch. Organisiere isch dir alles. Kleinigkeit! Wie mit der Erfurter Brunnenkresse. Die habe isch nach Pari befohlen, dazu zwei Erfurter Gärtner, damit die Kresse sich nischt so allein fühlt in der Fremde.« Der Kaiser kichert ein bisschen. »Na los, Entscheidung! Mach es wie isch. Leibeigenschaft attet ihr noch vor kurzem. Abe isch entschieden: Kommt weg! Gewerbefreiheit abt ihr jetzt, auch meine Entscheidung! Das kann doch so schwer nischt sein mit einem kleinen Drama.« Der Kaiser wird ungeduldig. Die Brunnenkresse hat sich nicht so geziert. Auch nicht die zwei Gärtner. Ach, diese deutschen Intellektuellen! Was, auch noch Bedenkzeit?! »Wolfgang, wenn isch bei jeder kleinen Entscheidung eine Auszeit zum Nachdenken genommen ätte, wo würden wir dann stehen?«

Goethe ist diesmal schnell mit seiner Antwort: »In Schweden? In der Türkei?«

Oh, schwere Breitseite für Napoleon. Schwedens Krone und des Türkenreiches Turban, das sind die zwei Kopfbedeckungen, die sich Napoleon noch für sein Korsenhaupt oder für ein Mitglied seiner Sippe wünscht. Napoleon setzt sich wieder hin. »Was kommt als Näschstes?« Was, sagt er, nicht: Wer kommt als Nächster? Die Sache Goethe ist entlassen.

Talleyrand denkt an seine Worte von der Zivilisiertheit. Kammerdiener Zettler geleitet Goethe hinaus.

Nee, denkt Goethe, vor so einem Menschen hatte ich mal einen Heidenrespekt. Was habe ich jetzt? Er hat einen Zettel in der Hand, den ihm Zettler beim Abschied dort hineingeschmuggelt hat. Karl August wartet auf Neuigkeiten. Es ist übrigens der letzte Zettel des Kammerdieners. Erschöpft vom langen Herumstehen und Ohrenaufreißen trinkt er am Abend ein Glas nicht mehr so ganz quellfrischen Thüringer Wassers. Talleyrand hat die Frische mit ein paar Tropfen Gift getrübt. Vorlaute Mitwisser geheimer Machenschaften könnten eine glänzende Zukunft verdunkeln. Aus diesem Grunde holt sich Kammerdiener Zettler durch einen unsanften Sturz mit dem Kopf auf die Tischkante seine zweite Beule innerhalb von zwei Tagen. Die zweite Beule merkt er aber nicht mehr so.

Die schöne junge Tochter des Kammerdieners weint wegen des Verlustes. Keiner mehr da, der ihr den Weg zum Kaiser ebnen könnte. Der Kaiser selbst verlässt Erfurt ohne Goethe, aber mit der Zusage des russischen Zaren, im Kriegsfalle gegen Österreich auf französischer Seite dabei zu sein. Als

Napoleon beruhigt wegreitet, um einen Aufstand in Spanien höchstpersönlich niederzuschlagen, da öffnet in Wien Kaiser Franz I. ein Schreiben Alexanders, in dem steht: »Franz, wenn der Korse Dir mit Krieg kommt, bleibe ich zu Hause.«

War nicht so erfolgreich, der Erfurter Fürstenkongress, für den Kongressveranstalter nicht, für den Kammerdiener nicht, für dessen schöne Tochter nicht.

Zar Alexanders Kommentar: »Napoleon behauptet immer, ich wäre ein Dummkopf. Aber wer zuletzt lacht, lacht am besten.«

Wer lacht zuletzt? Ein Thüringer, wenn auch ein Ernestiner-Sachse. Nach der Völkerschlacht bei Leipzig lacht Herzog Karl August, der klug zum rechtzeitigen Zeitpunkt die Seiten wieder gewechselt hat. Er wird nicht etwa als Wendehals an demselben aufgeknüpft, sondern darf an sein Herzogtum ein großes Stück Thüringen anknüppern und sich fortan Großherzog und Königliche Hoheit nennen lassen. Wenigstens führt er dort eine der ersten fortschrittlichen Verfassungen in Deutschland ein. Die Presse wird vom Druck der Zensur befreit. Der erste Landtag des Deutschen Bundes wird bei Karl August gewählt.

Den großen Rest Thüringens allerdings, Erfurt sowie ganz Nordthüringen, reißt sich Preußen unter den Nagel. Der Preußenkönig Friedrich Wilhelm III. soll ganz schwarze Fingernägel gehabt haben vom fröhlichen Wühlen in der fruchtbaren Thüringer Erde. Aber was macht der König aus seinen Thüringer Besitzungen? Er nennt sie »Provinz Sachsen«! Doppelte Berliner Unverschämtheit!

24. Kapitel

… in dem auf der Wartburg ein paar Bücher verbrannt werden, eine studentische Aktion, die zu zwei sehr verschiedenen Ideen führt

....

Der Theologiestudent Karl Ludwig Sand von der Jenaer Urburschenschaft schnauft neben anderen Studenten den Weg zur Wartburg hinauf. Es ist der Weg, den schon Ludwigs Namensvetter, genannt der Springer, nahm, derselbe Weg, den die Minnesänger hinaufschnauften und den Luther ungewohnt reitenderweise hinter sich brachte. Karl Ludwig muss laufen, denn die Wartburg-Esel sind immer noch nicht in Dienst gestellt. Nur einer meint, als er von dem studentischen Aufstieg auf den Wartberg hört, dass das wohl der Ausdruck dummbeuteliger Langohrigkeit sei, Zeichen einer Krankheit, die er abgekürzt BSE nennt: besonders schwere Eselei! Dieser eine ist Fürst Klemens Wenzel Lothar von Metternich. Fürst Lothar ist sogar ziemlich ungehalten über diese Volkswanderung der Studenten. Aber ungehalten ist er nicht allein.

»Ja, wenn dieser Geheimrat Goethe, dieser windig-schlüpfrige Kerl, mich erhört hätte, dann hätte die Jenaer Universität jetzt eine ziegelgedeckte Turnhalle, einen Ort, wo nach dem Lehrbuch des Turnvaters Jahn auch bei Wind und Wetter der Körper für Deutschland hätte gestählt werden können«, schimpft japsend der Student Karl Ludwig Sand.

»Hättehätte liegt im Bette und ist krank. So hat meine Mutter immer gereimt«, sagt ein Leipziger Student, der auch auf dem Weg hoch zur Burg ist.

Sand erwidert unwirsch: »Ja, wenn es nur die Turnhalle wäre. Aber dann auch noch diese unpatriotischen Gedichte.« Sand rezitiert geziert: »Zur Nation euch zu bilden, ihr hofft es, Deutsche vergebens; bildet stattdessen, ihr könnt es, freier zu Menschen euch aus.« Sand bleibt kurz stehen, stützt die Arme in die Hüften und atmet tief durch. »Pah! Goethe! Dieser veredelte Jude!«

Der Gerechtigkeit halber muss gesagt werden, dass dies mit dem Juden zwar im sandigen Hirn des Karl Ludwig schnell eingesickert ist, aber nicht aus demselben stammt, sondern auch ein Zitat ist und zwar eines von Ernst Moritz Arndt. Der Herr Arndt ist ein deutscher Vordenker, der wie die meisten deutschen Vordenker aussieht, nämlich wie ein gemütlicher Opa. Aber es ist für deutsche Opas nicht die Zeit, gemütlich zu sein. Der Leipziger Student stimmt an: »So weit die deutsche Zunge klingt, und Gott im Himmel Lieder singt, das soll es sein, das, wackrer Deutscher, nenne Dein!« Sand hat aus vaterlandsgefühlvoller Brust mitgesungen. Jetzt japst er noch mehr.

Lassen wir Sand etwas atemlos zusammenfassen: »Der deutsche Mensch kann nur als Deutscher ein freier Mensch sein!«

Der Leipziger Student nickt beifällig, obwohl ihm gerade einfällt, dass die vier Jahre zurückliegende Völkerschlacht bei Leipzig nicht gerade von den Deutschen allein gewonnen wurde. Außerdem fällt dem Leipziger noch ein, dass sie hier nur so ungestört den Berg hinaufwandern können, weil der Berg dem äußerst liberal gesinnten Großherzog Karl August gehört, der als einziger Fürst in Deutschland die Burschenschaften offen fördert, in dessen Landen die Presse frei ist bis zur Radikalität. Und einer von Karl Augusts Beratern ist immer noch der von Sand so gescholtene Goethe.

Karl Ludwig Sand zitiert wieder, diesmal mit Emphase: »Drück Dir den Speer ins treue Herz hinein. Der Freiheit eine Gasse. Wasch die Erde, Dein deutsches Land, mit deinem Blute rein.«

»Theodor Körner!«, weiß der Leipziger. »Nur leider ist die Zeit schon sehr lange vorbei, wo man mit dem Speer in der Hand fürs Vaterlande streiten konnte. Ein paar Kanonen mussten schon aufgefahren werden, um Napoleon zu schlagen. Aber das siegreiche Fürstenpack hat sich in Wien gegen das deutsche Volk verschworen und lässt wieder Ruhe im Land herrschen.«

Das mit der Ruhe im Land, noch dazu im Thüringer Land des Grafen von Sachsen-Weimar-Eisenach, kann man aber nun wirklich nicht sagen. Es ist ein dauerndes »Hallo!« und »Gott zum Gruß!« Die Rufe fliegen zwischen Studentengruppen hin und her, die alle auf die Wartburg strömen. Sie strömen nach Verhältnissen von Anfang des 19. Jahrhunderts. Da ist die Bevölkerung noch nicht so dicht gewachsen, da strömen rund fünfhundert schon ganz beträchtlich.

Sands Leipziger Wandergesell hat Bekannte entdeckt und verabschiedet sich. Sand schnauft weiter empor und reimt dabei vor sich hin: »Gezeigt die Zähne und gewetzt die Krall'n der Tatze, den Knüttel dick in starker Hand; fürs Vaterland, für Vaterland gäb ich selbst meine Locken hin, trüg Glatze.« Für seine Zeit ein recht fortschrittlicher Reim.

Es dämmert schon, als Karl Ludwig Sand das Tor der Burg durchschreitet. Man muss es so sagen: Er schreitet. Die Thüringer Geschichte lastet zwar als deutsche auf seinen Schultern, aber er erträgt sie mannhaft, wie es eben nur ein starker deutscher Mann kann. Und das, obwohl er keine überdachte Turnhalle hatte! In der turnhallenfreien Zeit hat Sand viel studiert, vor allem die Schriften des Turnvaters Friedrich Ludwig Jahn. Einiges davon kann er auswendig. Als er da hinterm Tor steht, und Hunderte von Fackeln leuchten, da flüstert er seine turnvaterländische Lektion herunter: »Je reiner ein Volk, je besser; je vermischter, je bandenmäßiger. Deutschheit, Deutschheit, Deutschheit!«

Na, das sind doch schon richtig gute Voraussetzungen, damit aus dem netten deutschen Jungen Karl Ludwig ein ordentlicher deutscher Sandhaufen wird, unter dem sich einiges begraben lässt.

Hinten am großen Lagerfeuer, wo die Burschenschaftler die schwarz-rote Fahne schwenken, die mit dem goldnen Eichenlaub, da steht Sands Studienkollege Riemann. Der Riemann ist ein Begnadeter: ein begnadeter Säufer, ein begnadeter Sänger, ein begnadeter Redner und ein begnadigter Kollegschwänzer. Es ist halt lustiger, im Wirtshaus für Volk und Vaterland zu trinken, zu singen und Reden sowie den Säbel zu schwingen, als das Gehirn zu belasten. Der Riemann lebt auch gern, jedenfalls mit dem Maul, nach Friedrich Ludwig Jahns Forderung, dass Fortpflanzung die erste und beste Bürgerpflicht ist. »Wer nicht heiratet, obwohl er gesund ist«, sagt der Riemann immer mit Jahns Worten, »der ist am längsten Deutscher gewesen. Wer seine Pflicht zu früh tut, bei einer uneingebürgerten Undeutschen, der verliert auch sein deutsches Bürgerecht.« Diesen Keim trägt der Riemann in sich und hat ihn schon in so manche Furche gelegt.

Karl Ludwig Sand sieht den Riemann gestikulieren. Er muss näher heran, um zu hören. Reden kann der Riemann. Hut ab! Halt, falsch! Burschenschaftsmütze ab! Riemann redet. Deutsche lauscht! Sand ist Deutscher.

Riemann ist schon voll in Fahrt, wobei er heute erstaunlicherweise nicht voll ist, jedenfalls nicht des Weines.

»Deutschland, einig Vaterland!« oder so ähnlich ruft Riemann. Und dann fragt er: »Nun frage ich euch, die ihr hier versammelt seid in der Blüte eurer Jugend, euch, die ihr dereinst des Volkes Lehrer, Vertreter (Der Staubsauger ist noch nicht erfunden. Der Staubsaugervertreter ist der, der Staubsauger verkauft. Hier geht es um Volksvertreter. Das sind die, die das Volk ver- äh -treten. Anmerkung des Autors) und

Richter sein werdet, euch, auf die das Vaterland seine Hoffnung setzt (Nunja, das Vaterland ist bisher genauso wenig in die Tat umgesetzt wie der Staubsaugervertreter. Nicht einmal das Mutterland hat schon sprichwörtlichen Status erreicht – noch eine Anmerkung des Autors), euch, die ihr zum Teil schon mit der Waffe in der Hand, alle aber im Geist und mit dem Willen für des Vaterlandes Heil gekämpft habt …«

Heil! Ruft es in Karl Ludwig Sand. Heil!

»… euch frage ich, ob ihr solcher Gesinnung beistimmt? Nein? Nun und nimmermehr!«

Sand ist zwar zu spät gekommen, um zu hören, um welche Gesinnung es sich handelt, aber er weiß Bescheid. Er kennt sie schon, diese Spötter und Höhner der Teutomania. Sand verteilt sein Flugblatt. Darauf ist zu lesen: Jedwedem Unreinen, Unehrlichen, Schlechten, und wer nur immer seinen deutschen Namen entehrt, soll der Einzelne auf eigene Faust zum offenen Kampf entgegentreten.

Kampf ist sehr gut, denkt Sand, mein Kampf wäre noch stärker. Aber man kann ja seiner Zeit nicht in allen Belangen voraus sein. Nein, Hut ab, Sand! Der Flugblatttext ist von der Klarheit des Gedankens nicht infiziert und so herrlich tiefsinnig und innenbrünstig, schwulstig und dumpfbackig. Alles ist so formuliert, wie sich das für einen Unbedingten gehört, also einen, der das Vaterland auch mit Gewalt vereinigen will, wenn es denn nicht willig ist.

Vom Flugblattverteilen zum Korbtragen ist es nur ein kleiner Schritt. Das ist ein besonderer Korb, gefüllt mit Schreibwaren, deren Schreiber undeutsch waren. Oder es noch sind. Wie zum Beispiel diese alte Eiterbeule Kotzebue. Nennt sich erfolgreicher deutscher Schriftsteller, schreibt aber Komödien. Und wer führt sie auf? Goethe wieder, dieser Schleimbeutel. 87 Stücke von Kotzebue hat Goethe in seinem Weimarer Theaterchen aufführen lassen. Pfui, Spucke!

»Kotzebue! Schon der Name!« Sand spuckt zielsicher einen zweiten Flatsch Spucke auf eines der Kotzebue-Bücher, bevor es der Leipziger Student mit der Mistgabel aufforkelt und in das Lagerfeuer wirft. Lautes Gejohle rundherum. Sand sieht nur noch den Namen Kotzebue vor Augen. Ein Taumel erfasst ihn. Das muss wohl der nationale sein. Sand reibt sich den Schlafsand aus den Augen, als wäre er gerade erwacht wie das deutsche Nationalgefühl. Aber es ist nur ein glänzender Gedanke, der da wie ein Strahl der Morgensonne in Sands Gehirn gesprungen ist.

»Das war jetzt ein Blitzstrahl!«, sagt Sand. Gut, dann war es eben ein Gedankenblitzstrahl. Sands Karl Ludwig will sozusagen Sandpapier sein für die blinden Stellen am deutschen Harnisch, in den das lahme Volk sich wieder mal nicht bringen lässt. Nach dem Blitz müsste es – bildlich gesprochen – übrigens auch gleich donnern.

Aber der Leser weiß ja, wie das mit dem »gleich« in der Geschichte ist. Außerdem gibt es noch keine Eisenbahn in den deutschen Landen, jedenfalls keine völkerverbindende, also eine, die die vielen deutschen Kleinvölker verbindet. Darum braucht Karl Ludwig Sand auch ein bisschen Zeit für die Vorbereitung und Praktizierung seines blitzbösartigen Gedankens.

Das gibt uns Zeit, einen kurzen Abstecher nach Gotha zu machen, wo sich ein gewisser Ernst Wilhelm Arnoldi gerade über Zeichnungen in der Zeitung beugt.

»Barbaren!«, sagt Arnoldi. »Verbrennen Bücher! Legen Feuer am Geiste!«

Da plötzlich durchfährt den Ernst Wilhelm auch ein Gedankenblitz. Arnoldi denkt, ihn trifft der Schlag. Er zittert am ganzen Körper, denn er hat soeben die Erfindung seines Lebens gemacht. Er hat die Zukunft gesehen. Es ist eine strahlende Zukunft, die ihn da geblendet hat. Gleich wird es unheimlich fortschrittlich. Aber auch bei ihm ist es wie mit der Geschichte: Das mit dem »gleich« ist nicht gleich zu machen.

Karl Ludwig Sand belegt in der Zwischenzeit Kurse in Anatomie. Sand sagt: »Nur wer in die Anatomie des Menschen eindringt, kann auch in den Menschen eindringen.« Er betont dabei mit metallischer Stimme das »den«.

Sand joggt. Er stählt seinen Körper mit langen Wanderungen.

Sand schreibt Abschiedsbriefe. Sand gibt die letzte Runde im Kreise der »Salana«, der Jenaer Burschenschaft. Riemann trinkt wieder am meisten. Aber er, Sand, wird Riemann übertrumpfen. Er hat das Ass im Ärmel beziehungsweise zwei Dolche. Mit diesen zwei Dolchen und etwas Wegzehrung spaziert Sand durch Erfurt, Gotha, Eisenach und weiter bis Frankfurt. »Kein schöner Land in dieser Zeit, als wie das deutsche weit, nicht breit!«, summt Sand vor sich hin. Na ja, »als wie«! Nicht gerade ein gutes Deutsch für einen guten Deutschen.

Der Ernst Wilhelm Arnoldi in Gotha legt probeweise schon einmal das erste Kassenbuch an. Das gehört sich so für seine Idee. Sie muss sich rechnen.

Von Frankfurt wandert Sand nach Mannheim. Dort steht das Heim des Mannes, dessentwegen Sand Anatomiestunden genommen hat.

Karl Ludwig Sand steckt das Johannesevangelium zu den zwei Messern und dem Körnergedichtband unter sein Wams.

In Gotha rechnet Arnoldi die Möglichkeiten durch.

»Kotzebue!«, zischelt Sand, »Feind aller deutschen Burschenschaften. Spötter wider das Vaterland! Russenspion! August von Kotzbrocken!« Die mentale Vorbereitung Sands ist wirklich professionell.

Bald schon ist der Kotzebueaugust ganz von den Socken gekippt und von dieser Erde. Der August, der Klugscheißer, wie Sand sagt, macht den Dummen, fällt mehrmals mitten in Sands Dolche und hinein in den ruhigen 23. Mannheimer März des Jahres 1819. Die Eiterbeule ist kräftig geschnitten. Der Kotzebue sieht keinen Stich mehr.

Aber Sand ist noch nicht fertig (Arnoldi übrigens auch nicht) mit dem Schneiden (Arnoldi mit seinen Überlegungen). Sand sägt an seinen Pulsadern, säbelt sich ein bisschen ins Herz. Doch irgendwie hat das Anatomiestudium nur für Kotzebue gereicht. So haben Mannheimer Ärzte die Aufgabe, den Studenten Karl Ludwig Sand aufopferungsvoll zu pflegen, dass der Henker eines schönen Maientages 1820 den kerngesunden Sand-Kopf in den Sand setzen kann. Tut er auch.

Arnoldi beugt sich über die Kupferstiche in der Zeitung. Er sieht, wie Kotzebue sein Leben aushaucht. Er sieht wie Sand geköpft wird. Da hat Arnoldi noch eine Idee. Aber als kluger Geschäftsmann nimmt er erst einmal die erste Idee, die in seinem Kopfe gereift ist seit der Bücherverbrennung. Ernst Wilhelm Arnoldi gründet in Gotha Deutschlands erste Feuerversicherungsanstalt. Nur sieben Jahre nach Kotzebues Umfall und sechs Jahre nach dem Kopffall Sands wird die zweite Idee zur Praxisreife gebracht.

Arnoldi gründet die Lebensversicherungsbank.

Die Moral von der Geschicht dieser beiden Geschichten aus der Thüringer Geschichte ist natürlich ungerecht. Für Kotzebue kam der Tod zu früh, vor allem für seine Erben. Kotzebue hatte keine Lebensversicherung.

Das zur Ist-nicht-mehr-Seite des großen Kassenbuches.

Und auf der Haben-Seite? Da haben wir den Ursächler aller Versicherungsbeträge und Versicherungsbetrüger sowie den deutschen Polit-Ur-Märtyrer, sozusagen den RAF-Dinosaurier, der – wie so oft bei Märtyrern – für ein Nichts stirbt, in dem Fall für das deutsche Vaterland, das es noch gar nicht gibt beziehungsweise nicht mehr, denn 1806 hat Franz II. von Österreich als letzter Kaiser des Heiligen Römischen Reiches Deutscher Nation die Krone niedergelegt und das Reich für erloschen erklärt.

Diese Wahrheiten sind hart. Das ausgesprochen zu haben, wird uns Thüringern keine Freunde bringen. Aber es ist Vergangenheitsbewältigung! Das musste ehrlich raus. Aus! Schlussstrich unter diese Seite des ganz großen Kassenbuches.

25. Kapitel

*… in dem etwas Blaues, das zwar weniger
profitabel, aber sehr viel langlebiger als
Waid ist, zum Thüringer Exportschlager wird*

»Mein lieber Bruder Leopold«, schimpft Ernst I., regierender Fürst von Sachsen-Coburg und Gotha, »das war aber eine eklatante Eselei. Schließlich kriegt man nicht jeden Tag eine Königskrone angeboten.«

Leopold ist die Ruhe selbst. »Ja, aber die von Griechenland. Da unten ist es doch immer so heiß.«

»Als ob Hitze oder Kälte für eine Thronbesteigung entscheidend wären.«

»Ach, weil du gerade dieses Wort gesagt hast …«
Ernst ist irritiert. »Welches Wort?«

»Das zweite Wort in dem zusammengesetzten Substantiv deines vorigen Satzes«, formuliert Leopold wohlerzogen.

Ernst überlegt kurz und erinnert sich an Thron-Besteigung. »Genau das!«, sagt bedächtig Leopold.

Ernst kann Leopolds Ruhe nicht teilen. Aufgeregt argumentiert er: »Aber du hast das doch schon einmal geschafft, bei der englischen Prinzessin, die beinahe den Thron des britischen Empire bestiegen hätte, wenn sie nicht …«

»Bitte«, sagt Leopold. Das ist eine schmerzende Geschichte, denn die Prinzessin Charlotte starb im Kindbett, gleich nachdem auch das Kinderbett ungebraucht weggestellt werden musste.

»Aber Leopold, das ist fast dreizehn Jahre her.«

»Ich will damit nur zum Ausdruck bringen, dass ich, wenn überhaupt, gern wieder in gemäßigte Zonen einheiraten würde, wo die Frauen nicht so heißblütig und anstrengend sind.

Solche Frauen würden meinen Bluthochdruck nur noch höher drücken.«

»Ob Griechenland oder nicht«, beendet Ernst die unfruchtbare Diskussion, »die Lage ist ernst. Die europäischen Fürstenhäuser hängen am Tropf, um es einmal ganz blutig auszudrücken. Zu viel Inzucht. Es braucht eine Blutauffrischung, sonst können wir demnächst die letzte Ausgabe des ›Gotha‹ drucken lassen.«

Hier muss sich wieder mal der Autor mit einer kurzen Erklärung einflechten. Also, der »Gotha« ist sozusagen das »Who is who« des europäischen Adels, ein Register, das man immer ziehen kann, wenn man genau wissen will, wer mit wem was an Nachwuchs produziert hat, wer welchen Thron bestieg oder wegen unaufschiebbarer Termine mit Bruder Hein räumen musste. Diese Primärliteratur für Regenbogenpressler also ist der »Gotha«. Zurück zu Ernst, der so guckt, wie er heißt.

Leopold pflichtet bei, dass es schade wäre um den »Gotha«. Aber im Moment sieht er keine Lösung, weder taktisch noch strategisch. Das sagt er so ruhig, dass seinem Bruder Ernst bald der Kragen platzt.

»Leopold, du bist frei, du kannst der Retter von Europens Dynastien sein. Dein Blut ist rein. Ansteckende Krankheiten hast du auch nicht«, agitiert Ernst. »Ich bin leider schon besetzt. So wie mittlerweile dein griechischer Posten.«

»Jetzt hör auf, mir immer die Griechenkrone um die Ohren zu hauen. Und welche Dynastien soll ich deiner Meinung nach retten? Vor allem frage ich mich, wie ich das anstellen soll. Schließlich kann ich mich nicht einfach so mirnichtsdirnichts in ein Prinzessinnenbett legen.«

Er könnte schon, so schlecht sieht er nun auch wieder nicht aus, aber so etwas macht man in seinen Kreisen einfach nicht. Geht nicht von wegen: Puppe, komm her, damit wir gemeinsam kommen, auf dass Nachwuchs komme, Nachwuchs mit einer Haut so weiß wie Schnee, mit Blut so blau, so blau und mit Haaren schwarz wie Ebenholz. Ebenholzschwarzes Haar sowieso nicht. Das erinnert Leopold schon wieder zu sehr an die allzu feurigen Griechinnen.

Leopold seufzt. Er würde seinem Bruder ja gern helfen, aber wie? Ernst hat Leopold nun da, wohin er ihn haben wollte: in der Ausweglosigkeit. Jetzt kann er seinen delikaten Vorschlag anbringen.

»Ich habe eine Zigeunerwahrsagerin gerufen.«

Adel schützt vor Torheit nicht. So lässt sich denn die Wahrsagerin in die Karten gucken und verbreitet neben etwas stinkendem Nebel von ein paar Räucherstäbchen auch noch eine nebulöse Vorhersage: »Ihr werdet in einem Land, das es nicht gibt, König sein und eine Frau an eurer Seite haben, die Blumen mag. Eure Tochter wird die Frau werden eines Kaisers, den es nicht gibt. Einige Verwandte zieht es nach Westen, einige nach Süden.«

»Aber doch wohl hoffentlich nicht nach Griechenland?«, platzt Leopold in den Singsang der Wahrsagerin.

»Die Karten sagen keine Namen.«

»Ernst, schick sie weg mitsamt ihren Karten!«, fordert Leopold, äußerlich noch immer die Ruhe selbst.

Doch Ernst winkt der Zigeunerin ungeduldig zu, sie möge weiterlegen.

»Andere Verwandte werden viel frieren oder viel heizen müssen.«

»Jetzt reicht es!«, sagt Leopold, der verzweifelt bemüht ist, die Contenance zu bewahren. Ernst zahlt reichlich.

»Leopold, das klang doch alles sehr aussichtsreich.«

»Schöne Aussichten, wenn man König eines Landes werden soll, das es gar nicht gibt. Der Höhepunkt war allerdings der Quatsch mit den frierenden Verwandten!«

»Aber Leopold, du siehst das zu eng. Das muss man nur ein wenig interpretieren.«

»Ich weigere mich, an diesen Mist zu glauben!«

Das ist eine sehr harsche Kritik im Beisein der Kritisierten. Die Wahrsagerin nimmt das alles gleichmütig hin und sagt ruhig: »Die Karten lügen nicht.«

Dann lässt sich die Zigeunerin zum Hinterausgang herauskomplimentieren. Wenig später klopft es vorn. Ernsts Sekretär bittet um Einlass. Auf seiner Schulter liegt noch ein schwarzes Haar einer Zigeunerinnenperücke. Er zuckt mit den Schultern, als wolle er sagen: Hat nicht so geklappt, Chef! Aber sein Chef, Fürst Ernst, scheint anderer Meinung zu sein. Er guckt sehr zufrieden.

Der Sekretär bringt Post und Zeitung. Auf der Titelseite steht in fetten Lettern: »Holland gespalten. Wallonen und Flamen rufen Belgien aus!«

»Witzig!«, sagt Leopold. »Die Zigeunerin hat anscheinend die Zeitung gelesen, bevor sie hier einmarschiert ist. Es gibt ein Land, das es gerade noch nicht gab.«

Ernst springt ganz unadelig aus dem Sessel. Danach nimmt er sofort wieder eine untadelige Haltung ein und sagt feierlich: »Siehste!«

Leopold lacht schallend.

Kein halbes Jahr später und Leopold lacht nicht mehr. Mit einem Gesicht wie der Vorname seines Bruders lässt er sich die vom Goldschmieden noch ganz warme belgische Königskrone aufs Haupt drücken und nimmt auf dem frisch geschnitzten Königsthron Platz. Seine Heirat mit einer Frau, die Lilien mag, erfolgt wenig später. Es ist Louise Marie, Prinzessin von Orleans, eine Tochter des französischen Königs Louis-Philippe mit der römischen Eins hinter seinen Vornamen. Ernst lächelt zufrieden. Jetzt kann er wieder ruhiger werden.

Das ist nur der Anfang. Der »Gothaer« füllt sich wieder: mit Leopolds Tochter Charlotte, die einen mexikanischen Kaiser aus österreichischem Hause zum Manne hat, den die Mexikaner gar nicht als Kaiser haben wollen, mit ungarisch-gothaischem Sachsentum, portugiesischen Titularkönigen, bulgarischen Zaren. Hinauf in das Oberhaus des europäischen Adels steigt auf der Adelssprossenleiter Albert, Sohn vom Fürsten Ernst. Der wird sozusagen »Fürst Klass«, indem er Queen Victoria von England heiratet. Die Frau ist eine Polit-Domina. Sie nimmt Albert als Prinzgemahl.

Blaues Blut aus dem grünen Herzen Deutschlands, auch Sachsen-Weimarer und Schwarzburg-Rudolstädter, wird in noch weitere Ecken der Welt gespritzt. Thüringen wird zu einer sicheren Samenbank des europäischen Adels.

»Danke, mein Freund«, sagt Fürst Ernst zu seinem Sekretär, »war eine tolle schauspielerische Leistung als Zigeunerin. Nur mit dem Nachkommen, der viel frieren oder heizen muss, das war wohl etwas übertrieben.«

Wenn Ernst nur wüsste. Wenige Jahrzehnte später gibt es einen Schwedenkönig mit Thüringer Blaublut. Das wird der mit der hohen Heizkostenrechnung. Na, geht doch!

26. Kapitel

… in dem die Bürger eines der kleinsten Fürstentümer Thüringens vor revolutionären Entscheidungen stehen, aber eine weise treffen

....

Es ist vielleicht langsam langweilig, auf jeden Fall aber sehr charakteristisch für die Thüringer, aber das nächste Stück findet schon wieder im Wirtshaus statt. Sehen wir es doch einmal so: Soll man sich für irgendwas, das dann doch nicht kommt, jedenfalls nicht gleich, denn wir wissen ja, wie langwierig das mit der Geschichte ist, auf der Straße erschießen lassen? Da machen irgendwo ein paar Leute Geschichte, und der Rest des Volkes sitzt dann drin in dem Gemachten. Ist es nicht viel einfacher, ein paar Biere zu zischen und dabei ein wenig die revolutionären Ereignisse zu diskutieren? Was sagt der Wirt der kleinen Gastwirtschaft am Rande des ostthüringisch-reußischen Ebersdorf dazu? »Ja!«

Das Haus ist voll, einige Gäste auch schon. Die Revolution findet im Saale statt und füllt dem Wirt die Kasse. Sage also keiner, Revolutionen würden sich nicht lohnen.

Die Versammelten warten auf Post von Heinrich LXXII., auf Arabisch-Deutsch der 72. Heinrich, Fürst von Lobenstein-Ebersdorf aus dem Hause Reuß jüngere Linie. Der hat nämlich einfach einen Punkt hinter seinen Teil der Linie gesetzt. Um es einmal ganz unprosaisch zu sagen: Der Fürst hatte nicht nur die Nase, sondern auch die Schnauze voll, ewig diese Nörgelei an seiner Regierung. Ein bisschen verhielt es sich wohl so auch mit der fürstlichen Hose, weil die Bürger sich gar zu aufmüpfig zeigten. Und die Sache mit der Lola Montez hatte ihm keine Pluspunkte gebracht.

Der Lehrer Kirchner, mitten im Gesicht ausgestattet mit

einem knolligen Beweis für treue Dienste am hiesigen Wirtshaus, niest ganz fürchterlich.

»Da!«, sagt er. »Ich hab's benossen! Diese Montez war doch wirklich ein furchtbares Weib. Na ja, kein Wunder. Läuft mit neunzehn ihrem englischen Ehemann in Indien fort, um in Spanien Tanz zu studieren. Ich kann mir schon denken, welche Körperbewegungen sie studiert hat. Bei allem Verständnis für die Gelüste eines fürstlichen Junggesellen, aber lieber zweiundsiebzig Fürsten von Heinrichs Sorte als eine Lola Montez.«

Karl, der fürstliche Kutscher, kann da nur zustimmen: »Nichts gegen den Fürsten. Aber wenn die Pferde mal nicht rechtzeitig eingespannt waren, vergaß das Weib nie, die Peitsche zu nehmen und zog mir eins drüber! Nie sagte sie mir vorher, wann rechtzeitig war.«

Die Seele des Wirtshausvolkes beginnt erinnerungshalber noch einmal hochzukochen.

Bauer Garbe gibt seine Erinnerungen auch dazu: »Meine Töchter mussten ihr zu Diensten sein. Die armen Dinger! Wie hat sie's ihnen vergolten – mit Schlägen!«

»Nieder mit Lola Montez!«, schreit einer. Das kann man jetzt gefahrlos, denn das Kapitel ist in Ebersdorf erledigt. Aber es befreit so unheimlich, solche revolutionären Losungen zu schreien. Das grenzt schon sehr an Meinungsfreiheit.

Bauer Garbe schüttet seinen Rest Öl ins Feuer: »Einmal hat dieses Weib meine Töchter sogar gekratzt und gebissen!«

»Aber die größte Frechheit war ja, was sie auf die Anbetung unseres Fürsten geantwortet hat.«

Alle wissen es, aber alle wollen es noch einmal laut hören.

»Lola, meine Einzige, hat der Fürst gesagt. Dann hat das Weibsstück ihm geantwortet: Heinrich, du mein Zweiundsiebzigster.«

Wüster Tumult folgt diesen Worten. Als mittels einer neuen Runde Bier wieder etwas Ruhe einkehrt, sagt der Lehrer Kirch, der sein Glas am schnellsten geleert hat, mit schwärmerischem Augenaufschlag: »Aber schön tanzen konntse!« Woraufhin ihm links von Kutscher Karl und rechts von Bauer Garbe die Augen gebläut werden. Ja, revolutionäre Ereignisse in Thüringen enden selten blutig rot, mehr bläulich.

Bauer Garbe lässt ein ganz unmännliches Kichern ertönen. »Sehr klug, dass wir sie nach Süden abgeschoben haben. Jede Wette, die ruiniert demnächst die bayrische Monarchie. Der Bayernkönig Ludwig I. war wirklich so blöd, sie als Matratze zu nehmen.«

Lehrer Kirch will sich nicht verbessernd einmischen. Schließlich heißt es Mätresse. Obwohl Matratze ja auch seine Richtigkeit hat. Der Lehrer versteckt sein Grinsen im Bierschaum.

»Aber habt ihr die neuesten Nachrichten aus Altenburg gehört?«, fragt Kutscher Karl. »Da fordern sie Pressefreiheit und Volksbewaffnung. Da haben sie sogar Barrikaden gebaut.«

»Die spinnen doch, diese Altenburger!«

»Angeblich haben sie an ihren Fürsten, an den Herzog Joseph, einen Zettel mit zehn Boten gesandt.«

Die Wirtshausrunde fragt fast einstimmig: »Hä?«

Der Lehrer Kirch hält seine erblauenden Äuglein vorsichtig in die Runde und sagt: »Es handelt sich da nicht um zehn Boten, sondern um zehn Gebote.«

»Quatsch«, erwidert Kutscher Karl, »da in Altenburg machen sie Revolution, und bei Revolution machen sie alles anders. Da können das gar nicht zehn Gebote gewesen sein. Wenn schon nicht zehn Boten, waren es höchstens zehn Verbote. Weiß doch hier jeder, dass die Revolution alles verbietet.«

Da die anwesenden Ebersdorfer das alle ganz genau zu

wissen vorgeben, zieht sich Lehrer Kirch wieder vorsichtig in sein Bier zurück.

»Die Altenburger forderten Versammlungsfreiheit.«

»Wozu brauchen wir Versammlungsfreiheit, wenn wir unsre Kneipe haben?«, fragt verwundert der Weber Strick.

»Und sie wollten sogar eine Republik ausrufen, eine deutsche demokratische.«

»Das geht jetzt aber doch ein bisschen zu weit vorwärts!«, meint der Weber.

»Und was ist das Ende von der ganzen Geschichte?«, fragt Kutscher Karl. »Da hat der Fürst Joseph sächsische Truppen angefordert. Da haben die Altenburger die Schwänze eingezogen, dass sie wohl auf Wochen hinaus nicht mehr pinkeln können.«

Der Wirt nutzt die allgemeine Heiterkeit, um eine weitere Bierbestellung in Auftrag zu nehmen. Lehrer Kirch bleibt in Höhe seines Bieres und rückt die Altenburger Falschmeldungen nicht gerade. Er weiß, dass man ihm das hier krummnehmen würde, wenn er von der Weigerung der Sachsensoldaten berichten würde, für Fürst Joseph und gegen die Altenburger einzutreten.

Der Fürst wird wohl demnächst Hut und Mantel nehmen müssen. Aber sag das mal einem zwanghaft fürstentreuen Ebersdorfer. Ebersdorf ist so klein, da lebt und arbeitet praktisch jeder für den hiesigen Fürsten. Und Fürst weg, Arbeit weg! Heinrich LXXII. ist weg. Man sollte, denkt Lehrer Kirch, schon mal in der Vergangenheitsform denken.

Aber man wartet ja noch auf den Abschiedsbrief vom abgedankten 72. Der Fürst wird's schon richten.

Lehrer Kirch indessen will aus seinem fortschrittsbesessenen Herzen keine Mördergrube machen und fragt etwas scheinheilig und sehr vorsichtig hinter seinem Bier hervor: »Sag mal, Karl, wäre es nicht auch mal schön, wenn Thüringen ein Land wäre, alle Grenzen in Thüringen geöffnet, und du könntest bis Weimar oder Gera kutschieren, ohne dauernd von Zöllnern angehalten und durchsucht zu werden?«

»Nee«, sagt Karl, »die Pferde des Fürsten vertragen solche langen Strecken nicht. Die sind nur Ebersdorfer Kurzstrecke gewöhnt.«

Kutscher Karl ist froh, dass dem abgedankten 72. reußischen Heinrich gleich ein anderer Heinrich der jüngeren Reußlinie in Amt und Würden folgte, Heinrich LXII., also der 62., letztere Zahl wieder in Arabisch für die Nichtrömer unter den zahlreichen Lesern und Innen. Linie und Zahl sind dem Kutscher egal, wenn er nur kutschieren kann. Allerdings grummelt in ihm schon seit Tagen der Gedanke, dass die Besichtigungtour mit dem 62. Jüngere-Linie-Reußen-Fürsten vielleicht seine letzte Fahrt gewesen sein könnte.

»Aber der Zeitungsartikel zur Abdankung war bösartig«, beeilt sich Lehrer Kirch, mit einem der Volksstimmung gemäßen Satz wieder Sympathien im Wirtshaus zu erlangen. »Darin stand, seitdem der Schleizer Reuß jetzt auch Herr von Lobenstein-Ebersdorf ist, sei Deutschland seiner Einheit ein Fünfunddreißigstel nähergekommen.«

»Wie kann man nur so was Herzloses schreiben, wenn der Fürst weggegangen ist und der neue wohl nicht herziehen wird«, jammert der Weber Strick. Der 62. Reußenheinrich residiert nämlich in Gera. Hier in Ebersdorf hat der schon das Militär abgezogen. Ohne die trinkfreudigen und ewig hungrigen Jungs aus der Kaserne bricht die Wirtschaft bald zusammen. Auch Bauer Garbes Töchter werden in einem leeren Schloss nicht mehr gebraucht. Vielleicht wünschen sie sich demnächst jeden Tag ein paar Kratzer von Lola Montez, wenn sie nur wieder ein paar Kreuzer nebenbei verdienen könnten.

»Das Leben ist doch schon viel besser geworden«, macht

Bauer Garbe in Optimismus. »Wir Bauern hatten in den letzten Wochen viel Wild auf dem Tisch. Vorigen Sonntag gab's Hirsch bei uns.«

Kutscher Karl ist etwas beleidigt: »Ihr schießt dem neuen Herrn das Jagdwild weg.«

»Das ist der Fortschritt«, sagt Lehrer Kirch, erntet gleich einen bösen Kutscherblick und rutscht wieder in sein Bier.

»Was ist daran Fortschritt, wenn ich den Fürsten dann meilenweit durch die Gegend fahren muss, bis wir endlich mal auf einen Hirsch treffen? Ich weiß nicht, ob die Pferde das auf die Dauer durchhalten. Die sind …«

»… nur Ebersdorfer Kurzstrecke gewöhnt«, vollendet Bauer Garbe. »Mensch, Karl, du musst auch mal weiterdenken. Die Wildmassen haben mir immer die Ernte zertrampelt. Und zur Jagd musste ich, selbst in der Erntezeit, als Treiber kommen. Da ist mir manches Mal die Ernte auf dem Halm verfault.«

»Aber schön war's doch«, schluchzt Karl, den man mit einem neuen Bier tröstet.

Lehrer Kirch versucht es noch einmal mit dem Fortschritt: »Sag mal, Karl …«

»Ich sag gar nischt mehr!« Ein paar Tränen kullern dem abgedankten Fürsten hinterher.

»Ist auch besser so«, meint der Weber Strick. »Andauernd dieses Gequatsche, diese Versammlungen und diese fordernden Briefe an die Fürsten. Es muss wieder etwas Ruhe einkehren im Land. Solchen Oberquatschern wie zum Beispiel dem Meyer aus Hildburghausen sollte man auf die große Klappe schlagen!«

Lehrer Kirch rutscht sofort auf die Stuhlkante vor. Den Carl Joseph Meyer verehrt er sehr. Der gebürtige Gothaer hat jetzt einen Verlag in Hildburghausen. Dort druckt er seine beste Erfindung, das Konversationslexikon.

»Der soll lieber«, sagt Strick, »sein Konservationslexikon fertig machen. Große Ankündigung: 50 Bände! Ha, was ist: die Hälfte gerademal geschafft. Aber große Reden schwingen und Briefe an den Meininger Fürsten schreiben von wegen Volksbildung für alle. Wissen macht frei! Haha!«

»Da muss ich aber auch sehr lachen«, wirft Kutscher Karl ein. »Was soll ich mit mehr Wissen? Soll ich's vielleicht an die Pferde verfüttern?«

Der Getränkekonsum beginnt zu wirken. Trotz Bier macht sich eine gewisse Weinseligkeit breit. Kutscher Karl und Bauer Garbe fangen an zu singen. Außer Lehrer Kirch fallen alle im Wirtshaus ein: »Wir wolln unsren gutn altn Fürstn widderhahm!«

Nix ist mit wiederhaben. Fürst Heinrich LXXII. bleibt weg. Aber das sehnsüchtig Erwartete trifft noch ein, der Abschiedsbrief. Nach allem Trara – Die Post ist da!

»Meine lieben, guten Ebersdorfer!«, liest Lehrer Kirch vor. Kutscher Karl steht wieder kurz vor einer Überschwemmung seiner Schweinsäuglein. »Weil Ihr mir in so großer Zahl erschienen seid, um Abschied zu nehmen, ging mir das irgendwie zu Herzen. Und was im Herzen war, das stieg mir zu Kopf. So frage ich Euch denn, meine lieben Ebersdorfer …«

Bei Kutscher Karl öffnen sich die Schleusen. Sein Bier wird stark mit Salzwasser verdünnt.

»… was Ihr Euch wohl zum Ende meiner Regentschaft von mir wünscht. Wünscht nur, noch ist alles da, bevor mein Schleizer Verwandter Heinrich LXII. alles kriegt.«

Lehrer Kirch guckt kurz hoch. Das Schnuffeln nimmt besorgniserregende Maße an. Der Wirt legt scheuerlappengroße Taschentücher bereit.

Lehrer Kirch schließt seine Verlesung: »Unterzeichnet: Treuen-Ebersdorf! Mit blutendem Herzen, übermannt von Rührung, ein ewiges Lebewohl!«

Im Wirtshaus ist ein Jaulen und Heulen! Als der Lehrer Kirch kurz die Augen schließt, fühlt er sich in eine Geisterbahn versetzt. Es wird wohl die Bahn des werterhaltenden Geistes gewesen sein, um das Wort »konservativ« jetzt einmal zu unterdrücken.

Als die versalzten Biere durch neue ersetzt sind, fragt der Lehrer, der sein Glas freilich schon wieder als Erster geleert hat: »Was wünschen wir uns denn nun? Pressefreiheit, Versammlungsfreiheit, Befreiung der Bauern von Feudalpflichten?«

Die Bürgerversammlung steht noch unter dem Schock der letzten fürstlichen Worte und reagiert nicht auf diese revolutionären Forderungen.

»Gewerbefreiheit? Wahlrecht. Auch für Frauen?«

Jetzt wachen doch einige aus dem Koma auf. Der Weber Strick hat sich zuerst entwirrt: »Die Weiber sollen wählen dürfen. Ja, wo leben wir denn!?«

Wir leben in Thüringen. Das gehört zum heranwachsenden Deutschland, und da gehört es sich Mitte des 19. Jahrhunderts einfach noch nicht, dass einer an das Recht der Frauen zum Urnengang denkt. Außerdem hat man ja sein Thüringer Motto.

»Brüder!«, sagt Bauer Garbe.

»Deutsche!«, schluchzt Kutscher Karl.

»Lasst uns sehen, wie's kommt. Kommen wird was. Das ist garantiert.«

Völlig richtig. Es kommt alles, selbst in die Thüringer Kleinfürstentümer. Es gibt erst ein paar Rückschläge. Die Fürsten machen doch wieder, was sie wollen. Aber irgendwie setzt sich der Trend zum Bürgerlichen durch. Schließlich haben sich die Bürger gegen das Volk durch-, sich mit den Fürsten an einen Tisch und neue Gesetze aufgesetzt. Warum soll man sich auch wider-, wenn die anderen deutschen Staaten für einen die Veränderungen umsetzen. Da bleibt man auf seinem Thüringer Hintern sitzen und guckt einfach zu, wie einem die Veränderungen in den Schoß fallen. Ja, wenn man nicht sitzen geblieben wäre, wie hätte einem da etwas in den Schoß fallen und drin liegen bleiben können?

Aber was, zum Teufel, haben sich denn nun die Ebersdorfer gewünscht. Welche Früchte ihres revolutionären Tuns haben sie geerntet? Wonach stand den Ebersdorfern der Sinn? Sie haben sich erhoben von den Wirtshausstühlen. Feierlich sprachen sie: Wir wollen ein Stückchen Land, wo wir uns zum ewigen Schlafe betten können. Eine Letzte-Ruhe-Immobilie sollte es also sein.

»Schließlich«, sagt Kutscher Karl, »Revolutionen kommen und gehen, der Fortschritt bleibt auch mal stehen oder zieht sich zurück, eines kommt aber im Leben eines Ebersdorfer Menschen auf jeden Fall: der Tod!«

Der 72. Heinrich, Ex-Fürst von Lobenstein-Ebersdorf, schlägt in seinem selbst gewählten Exil Guteborn in der Lausitz die Hände über dem Kopf zusammen, stützt dann sein Haupt in

die auf dem Tisch aufgestützten Arme und seufzt sehr tief: »Mehr wünschen sich meine Ebersdorfer nicht?«

Was heißt hier »Mehr nicht?« Diese weisen Leute wünschen sich ein sicheres Leben nach dem Tod. Was kann schöner sein als solch eine Sicherheit in dieser unsicheren, sich ständig verändernden Welt?

27. Kapitel

… in dem sich beweist, dass Theater machen und Theatermachen durchaus verschiedene Angelegenheiten sind und Letzteres den menschlicheren Ruhm bringt

....

»Georg!«, rügt die Freifrau von Heldburg freundlich aber bestimmt, denn Georg II., Herzog von Sachsen-Meiningen, stochert gleichzeitig im Nachtessen und seinem Gehirn herum.

Georg ist in Gedanken anscheinend noch auf der abendlichen Theaterprobe. Es war aber auch eine lange, anstrengende Probe. Mitternacht hatte der Herzog vom Regiepult gerufen: »Ich wünsche den Herrschaften ein glückliches neues Jahr!« Dann wurde die Szene noch zu Ende geprobt. Wer beim Herzog als Schauspieler arbeitet, muss alle Zeit der Welt mitbringen. Das Geld und die Liebe zum Detail steuert der Herzog bei.

Das kommt davon, denkt die Freifrau, wenn man einen Herzog heiratet, der Theatermacher ist. Besser wäre sicher die Formulierung: ein Theatermacher, der auch noch den Thron von Sachsen-Meiningen besitzt. Mehr als auch noch ist nicht notwendig, denn der zu regierende Staat ist mehr ein »Stätchen« und an einem Tag zu durchreiten.

Reiten mag der Herzog in seinem Alter auch nicht mehr so gern. Also füllt er seine Zeit mit einem professionell betriebenen Hobby: dem Theatermachen. Das Volk ist es zufrieden, der Herzog auch, alles unter dem schönen Motto »Kultur und Volksglück«, das schon der Vater des Herzogs geprägt hatte.

»Georg!«, ruft die freundlich-rundliche Freifrau.

Ach ja, die Künstler! Solche Menschen muss man für die praktischen Fragen des Lebens immer aus irgendeiner anderen Sphäre holen. Noch einmal, und zwar etwas lauter, die Herzogin: »Georg!!«

Jetzt hat Georg gehört. Er blickt auf. »Helene?«

Des Herzogs buschiger, grauer Vollbart ist vom Dessert noch voller geworden. Das wird die Herzogin nach dem Essen wieder in Ordnung bringen. Denn es ist im Moment nicht Georgs gefüllter Rauschebart, der die Freifrau bedrückt, sondern der Kaiser-Wilhelm-Bart samt seinem ersten Träger, was der Berliner Wilhelm, der ehemalige Kartätschenprinz und nunmehrige Kaiser vom von oben geeinten Deutschland ist.

»Georg, ich kann auch nichts dafür, dass ihr euch nicht mehr versteht. Ihr wart doch zusammen im Krieg, habt siegreich gegen die Franzosen gekämpft und in Versailles das Deutsche Kaiserreich zusammengebosselt. Die Ausrufung war gut inszeniert, eine blendend gemachte Massenszene.«

»Das war mehr der Bismarck, der das inszeniert hat. Mir war das zu viel Trubel. Jeder wollte in die erste Reihe, um mit auf das große Bild zu kommen. War ich damals froh, wenn ich in der zweiten Reihe meine Ruhe hatte nach all dem Kanonendonner. Meine Ohren sind heut noch ganz taub davon.«

Aha, es ist also doch nicht nur das Surfen in den Sphären der Kunst, das den Herzog nicht Aufhorchen lässt. Eine gewisse Taubheit der Ohren ist nicht zu leugnen.

Die Herzogin macht gedanklich einen dicken Strich, also einen Gedankenstrich, dass sie ab sofort auf allen Proben dabei sein muss.

Die heutige Probe des Meininger Schauspieltheaters wäre fast abgebrochen worden. Die Verständigung zwischen Regiestuhl und Bühne war gestört, sozusagen der Funkenkontakt unterbrochen, weil eben der berühmte Funke nicht übersprang. Und das in der Endprobenwoche! Schließlich kann man eine »Wilhelm-Tell«-Premiere nicht wegen eines Hörschadens ausfallen lassen. Da müssen die Schauspieler ihren Text eben etwas lauter sprechen.

Die Freifrau nimmt den Gesprächsfaden wieder auf: »Der Kaiser mag deine Theaterarbeit wohl nicht so?«

Herzog Georg windet sich. Der Kaiser steht wirklich nicht so sehr auf Theater, jedenfalls nicht auf das auf der Bühne. Seine Welt ist mehr das offene Feld, auf dem es sich so herrlich schlachten lässt, wenn nur genügend Soldaten anwesend sind, und vor allem immer ein paar mehr eigene übrig bleiben als feindliche. Aber der eigentliche Grund aller herzoglichen Windungen ist die Gattin höchstpersönlich. Schließlich hat Fürst Georg seine Frau, bevor er sie freite, erst einmal zur Freifrau machen müssen, denn als damals seine Gemahlin Feodore starb, verfiel er der Schauspielerin Helene Franz in echter Liebe. Das war ein ganz neues Gefühl für den Fürsten. Aber eine Schauspielerin als Herzogin unmöglich! Wenigstens Freifrau musste sie sein.

Trotzdem schilt man solch eine Ehe in seinen Kreisen morganatisch, was nichts mit dem trauten Schein der Morgenröte zu tun hat, eher mit der alladligerseits geforderten Schamröte, die sich weigert, dem Herzog Georg ins Gesicht zu steigen.

»Diese Ehe«, argwöhnt der hohe Hohenzoller da oben in Berlin, »erfüllt mich mit abgrundtiefem Abscheu. Denn wer als regierender Fürst von Sachsen-Meiningen eine Schauspielerin heiratet, der handelt unpreußisch und liberal. Und Liberale kann ich auf den Tod nicht ausstehen.«

Langsam kriegt der friedfertige und kunstbeflissene Herzog einen dicken Groll auf den Hohenzoller.

Dass der Kaiser auf Besuch nach Meiningen kommen will, das weiß Georg längst vom preußischen Gesandten. Der hat schon vorgetanzt, was auch Wilhelm I. bei seinem Besuch zelebrieren möchte. Der hat ein Theater gemacht! Es war zum

Wegrennen. Der Gesandte Raschdau formulierte mit der berühmten frechen Berliner Schnauze und einem ebensolchen Grinsen: Der Kaiser würde nur zu Georgen kommen, wenn die zwar amts- aber nicht standesgemäße Gattin abwesend sei. Arroganter Berliner!

Stopp, sagt sich Herzog Georg, das war eins zu viel. Es reicht, mit einem Anflug von »äks« in der Stimme zu sagen: Berliner!

Was soll er nun tun, der Georg? Beim Besuch vom Arschdau, wie er den Gesandten bei sich nennt, indem er die ersten beiden Buchstaben seines Namens getauscht hat, bei dem – Äks! – Berliner konnte er seine Helene ja noch abwimmeln, aber beim Kaiser!? Ausgeschlossen! Da will sie mit dabei sein. Er muss sich etwas ausdenken oder ehrlich sein.

»Lass uns zu Bett gehen, Frau!«

Ja ja, immer wenn es in der Beziehungskiste mit der geistigen Klarheit hapert, zerrt er sie in die Koje. Als das Körperliche erledigt ist, schaltet sich der Geist wieder ein, bei Gattin Helene auch noch das Gefühl. Darum sagt sie: »Georg, ich habe das Gefühl, du verschweigst mir etwas.«

Weil der Georg seine Helene doch liebt, beichtet er ihr alles. Er findet Gnade, nämlich die Gnade eines guten Gesprächs mit der Ehefrau und letztendlich die Gnade eines guten Gedankens.

»Wenn der Kaiser kommt, dann bin ich eben in wichtigen Angelegenheiten verreist!«

Die Herzogin lächelt mit allen freundlichen Rundungen ihres Gesichts. »Wohin, mein Georg? Vielleicht nach Bauerbach ins Wolzogenhaus, wo der Friedrich Schiller Zuflucht gefunden hat. Soll ich dem Kaiser sagen, mein Mann ist auf Studienreise, dem Schillerschen Geist nachspüren?«

»Nein, du wirst ihm gar nichts sagen. Du wirst auch reisen.«

»Wollen wir in Bauerbach Bauerntheater spielen lassen? Ich würde mich als Don Carlos verkleiden.«

»Ob Carlos oder Helene, dich will der Wilhelm ja gerade nicht sehen. Und Bauerbach ist auch viel zu nah!«

»Dann vielleicht zu deinen Verwandten nach Eisenach auf die Wartburg. Dort soll der Moritz von Schwind herrliche Fresken malen. So einen könnte man als Bühnenbildmaler gebrauchen. Dem Kaiser lassen wir ausrichten, wir wären dort, um den Schwind für Meiningen zu gewinnen.«

»Du meinst, auf den Schwind-Schwindel fällt er rein? Nein, niemals! Außerdem, auf die deutscheste aller Burgen reist uns der Kaiser garantiert hinterher. Dann sitzen wir wieder im Schlamassel. Im Übrigen liegt auch Eisenach viel zu nah.« Fürst Georg überlegt, dann blitzen seine Äuglein. »Wir fahren nach Coburg, lernen vom Fürsten Ernst.«

»Was können wir von dem lernen? So liberal wie der sind wir allemal.«

»Nichts Politisches. Der Ernst komponiert seine Opern selber.«

»Selbst komponierte Opern. Das könnte den Kaiser vertreiben«, kichert die Freifrau.

»Meine Werteste, willst du damit zart andeuten, ich würde nur Musik schreiben können, die zur Vertreibung missliebiger Personen geeignet ist?«

Die Herzogin zeigt diplomatisches Geschick: »Deine Stärken liegen auf dem Gebiet der Schauspielregie.«

»Stimmt, ich hätte die Szene in Versailles ganz anders arrangiert. Aber das dort war große Politik, nicht großes Theater.« Georg plustert sich ein wenig auf. »Das Bild von der Ausrufung des Kaiserreichs in Versailles ist so was von verlogen.«

»Ungefähr so wie die Leute darauf?«

Die Frage ist eine rhetorische und bleibt somit unbeantwortet. Die sächsisch-meiningischen Eheleute schauen sich verschwörerisch an. Tja, die Anti-Berlin-Front reicht nun bis in die fürstlichen Bezirke.

»Das bringt uns alles nicht weiter«, sagt Herzog Georg.

»Es muss uns weiter bringen als bisher«, ergänzt die Freifrau.

»Das isses!«, ruft der Fürst, und sein grauer Bart zittert. Die Ex-Schauspielerin registriert einen wahren Ausbruch von Freude. Das sollte mal einer auf der Bühne so lebensecht bringen! »Helene, das war das Stichwort: Weiter muss es uns bringen. Weiter!«

»Ja, was?«

»Unsere Passion. Unser Theater. Unsere Kunst. Weiter vorwärts und weiter weg. Sind wir gut?«

Jetzt dämmert es der Herzogin langsam. »Aber wie willst du das schaffen? Alles mitnehmen? Unsere großen Bühnenbilder. Alle Kostüme, die Requisiten? Mann, der Transportaufwand!«

»Vergiss nicht die Schauspieler, die müssen auch noch mit«, witzelt Georg übermütig. »Wir werden in ganz Europa spielen. Das Publikum wird uns zu Füßen liegen.«

Und es liegt zu Füßen, ohne dass diese Deutschen es niederwerfen müssen. Sie spielen aber auch umwerfend modern.

»Wir erobern Europa, ohne einen einzigen Schuss, ohne eine Gewehr- oder Kanonenkugel abzufeuern«, sagt der Obermeininger voll echtem Pathos. Er selbst darf allerdings aus Schicklichkeitsgründen nur von fern zuschauen. Den Stress hat die Freifrau.

»Was für ein Glück, dass der Schiller den Apfel mit der Armbrust vom Kopf schießen lässt, sonst müssten wir auf den ›Wilhelm Tell‹ verzichten!«, spaßt die Herzogin.

»Und wem haben wir diesen grandiosen Gedanken zu verdanken?«, fragt Georg II.

»Dass der Tell mit der Armbrust schießt?«

»Nein, dass wir soeben Europas erstes großes Tourneetheater aus der Taufe gehoben haben?«

Die Freifrau von Heldrungen weiß es: »Na, dem Wilhelm!«

»Gott schütze den Kaiser und lasse ihn oft nach Meiningen kommen.«

Der Kaiser kommt dann doch nicht so oft, weil der Georg ja eh nie zu Hause ist. Und die »Meininger« schaffen es, in fünfzehn Jahren rund 2500 (in Worten: zweitausendfünfhundert) Vorstellungen vor allem in den Hauptstädten Europas zu spielen. Da kann Kaiser Wilhelm I. Theater machen, wie er will, die Meininger sind eine Zeitlang im Ausland die erfolgreicheren Deutschen. Leider hören die Theatermacher kurz vor der Jahrhundertwende auf, Europa zu erobern. Diese Lücke füllen dann die deutschen Kaiser in Folge mit sehr eigenen folgenreichen Auftritten auf der Weltbühne. Berliner!

28. Kapitel

… in dem die Raben immer noch fliegen, aber ein Stück Rotbart nicht der Grundstein für ein anders zu denkendes Denkmal wird

Zwei ältere Herren sitzen in einem der hinteren kleinen Salons des Erfurter »Kaisersaals«. Im Saal schwoften einst Napoleon und Zar Alexander, darum der kaiserliche Beiname. Es ist Abend. Die beiden Herren ruhen sich von einem anstrengenden Tag aus, denn es wurden den ganzen Tag Reden geschwungen, wobei die meisten Reden so schwungvoll waren wie ein deutscher Kaiser in Bronze.

August gähnt gewaltig.

»Das kommt davon, August«, sagt Wilhelm Liebknecht. »Wir haben den Erfurter Parteitag zu gut vorbereitet. Wenn schon vorher alles gesagt ist, haben die Diskussionsredner keine Chance.«

»Dafür, dass sie keine Chance hatten, haben sie die aber weidlich genutzt.« August Bebel gähnt noch einmal.

Wilhelm lehnt sich gemütlich zurück. »Dieses Thüringer Land ist doch ein guter Platz für den Klassenkampf. Hier schmeckt sogar das Bier.«

»Zum Wohl!«

»Auch die Klöße heute zum Mittagessen!«

»Ein gutes Land, das solche herrlichen runden Dinger hervorbringt.«

»Ach, August«, schwärmt Wilhelm, »ich bin so gern hier. Bier und Klöße!«

»Vergiss die Bratwurst nicht.«

Bebel leckt sich die Lippen.

»Und die Ruhe, herrlich! Man merkt nicht, wie die Zeit

vergeht. Die deutsche Einheit ist schon zwanzig Jahre alt. Bismarck ist längst weg vom Staatsschiff.«

»Der Lotse ist von Bord gegangen. Das war ein innerer Parteitag für mich!«

»Das Sozialistengesetz haben wir zu Grabe getragen. Wunderschön!«

Als sie so in schönster Stimmung sind, knallt es gewaltig. Bebel und Liebknecht sehen sich schon als Opfer einer Anarchistenbombe. Mensch, denkt Bebel, diese jungen Leute können keine Kritik vertragen. Wenn man als alter, erfahrener Arbeiterführer dafür plädiert, dass man erst ein bisschen den Kapitalismus genießen sollte, ehe man ihn abschafft – Bumms! –, knallen die einem eine Bombe an den Hals als wirksamstes Mittel der Kritik am lebenden Menschen.

Erstaunlicherweise sind die beiden Alten im Ganzen erhalten geblieben. Was da geknallt hat, war nur die Tür. Die steht nun offen, und ein muskulöser Mensch von verwegenem Aussehen versucht durch dieselbe zu kommen. Er schleppt einen schweren Stein herein.

»Nu packt doch mal mit an, ihr beiden«, sagt der verwegen Aussehende forsch.

Zu dritt kriegt man den Stein mit Ach und Krach in das Zimmer hinein, wobei der August Bebel mehrfach das »Ach!« herausächzt. Den Krach machen alle drei, als sie den Stein auf den Tisch fallen lassen. Der Tisch lässt sich das nicht gefallen und fällt in sich zusammen. Bebel, der ein Auge für Holz hat, sagt: »Ich glaube, wir haben soeben den Klapptisch erfunden.«

Man rappelt sich hoch, klopft sich ab. Der verwegen Aussehende reicht den beiden Arbeiterführern seine schweißnasse Hand. Liebknecht wischt sich verstohlen nach dem kräftigen Händeschütteln die seine am Hosenboden ab. Er mag Arbeiterhände, vor allem wenn sie ordentlich gewaschenen

Arbeitern gehören, sauber und adrett angezogen, wie es sich für einen ordentlichen deutschen Arbeiter gehört. Aber dieses Subjekt trägt nicht mal einen Anzug, geschweige denn einen sauberen.

Das Subjekt sagt mit seiner forschen Stimme, wie es heißt, nämlich: »Fritzke!«

Und mit Vornamen hieße er so, wie die beiden zusammen, nämlich Wilhelm und August, aber die beiden Herren könnten ruhig Willy zu ihm sagen oder einfach Fritzke.

»Auf Fritzke hör ich, das bin ich vom Bau gewöhnt.«

Bau, denkt Bebel bebend, Knast oder Baustelle?

»Bin Handlanger«, sagt Fritzke. Bebel atmet auf.

Wilhelm Liebknecht bewahrt die hingewendete Haltung zur Arbeiterklasse, obwohl es ihm schwerfällt, denn er kann den schweißnassen Kerl nicht riechen. »Was verschafft uns die Ehre?«

Eigentlich hätte er lieber gefragt, warum, zum Teufel, der Fritzke die heilige Ruhe des Feierabends stört. Bebel sagt jovial, da er Wilhelms gereizten Ton hört: »Wollen Sie ein Bier, Herr Fritzke?«

»Ohne Herr bitte. Ich trink nämlich aus der Flasche.«

»Prost!«

»Auf Thüringen!«, sagt Fritzke. »Ich trink immer auf Thüringen. Bin hier geboren.«

Bebel und Liebknecht stimmen freudig in den Regionaltoast ein: »Auf Thüringen!«

Der Fritzke zischt die Flasche fast leer. Dann sagt er: »Die Raben fliegen immer noch.«

Liebknecht schaut vielsagend zu Bebel. Fritzke merkt, dass er sich genauer ausdrücken muss. »Ihr seid doch die Anführer von den Roten.«

»Na ja«, sagt Liebknecht.

»Wie stehen die Roten zu Thüringen?«

»Viele Thüringer Genossen sind Mitglied unserer Partei. Bei den Reichstagswahlen bekommen wir hier immer mehr Stimmen«, berichtet Liebknecht stolz.

»Mhm!«, sagt Fritzke. »Sehr schön.«

Es scheint hier ein Verständigungsproblem zwischen Funktionären und einem Stück Volksmasse zu geben. Fritzke will eine positive Stellungnahme zu seiner Heimatregion.

»Das Bier schmeckt gut, auch die Klöße. Sehr schön ist die Ruhe hier«, sagt Bebel. Fritzke fühlt sich immer noch unverstanden.

»Ich erklär's euch«, sagt Fritzke. »Ich schlepp Steine fürs Kyffhäuser-Denkmal bei Bad Frankenhausen. Und dort fliegen die Raben immer noch.«

Bebel setzt die Verschwörermiene auf: »Die Raben? Ist das eine Parole von revolutionären Freunden?«

»Quatsch, das ist aus ner alten Thüringer Sage, wodrin vom einigen deutschen Vaterland geträumt wird. Der Barbarossa, das war so'n deutscher Kaiser, der hat's auch nicht geschafft, die Deutschen zusammwachsen zu lassen. Aber er hat's versucht und ist drüber gestorben. Die Sage sagt nun, dass der Kaiser gar nicht tot ist, sondern im Kyffhäuserberg drinsitzt und sofort rauskommt, wenn die Deutschen sich mal einig sind. Ein paar mal ist er angeblich schon wiedergekommen, aber es stellte sich dann immer heraus, dass es ein Witzbold war, der sich als Kaiser Barbarossa ausgegeben hat.«

»Dürfte ich die lange Rede einmal kurz unterbrechen?«, fragt Bebel. »Was hat der Rotbart mit uns Sozialdemokraten zu tun?«

»Der Kaiser und ihr: alles Rote. Nee, Scherz beiseite. Die Raben fliegen noch!«

Liebknecht echot: »Raben, Raben! Die sieben Raben oder was!?«

»Das mit den Raben ist ein Zeichen. So lange die noch

fliegen, so lange ist die deutsche Einheit nicht vollbracht. Und sie fliegen. Aber wir bauen schon das Denkmal der deutschen Einheit.«

»Das ist doch nichts Ungewöhnliches in Deutschland, dass etwas gefeiert wird, was noch gar nicht fertig ist.«

»Ja, recht hast du«, sagt Fritzke, »ihr feiert ja auch dauernd eure Partei.«

Liebknecht wird sehr nachdrücklich: »Herr Fritzke!«

»Wie gesagt, das Herr lasst weg. Aber nun weiter. Das Kyffhäuserdenkmal haben die deutschen Kriegervereine in Auftrag gegeben.«

»Reaktionäre!«, spuckt Bebel aus.

»August«, tadelt Liebknecht, »du sollst nicht auf den Boden spucken!«

»Kann ja sein, dass das Reaktionäre sind, aber es sind schlaue Reaktionäre. Die bauen dem Kaiser Rotbart ein Denkmal, aber obendrüber wird unser Kaiser Wilhelm I. reiten, in Mansfelder Kupfer getrieben.«

»Oberreaktionär!« Bebel bleibt die Spucke weg, als Liebknecht ihn scharf ansieht. »Der hat uns Deutsche gar nicht gefragt, ob wir vereinigt werden wollen.«

»Wollten wir denn nicht?«, fragt Fritzke.

»Nun ja. Aber doch nicht so undemokratisch von oben. Nichts ist einem vorher gesagt worden. Aus der Zeitung hat man es erfahren, unter: Nachrichten aus Versailles«, meckert Liebknecht.

»Kann ja sein«, sagt Fritzke, »aber der Kaiser Wilhelm kriegt ein Denkmal, obwohl die Raben noch fliegen. Sagt mal, ihr habt euch doch auch vereinigt, also die Roten.«

Liebknecht hört die Bezeichnung nicht so gern, darum sagt er sehr betont: »Ja, die Genossen haben sich vor ein paar Jahren in Gotha vereinigt mit den Lassallanern. Jetzt sind wir alle Genossen.«

Bebel pflichtet bei: »Mit uns können sich alle vereinigen, die so denken wie wir.«

»Könntet ihr nicht die Raben verjagen, also ich meine, das deutsche Volk vereinen? Ich kann zwar die Preußen und Bayern nicht leiden, aber wenn's nicht mehr wie Ausland wär, könnt ich dort als Thüringer leichter Arbeit kriegen.«

»Ja, aber natürlich können wir vereinigen. Wenn wir dieses Problem gründlich und stundenlang diskutiert haben, werden wir zu einer Vereinigung schreiten. Nur auf gut durchdiskutierter, wissenschaftlicher Basis kann man sich richtig vereinigen.«

»Wenn ihr die richtigen Vereiniger seid, wieso bauen dann hier die falschen in Thüringen das Denkmal?«

»Weil uns Nationaldenkmäler nicht interessieren! Die wahre Nation des Arbeiters ist nicht Deutschland. Die wahre Nation ist die vereinigte Arbeiterklasse aller Länder. Wir würden dann ein International-Denkmal bauen.«

»Mhm«, sagt Fritzke, »glaubt ihr im Ernst, dass – sagen wir mal – ein englischer Arbeiter jeden Tag gleich nach dem Aufstehn fragt, wie's den Arbeitern in Thüringen geht? Nee, jeder Arbeiter klebt an seiner heimatlichen Scholle, auf der sein Arbeitsplatz steht. Und da wärs gut, wenn gleich daneben ein ehrliches heimatverbundenes Denkmal stehn würde.«

Bebel und Liebknecht schütteln ihre Köpfe im Takt. Bebel sagt: »Fritzke, das sehen Sie einfach zu thüringisch, nicht global genug.«

Bebel will die Situation ein wenig entkrampfen und fragt nach dem Stein, der vorhin den Tisch zum Klapptisch gemacht hat.

»Ach ja«, klatscht sich Fritzke an die Stirn, »der Stein! Das ist 'n Stück roter Sandstein vom Kyffhäuserdenkmal. Hab ich wohl umsonst hergeschleppt.«

»Aus des Kaisers Bart?«, fragt Bebel.

»Nee, sollte 'n Stück Fuß werden. Aber ich hatt mir gedacht: Könnt das nicht 'n Grundstein für 'n echt gutes Denkmal sein? Na ja, nun wollt ihr Roten aber kein deutsches Einigkeits-Denkmal bauen.«

Bebel klopft dem Fritzke begütigend auf die Schulter.

Der greift zur Flasche und schleucht die Neige aus. »Prost Thüringen!«, sagt er beim Absetzen. Da fällt ihm doch noch ein Verwendungszweck für den Stein ein: »Wenn nicht gesamtdeutsch, dann wenigstens ein Denkmal für Thüringen, wo man am Wochenende hinpilgern kann, sich treffen, kleines Picknick, 'n paar sozialdemokratische Diskussionen und 'ne gute Rede. Bei den Leuten hier in Thüringen kommt so was gut an, und es würden nicht alle zu dem bekloppten Kaiser-Wilhelm-Denkmal latschen.«

Bebel überlegt: »Wilhelm, das könnte sich bei der nächsten Reichstagswahl auszahlen, was sagst du?«

»Wir werden keine Nationaldenkmäler bauen, auch kein Thüringer. Wir sind Internationalisten. Außerdem ist es mit Thüringen wie mit Deutschland: Geeint ist es noch nicht! Neben jeder Würstchenbude steht ein Fürstenschloss!«

Bebel entscheidet: »Wenn die Thüringer eines Tages all diese Schlösser beseitigt haben, dann kann man vielleicht, gemeinsam mit den Werktätigen des Thüringer Bratwursthandels, über dieses oder jenes Denkmal sehr gründlich diskutieren.«

Fritzke sagt gar nichts mehr. Außerdem hat er was gegen Leute, die die schönen Schlösser beseitigen wollen.

Bebel komplimentiert den Fritzke hinaus: »Herr Fritzke, wir möchten Ihre Thüringer Gefühle nicht verletzten, aber wir haben noch am Erfurter Programm unserer Partei zu arbeiten. Aber das Bier ist hier wirklich gut, auch die Klöße, die Bratwurst nicht zu vergessen!«, ruft er hinter Fritzke her.

Nee, sagt sich Fritzke draußen vor der Tür, wer weder 'n deutsches noch 'n Thüringer Denkmal bauen will, der wird in Zukunft nicht gewählt.

Als ein halbes Jahrzehnt nach dem Erfurter Parteitag die deutschen Kriegervereine mit tausend Fahnen zur feierlichen Einweihung des Kyffhäuserdenkmals aufmarschieren, da ist Fritzke als Zuschauer dabei. Es wird ein schöner Tag mit Picknick, ein paar politischen Diskussionen und einer Rede, vor allem aber Blasmusik. Fritzke liebt Blasmusik.

Der rote Stein, aus dem ein Stück Fuß des Kaisers Barbarossa werden sollte, gelangt in die Hände eines sozialdemokratischen Bildhauers, der das Erfurter Programm genau studiert hat. Er meißelt einen Marx-Kopf daraus.

Und Thüringen? Was soll damit sein? Bleibt wie es ist. Die Thüringer warten wieder ab, wie es kommt, hoffen, dass ihnen zum Beispiel die gewünschte Vereinigung in den Schoß fällt. Und siehe da, sie fällt. Zuerst fällt der Kaiserthron in Berlin um, so dass Wilhelm II. bis nach Holland geschleudert wird, wo es eine Menge Holz zu hacken gibt. Die Thüringer Fürstenthrone fallen fast automatisch hinterher. Domino-Tage. Nur in Gotha helfen die Arbeiter und Soldaten beim Umschubsen ein bisschen nach.

Dann ist's aber genug mit dem Fallen. Jetzt wird etwas errichtet! Weil es so schön ruhig ist in Thüringen und das Bier so schmeckt und die Klöße und die Bratwurst, wird die neue deutsche Republik mit dem Sozialdemokraten Ebert an der Spitze in Weimar ausgerufen. Die Ausrufung dauert ein halbes Jahr, weil – wir ahnen es – es so ruhig ist und das Bier, die Klöße und die Bratwürste so gut schmecken. Alles schmeckt noch besser, wenn man sich monatlich tausend Reichsemmchen Diäten beschließt, während rundherum die Bevölkerung am Hungertuch nagt.

Weil das so ruhig abläuft und das Bier in Weimar so schmeckt, zimmern sich dort im Jahre Null der Zwanziger Jahre die Thüringer auch etwas, nämlich ein Dreiviertelland. Fast alles, was einmal ernestinisch-sächsisch, reußisch und schwarzburgisch war, ist ab sofort vereinigt und nennt sich Thüringen. Nur Sachsen-Coburg lässt sich hinterlistig und gleichzeitig vorausschauend Bayern zuschlagen. Das andere Viertel Thüringens bleibt preußisch, ein kleiner Fetzen hessisch.

In der neuen Landesregierung sitzen Bebels und Liebknechts Thüringer Nachfolger. Fritzke – wenn er nicht sein Nationalgefühl bei einer Wanderung zum Kyffhäuser pflegt – sitzt wieder dort, wohin ihn schon Bebel und Liebknecht gesetzt hatten: vor der Tür.

Die Raben fliegen noch.

29. Kapitel

… in dem die Geschichte zeigt, dass das Leben nach dem Thüringer Motto jahrhundertelang halbwegs gutging, aber es auch mal schiefgehen kann

……………………………………………………………………

Oma Martha sitzt bei »Foto-Meffert« in der zweiten Reihe. Ihr Enkel kommt zur Schule. Da ist es Zeit, dass sich die Familie wieder einmal ablichten lässt.

Martha sagt: »Rudi, drück auf's Knöpfchen!«

Oma Martha kann sich solche Intimitäten bei Ladeninhaber Rudolf Meffert leisten. Mit Rudolf, der seit Anfang der zwanziger Jahre das Fotoatelier in Hildburghausen hat, spielte sie schon im Buddelkasten.

Rudi sagt: »Achtung!«

Beinahe wäre Oma Marthas Ältester, der Hans, aufgesprungen und hätte die Hand an die Hosennaht gelegt. Hans ist in der braunen Uniform gekommen. Schließlich ist das hier ein Feiertag, wenn sein Filius eingeschult wird. Der ganze Hans strahlt, vom schnurgerade gezogenen Scheitel bis zur geriffelten Sohle. Seine Stiefel sind so blank gewienert, dass sie mit dem frisch gebohnerten Linoleum in Mefferts Atelier um die Wette glänzen.

Auf seine Uniform ist der Hans stolz. Er ist auch stolz, Hildburghäuser zu sein. Weil doch der Herr Frick, der jetzt Generalbevollmächtigter für die Verwaltung des Reiches ist, damals, als er noch Innenminister in Thüringen war, dem Führer eine Stelle als Gendarm in Hildburghausen verschaffen wollte. Hans ist auch noch stolz, weil er, als er seinen Stimmzettel zur Landtagswahl einwarf, gesagt hatte: »Mal sehen, wie's kommt!«

Und dann kam es ganz nach Hansens Stimmung, dass der

Herr Frick der erste Minister aus des Führers Partei in einer deutschen Landesregierung wurde. Immer wenn Hans fotografiert wird, hebt sich wie von allein seine Brust und solche stolzen Gedanken durchströmen ihn.

Bei Oma Martha strömt nichts derartiges. Oma kümmert sich nicht um Politik. Immer wenn ihr Ältester mit ihrem Jüngsten, dem Karl, über Politisches streitet, nimmt Oma Martha ihr Akkordeon und spielt ein lustiges Lied.

»Kommt, Kinder«, pflegt sie zu sagen, »streitet euch nicht. Die Welt ist so schön.«

Nun ist die Welt nicht mehr ganz so schön, denn der Hans hat seinem Sturmbannführer über die Diskussionen mit seinem Bruder Karl berichtet. Jetzt streiten sie sich nicht mehr. Karl ist in Buchenwald. Dort könne sich sein Bruder auf das Wesentliche konzentrieren, sagt Hans. Oma Martha sagt nichts. Sie spielt Akkordeon. Die Lieder sind jetzt fast alle in Moll.

Das ist ein schöner alter Ziehbalg aus Klingenthal. Darauf spielt Oma Martha Thüringer Volkslieder. Oma Martha hat schon Thüringer Volkslieder gespielt, als ihr Mann – Gott hab ihn selig! – sich mit seinem Bruder über den Kaiser stritt. Nur als ihr Mann sich so über den Ebert aufgeregt hat, dass er ganz rot im Gesicht wurde und starb, da hat sie das Akkordeon abgesetzt und fast ein Jahr lang nicht wieder angerührt. Aber dann stritten sich der Hans und der Karl, ob es richtig ist, dass das Reichsheer in Thüringen einmarschiert, um die gewählte Regierung von den Roten und den Dunkelroten zu verjagen. Da hatte Oma Martha wieder das Akkordeon hervorgeholt und Thüringer Volkslieder gespielt. Sie überspielt auch heute wieder die Quatscherei. Der Klang des Akkordeons versetzt die Oma immer in einen Rausch der Harmonie und Harmonien.

Karl und Hans mochten Oma Marthas Musik nie. Sie

mochten überhaupt keine Musik. Sie diskutierten lieber die Politik! Kunstbanausen! Verwundert war Oma Martha nur, als der Hans plötzlich nach Weimar ins Nationaltheater fuhr. In der Uniform! Glücksstrahlend kam der Hans wieder und sagte, der Führer und er hätten »Aida« gesehen. Daraufhin sagte der Jüngste, er hätte gar nicht gewusst, dass der Führer Opern mit Negern mag. Das war der letzte Streit ihrer Söhne.

Als das Magnesium auf der Pfanne blitzend explodiert, reckt sich Hans noch gerader. So gerade hat er nicht dagestanden, als er sich vom Meffert nackt für den Ariernachweis hat fotografieren lassen. Aber seitdem die Front bröckelt und rückwärtsrollt, was freilich nur eine taktische Variante des Führers ist, seitdem hält sich der Hans immer noch ein Quäntchen gerader. Ein deutscher Mann zeigt Haltung in schweren Zeiten. Außerdem muss er das Zittern unterdrücken, das ihn seit einigen Tagen immer dann überfällt, wenn die Amerikaner wieder ein Stückchen näher an Thüringen herangerückt sind.

Oma Martha zittert auch, aber vor Vorfreude. Sie denkt gerade an die Kohlrübensuppe, die sie zur Feier des Tages gekocht hat. Das wird ein Festessen. Es ist auch nicht so schlimm, dass man im Keller essen muss, weil das Haus weggebombt ist. Oma Martha wird Akkordeon spielen, dann ist die Welt wieder schön.

»Ist fertig!«, sagt Herr Meffert.

Das stimmt nicht ganz. Es dauert schon noch ein paar Monate, bis der Hans in ganz unarisch verkrümmter Haltung fix und fertig im Keller hockt. Der Hals tut ihm weh, denn Oma Martha kam im letzten Augenblick, um ihn vom Fensterkreuz wieder abzuhängen. Hans kaut seinen ersten Kaugummi, den der Filius bei den Amerikanern erbettelt hat. Drei Monate später steht der Russe in der Stadt und der Jüngste, der Karl, wie ein Gespenst in der Tür. Karl sagt nichts, auch nicht, als sich sein großer Bruder Hans mit einer russischen Eskorte auf den Weg macht, den Schlafplatz Karls in Buchenwald einzunehmen.

Als Karl weiter schweigt, sagt Oma Martha eines Tages: »Der Hans hat doch nichts Böses getan. Eigentlich hat er die Uniform nur zur Tarnung angezogen. Wir Thüringer sind eben so.«

Karl sagt immer noch nichts. Oma Martha wackelt mit dem Kopf und hebt ihr Akkordeon auf die Knie. »Ich denke immer, es war gut, dass die Leute in Thüringen so früh braun wurden. Bestimmt haben sie gedacht: Je früher sie anfangen, desto eher ist es zu Ende.«

Karl sagt immer noch nichts. Oma Martha probiert ein wenig auf den Tasten herum. Dann sagt sie noch: »Eines muss man den Nazis lassen. Sie haben Thüringen wirklich wiedervereinigt.«

Dann spielt Oma Martha ein Thüringer Volkslied. Sie kommt aber nicht weit. Karl schnappt das Instrument und wirft es zum Fenster hinaus. Es trifft einen russischen Offizier, der mit starken Gehirnerschütterungen zu Boden geht. Daraufhin darf Karl seinen Bruder für längere Zeit besuchen.

So verpassen die Brüder die Gründung des Landes Thüringen und das Protestgeschrei der Weimarer, als das preußische Erfurt zur Landeshauptstadt ausgerufen wird. Sie sind rechtzeitig wieder zurück, um aus der Zeitung von der erneuten Zerschnippelung Thüringens, diesmal in die Bezirke Erfurt, Gera und Suhl, zu erfahren.

Sie besorgen der Oma Martha zum Geburtstag eine Flasche Holunderwein und ein Akkordeon. Oma setzt beides an und gleich wieder ab. Erst die Flasche, weil der Wein lange reichen soll. Dann das Akkordeon, und sie sagt: »Wisst ihr, Jungs, alles gut und schön mit der neuen Zeit, aber dass die neuen Roten Thüringen abgeschafft haben …« Sie unterbricht sich, um bedenklich mit dem Kopf zu wackeln. »Das gab's bei den Nazis nicht.«

Karl und Hans halten ihrer Mutter, der Oma Martha, den Mund zu und sagen: »Spiel du Akkordeon.«

Und Oma Martha spielt. Sie spielt immer noch so gut, dass sie bald öffentlich auftritt. Sie kriegt dafür ein paar Mark und ein paar Volkskunstorden. Die Orden legt sie zu Hause in die Schachtel, wo schon Vaters Orden vom Kaiser liegen und Hansens Orden vom Führer und Hansens und Karls Orden für gutes Arbeiten im sozialistischen Betrieb.

Und dann sitzt sie noch einmal im Foto-Atelier bei Rudolf Meffert.

»Rudi«, sagt sie, »ist das Akkordeon scharf?«

»Längst nicht so scharf wie du, Martha!«

»Quatsche keine Opern, Rudi! Das Akkordeon ist wichtig. Es soll eine Künstlerpostkarte werden für Autogramme. Ich sage dir, die Leute sind ganz verrückt nach der Thüringer Musik, seitdem sie nicht mehr Thüringer heißen.« Oma Martha schluchzt einen Jodler heraus. »Sie können ihr geliebtes Thüringen einfach nicht vergessen.«

»Vergiss es!«, sagt Rudi und drückt auf das Knöpfchen.

»Bei aller Liebe zu ihrem sozialistischen Vaterland«, beeilt sich Oma Martha noch zu versichern. Kaum hat Oma Martha »sozialistisches Vaterland« gesagt, sagt der Fotograf:

»Ist fertig!«

30. Kapitel

*… in dem wieder Thüringer, die erst wieder zu
Thüringern gemacht werden, in einer Kneipe sitzen,
was letztlich zum Ende führt, aber dann noch nicht so ganz*

....

Herrlich ruhig ist es, und das Bier schmeckt hier, denkt der Kalikumpel Frank Stein, als er den Zündschlüssel aus dem Trabant gezogen hat. Das ist eben der Vorteil des nahen Grenzgebietes und der dahinter liegenden Demarkationslinie.

»DeMark-kationslinie«, seufzt Stein. Er hat seinen Traum von letzter Nacht vor Augen: Er bohrt sich im Salzbergwerk unter der Grenze durch, holt sich ein paar Scheine Westgeld, um danach im »Intershop« groß einkaufen zu können. Stein grinst und wendet sich realeren Angelegenheiten zu, was da wäre: seine Kneipe. Das ist der Ort, wo man in aller Seelenruhe sein Feierabendbier für nicht mal fünfzig Pfennige der DDR trinken kann, ab und an ein Wort verliert, und es nicht wiederfindet. Hier verrinnt die Zeit, als gebe es sie gar nicht.

»Tach, Stein! Dein Bier läuft schon ins Glas«, begrüßt ihn der Wirt. Frank Stein grüßt mit der Hand zurück und schickt noch einen wortlosen Gruß in den Gulag, die hinterste Kneipenecke, wohin Heinz, der Forstarbeiter, wegen seines bestialisch stinkenden Tabaks verbannt wurde, gleich neben den asthmatischen Ventilator. Stein klopft auch auf die dicke Holzplatte des Stammtisches. Es soll für die nächste Zeit das einzige Geräusch sein, das die wohltuende Ruhe des Feierabends stört.

Das liebt Stein an seiner Kneipe. Sie ist abgelegen, zu Fuß von seiner Frau nicht zu erreichen, und die Leute hier sind sehr schweigsam. Sie sind so schweigsam, dass schon vor Jahren der Stasimann eingespart werden konnte, der sonst immer die Wirtshausgespräche abschöpfte. Abgeschöpft hatte der nur die Spesen, indem er zum Unwohl des Volksvermögens seine Biere trank. So erzählt es jedenfalls der Albrecht Blau oder wie die Kneipengenossen und Freizeitfußballer sagen, wenn sie was sagen: Halb-Rechts Blau, der ABV! Der Dorfbulle eben. Na eben, der Grüne, wo bleibt der? Kalikumpel Stein muss nun doch einmal ganz unkumpelmäßig die Ruhe stören. »Wo ist der, der immer die Erhängten abschneidet?«

Das ist ein ausgekauter Witz unter Bürgern der Republik, die geographisch rechts liegt, von sich aber behauptet, der rechte deutsche Staat zu sein und vor allem links. Der ausgekaute Witz wird immer wieder gern benutzt, um zu zeigen, dass man im Widerstand zur Staatsmacht steht, auch und gerade, wenn der grüne Vertreter dieser Staatsmacht so gute Honecker-Witze erzählen kann – der Abschnitts-Bevollmächtigte. Keiner weiß, wo der staatsdienernde Witzbold steckt. Wie als Antwort auf Steins Frage knattert draußen die »Schwalbe« des ABV heran. Stein rückt auf der Sitzbank schon ein Stückchen beiseite, denn der Dorfbulle kommt immer wie ein Stier rein und rammelt ihm beim Hinsetzen seine Pistolentasche in die Seite.

Aber die »Schwalbe« beendet ihre Fahrt nicht mit dem charakteristischen Blubberton vor der Kneipe, sondern knattert vorbei – in Richtung Westen!

Totenstille. Mann für Mann klappen die Kinnladen herunter. Die letzte Kinnlade, bei der es klappt, ist Heinzen seine, wie die Leute hier sagen, wenn sie etwas sagen. Dieses letzte Klappen kostet dem Pfeifenkopf das Leben. Er zerschellt auf dem Fußboden. Das ist der Startschuss. Alle wollen gleichzeitig raus. Frank Stein setzt seine Ellenbogen ein, was ihn als zukünftig Überlebensfähigen einordnet, zumindest theoretisch. Er ist als Erster vor der Kneipentür. Die anderen drängeln nach, so dass Stein erst auf einem schmalen Grat zwischen zwei Schlaglöchern auf der Straße zum Stehen kommt. Erst später soll ihm klarwerden, dass dies das untrügliche Omen für die kommenden Veränderungen war: Er, der Kalikumpel Frank Stein, zwischen all den Löchern.

Und noch etwas ist das letzte Mal. Hinter Stein stauen sich die Kneipenkumpels. Alle fühlen dumpf dasselbe, denken dasselbe, werden gleich dasselbe tun. Es ist das letzte Mal, dass Frank Stein ein Kollektiv hinter sich weiß. Alle sind dort auf der Straße zu einer Einheit zusammengeschmolzen, sind ganz Ohr, ein Ohr sozusagen, das dem Knattern der »Schwalbe« hinterherlauscht, das sich in westliche Richtung verliert. Es gibt keinen Zweifel: Der ABV versucht einen Grenzdurchbruch!

»Nie mehr Honecker-Witze«, sagt Heinz, der Forstarbeiter, und beweist damit eine unheimliche politische Weitsicht.

In die stille Trauer des ausgezeichneten Biertrinker-Kollektivs hinein rast eine entfesselte, motorisierte Horde. Beinahe hätte es Tote gegeben. Das Kollektiv springt noch einmal wie ein Mann – und zwar beiseite. An ihnen vorbei hupt, knattert, blubbert, töfft, quietscht, ratscht, schleift, pfeift, jault eine nicht enden wollende Menge zwei- und vierrädriger fahrbarer Untersätze, übervoll mit johlenden Menschen, die unschwer als DDR-Bürger zu identifizieren sind, aber alle wunderlicherweise in westliche Richtung fahren.

Heinz, der Forstarbeiter, sagt: »Die machen in den Westen!« Heinz geht erst einmal aufs Klo.

Frank Stein, parteilehrjahrgeschult, kann nur in eine Richtung denken, nämlich vorwärts. Die westlichen Klassenbrüder und -schwestern müssen eine Revolution angefangen haben, denkt er. Jetzt kommen hier die ersten Freiwilligen aus dem Osten, um die Flamme der Revolution zu einem Sturm zu entfachen. Bambule ist auch Steins Fach. Also nichts wie rein ins Auto und sich in die wilden Horden eingereiht. Heinz, der Forstarbeiter, schafft es gerade noch so, aufzuspringen. Im Autoradio kommt eine Meldung, der Stein als gelernter Zwischen-den-Zeilen-Leser entnimmt, dass die Grenze, das Bollwerk gegen die anbrandenden Wogen des Kapitalismus, durchlässig geworden sei.

»Ha, das kann nur bedeuten, dass dieser stinkende, faulende, sterbende Imperialismus endlich sein Stinken, Faulen und Sterben zu beenden trachtet. Da muss ich einfach dabei sein«, sagt Stein zu Heinz, dem Forstarbeiter.

»Mir kommt an der Geschichte einiges spanisch vor.«

Wenn Stein doch nur auf Heinzens innere Stimme hören würde: Spanisch! Schon vor dem Schutzwall riecht es nach Mallorca. Aber wie sollen zwei gelernte DDR-Bürger jetzt schon wissen, wie Mallorca riecht, wenn der eine noch die Nase voll hat von des anderen Machorka. Außerdem ist die Fahrt so etwas wie eine Traumreise. Stein ist fast in Trance. Darum sieht er auch nicht das Gesicht eines bundesdeutschen Grenzers, das ganz klar ausdrückt, dass der Kapitalismus noch starken Widerstand leistet.

Hinter der Grenze macht es plötzlich: Batsch! Ein Wurfgeschoss ist durch die heruntergekurbelte Scheibe des Trabis geflogen.

»Mensch, Stein!«, staunt Heinz ehrfürchtig. »Das ist eine Apfelsine.«

»Der Klassenfeind will uns bestechen.«

Plötzlich eine Handgranate! Geistesgegenwärtig schmeißt Stein sie wieder aus dem Fenster. Erst Wochen später soll ihm klarwerden, dass das seine erste Begegnung mit einer Kiwi war. Das Spalier der südfruchtschmeißenden Provokateure wird immer dichter. In der ersten kleinen Stadt hinter der Grenze geht es nicht weiter. Da steht eine Bananenbarrikade! Stein parkt den Trabi am Straßenrand.

Heinz steigt mit einem Freudenschrei aus: »Freibier!«

Frank Stein lässt sich nicht verführen. Er sucht den Umsturz. Aber er findet nur Sturzbesoffene. Entnervt stürzt sich auch Stein ins zweifelhafte Vergnügen. »Mal so richtig den Kapitalismus schädigen!«, sagt er und stürzt das erste Westbier seines Lebens hinunter. Das Stürzen hält die ganze Nacht an, nicht jedoch das Reinheitsgebot. Stein kann sich der vielen feuchten Männerküsse gar nicht erwehren.

Am nächsten Morgen torkelt er mutter- und vaterseelenallein durch die Fußgängerzone. Was ist das hier, denkt der Kalikumpel Stein, ein fremder Planet? Ein braungebrannter, schwarzhaariger Mann kommt auf Stein zu. Stein breitet die Arme aus und spricht sehr undeutlich, da er die Beherrschung über seine Zunge noch nicht wieder errungen hat: »Is doch Reffoluzion? Bistu von den internazjenalen Brigaden?«

»Si, international. Ristorante italiano.«

»Italiener!« Stein beginnt »Avanti popolo« zu singen, aber er kann nur die erste Zeile.

»Ich bin Timo, der Pizzabäcker, kann ich Ihnen helfen?«

Mittels Zeichensprache versucht Stein mitzuteilen, woher er kommt und wohin er will. Timo versteht: »O, si!«

Dies hört ein gerade vorbeieilender Lokalzeitungsredakteur. »Sind Sie auch von drüben?«, fragt er.

Timo, der Hilfsbereite, antwortet für Stein, der wieder Hände und Füße zum Mitteilen benutzen will: »O, si!«

Der Redakteur schreibt sich hocherfreut den neuen Begriff für einen von denen da drüben auf: Ossi!

Der frischgebackene Ossi macht sich auf die Suche nach Heinz, dem Forstarbeiter, und dem Trabi. Den einen findet er in dem anderen. Heinz hat die Morgenröte glatt verschlafen. Mit dem dämmernden Morgen dämmert es allerdings auch dem Kalikumpel Stein, dass keine Revolution war, und er wendet sich wieder den Realitäten zu.

Ernüchtert und halbwegs nüchtern wollen die beiden die Heimfahrt antreten. Ein älterer Herr hält sie auf. »Entschuldigen Sie, wenn ich frage, kommen Sie auch von drüben? Und woher?«

Die beiden nennen ihre Heimatörtchen. Da gerät der ältere Herr aus dem Häuschen: »Thüringer aus Thüringen, aus meinem Heimatland! Von da bin ich sechzig abgehauen.« Der ältere Herr singt alle Strophen des Rennsteig-Liedes und schüttelt dann den beiden Frisch-Thüringern freudig die Hände, in denen je ein Fünfmarkstück kleben bleibt.

Heinz sagt: »Komm, lass uns heimfahren, im Intershop Kaugummi kaufen.«

So fahren sie denn heim. Als DDR-Bürger unsicherer Herkunft sind sie ausgezogen, als Thüringer kehren sie heim. Noch weiß keiner, was das bedeutet und was werden wird. Aber getreu dem Thüringer Motto wird schon irgendetwas werden.

Neun Monate später wird das Kind mittels eines Länderwiedereinführungsgesetzes wiedergeboren. Das Kind hört nun ganz staatsoffiziell auf den schönen deutschen Namen »Thüringen«. Bei der ersten Wahl quält sich auch Kalikumpel Frank Stein nicht lange herum und wählt die Leute, die immer neben dem Bundeskanzler auf der Tribüne gestanden haben. So wird Thüringen das schwarze Herz Deutschlands.

»Wegen der Kohle«, sagt Stein, »der Westkohle.«

Bei denen, die ihre Arbeit verlieren, reicht die Kohle bald nicht mehr für die Kohlen. Aber die Thüringer Landschaften blühen, vor allem da, wo die Betriebe dichtgemacht haben. Der Beitrag der Treuhand zur Verbesserung der Umwelt ist in Thüringen deutlich zu riechen und zu sehen.

Auch der Kalikumpel Frank Stein ist nun ein Ex-Kumpel, weil das Kalisalz aus dem Osten jetzt nicht mehr gebraucht wird. Dafür ist der Traum Frank Steins in Erfüllung gegangen, der Traum vom Tunnel unter der Grenze hindurch. Das Kalisalz aus dem Osten wird jetzt von Westen her unterirdisch grenzüberschreitend abgebaut, um als Westkalisalz an das Tageslicht und von dort aus auf den Weltmarkt befördert zu werden.

Frank Stein meint, das sei ein schönes Beispiel für ein Stück gelungene deutsche Vereinigung. Und er registriert erfreut, dass die Kalichefs im Westen anscheinend vom Osten gelernt haben, denn einer von denen sagte, Daumen und Zeigefinger reibend: »Mal sehen, was dabei rauskommt.«

Die harmonischen Schwingungen, die diese Zwischenbilanz auslöst, werden jäh gestoppt, als Frank Stein nach einem West-Bier-Verkostungsabend in der darauffolgenden Nacht wieder träumt. Doch diesmal träumt er nicht von deutschdeutschen Kalisalztunneln, sondern wirres Zeug.

Dumbledore, seine Lieblingsfigur aus „Harry Potter", schaut ihm ganz nah in die Augen und fragt: „Möchtest du in die Thüringer Zukunft sehen?" Dabei lösen sich Spuckefetzen von Dumbledores Lippen und landen auf Steins Augen, was seine Blicke vernebelt. Aber in die Thüringer Zukunft will Stein trotzdem sehen.

Ein Clown – träumt Stein – tritt aus dem Nebel und ist plötzlich Chef von Thüringen, aber weil er dem Mielke Honeckerwitze erzählt, wird er mittels einer Konfettikanone von der Bühne geschossen. Dann kommt ein schwarzer Vogel geflogen, setzt sich nieder auf Steins Fuß und hat einen Zettel im Schnabel, auf dem Steins kurz vor der Grenzschließung nach Hamburg umgezogener Bruder Omas Häuschen zurückverlangt. Der schwarze Vogel singt das Rennsteiglied und verwandelt sich dabei in einen Horrorclown, der mit einer Kettensäge Miss Thüringen massakrieren will. Aber da lachen alle Hühner, die komischerweise Menschenköpfe haben. Stein erkennt ein paar Landräte, denen die lachenden Gesichter einstürzen, als der Horrorclown die Thüringer Landkarte zersägen will, woraufhin die Hühner laut kreischend gegen die Kettensäge protestieren, die aber weiter durch Frank Steins Traum und die Thüringer Gegend torkelt.

Plötzlich springt ein Weißkittel auf, schreit laut und hoch, so dass die Krankenhäuser in Schutt und Asche fallen und die Poliklinikschilder von den Wänden platzen. Ein als Gartenzwerg getarnter Liliputaner schleppt ein „Y" heran und nagelt es als letzten Buchstaben in den Schriftzug „POLYKLINIK". Dann kommen noch viel mehr Zwerge mit Buchstaben. Plötzlich leuchtet auf dem Hotel „Erfurter Hof", in dessen Räumen keine Gäste schlafen, sondern Geldzählmaschinen rattern, „WILLY KOMM ANS FENSTER". Einer schreit: „Das ist Kunst!" Ein anderer sitzt auf dem Bahnhofsdach und schreit: „Das ist falsch!" Und da löst sich das „KOMM" vom

Hotel, viele Geldscheine flattern zu den Fenstern hinaus, Willy Brandt und Willi Stoph küssen sich.

Frank Stein verzieht im Schlaf voller Ekel sein Gesicht, sabbert ein bisschen aufs Kopfkissen und träumt weiter Unsinn. Der Willi verblasst, wohingegen Willy Brandt zwischen „WILLY" und „ANS FENSTER" ans Kreuz genagelt wird. Der schwarze Vogel schnäbelt inzwischen mit einem roten Papagei. Der Rote spreizt das Gefieder und schreit „Ich regiere!", woraufhin ihm der Schwarze das Hirn noch warm aus der Hirnschale pickt. Der Papagei redet genauso weiter wie vorher. Gott schaut aus einer Wolke und ruft, er würde kein Hirn vom Himmel schmeißen.

Plötzlich fährt ein altes Haus auf Skiern durch eine weiße Winterlandschaft, schreit „Thüringen lebt!", grinst und versucht Charles Darwin zu überfahren und zu Gott zu schicken, erwischt aber eine völlig unbekannte Frau. Die Hölle öffnet sich, verschluckt die Frau. Der Teufel kichert laut. Das alte Haus ächzt beträchtlich und neigt sich zur Seite. Davor knien Leute und beten einen Schüttelreim: „Althaus – halt aus!" Da schleicht sich von hinten eine kleine Frau mit schiefem Gebiss heran und gibt dem alten Haus einen Stups, so dass es aus Frank Steins Traum fliegt. Die kleine Frau fletscht lachend die Zähne und ruft: „Thüringen lebt ..." Und leise säuselt es hinterher: „... so besser!"

Westwind in Orkanstärke bläst und weht Männer ins Land, Schwärme von beflügelten Jungfrauen kraulen gegen den Wind und die fliegenden Männer in entgegengesetzte Richtung. Die Frauen verschwinden, die Männer landen auf Stühlen. Wieder fliegt Geld zu Fenstern hinaus und wird zu CDs gepresst, die jedoch gleich anschließend in riesige Müllcontainer geworfen werden.

Es wird immer wirrer. Frank Stein wälzt sich im Bett hin und her, er träumt, dass Thüringen afrikanisch wird. Dunkelhäutige Menschen sprinten auf Skiern durch Oberhof, Gewehre auf dem Rücken. Biathlon, denkt Stein im Traum, aber wunderlicherweise ist es drückend heiß. Statt Schnee liegt überall Sand. Ein Einheimischer, man hört es am Dialekt, skandiert: „Nee, nee, nee, wir brauchen keinen Schnee!", dann springt er auf einen knallbunten Schlitten und rast wunderlicherweise eine Sandbahn hinunter. Menschen applaudieren. Zwei streiten, ob der Sandschlitten wirklich eine Thüringer Erfindung ist, als eine grüne Fee dahergeflogen kommt und neben der Sandbahn und in den umliegenden Wald, der ziemlich vertrocknet aussieht, alle zehn Meter ein Windrad steckt. Das sieht lustig aus. Jedes Rad fängt sofort an wie wild zu rotieren und Massen von kleinen, schwarzen Vögeln in ganz kleine Scheiben zu schneiden. Federwolken wirbeln auf. Der Thüringer Löwe tritt aus seinem Wappen, springt einem Mann mit Hund entgegen. Die beiden sehen aus wie Tim und Stuppi zwanzig Jahre nach dem letzten Comic-Abenteuer. Aber als der Löwe den Timtyp anspringen will, verwandelt sich Struppi in Attila der Hunne. Der legt den Thüringer Löwen an die Leine. Von rechts kommt plötzlich und unerwartet eine Hand, die Attila die Leine entwinden will, aber der Hunnenkönig verwandelt sich zurück in Struppi, der kräftig in die Hand beißt.

Der Westwind bläst den Timtyp auf einen Thron. Struppi salutiert und klafft: „Hoch lebe Bodo – der Erste, der Zweite und zum Dritten!" Menschenmassen jubeln. Eine durchweg glatzköpfige Faschingskapelle spielt „Tätä-Tätä-Tätä".

Jäh erstirbt der Jubel, als die Thüringer Terrakotta-Armee Zwerg für Zwerg explodiert. Ein Dinosaurier brummt: „Willkommen in Aussterbien", dann schweben bunte Kugeln durch die Luft und alle Menschen und Tiere flüchten in Panik. Frank Steins dunkelhaarige Jugendliebe taucht aus den tiefen Nebeln seines Traumes auf, er will sie umarmen, aber die singt plötzlich mit schriller Stimme, was Stein so erschreckt, dass er aufwacht.

Stein schüttelt sich ganzkörperlich und extra noch einmal seinen Kopf. Was er da geträumt hat!?! Dumbledore, Thüringer Zukunft – phhh, was für ein Quatsch! Was ihn aber in den folgenden Tagen irritiert, ist, dass er den schrillen Schreischlager seiner Ex nicht aus den Gehörgängen bekommt. Ein Ohrwurm fettester Art. Die Melodie kommt Frank Stein bekannt vor, nur der Text irritiert ihn: „Corona, zum Abschied sagtest du good-bye!"

Frank Stein verdrängt den Traum, sucht tagsüber nach Work-Life-Balance, was für einen Arbeitslosen gar nicht so einfach ist. Abends ballert sich Stein oft die Rübe zu, um nicht wieder solche Alpträume zu kriegen. Steins Leber macht irgendwann schlapp. Sein Gehirn verabschiedet sich schon vorher. Beim zweiten – und, wie sich später herausstellt, letzten – „Erfurt-Tatort" entschläft Frank Stein friedlich in seinem Fernsehsessel.

Und Thüringen? Es lebt. Wächst nicht unbedingt, aber gedeiht.

So geht das.

Man kann es glauben oder nicht. Aber was nützt schon Glauben, wenn die Realität sich in die Wirklichkeit einmischt. Und was ist so Unglaubliches geschehen, dass es nach dem Tod von Frank Stein noch berichtenswert wäre? Nun ja, die Sache ist die: Stein ist – ohne es jemals zu wissen – Vorreiter gewesen. In besagter Nacht des wundersamen Grenzübertritts, des Freibiers und der Verbrüderung, in dieser Nacht ritt Frank Stein der Teufel. Besser gesagt: Eine kleine Teufelin aus dieser Stadt hinter der Grenze, wenige Meter entfernt von der Bananenbarrikade, ritt ihn. Wahnsinn, die Kleine! Das hatte sich fast zwangsläufig so ergeben im Taumel aufkommender Vereinigungsbereitschaft. Sie und Frank Stein taten – zwar leicht besoffen, aber ganz unkompliziert – das, was später als deutsch-deutsches Gesamtprojekt viel komplizierter umgesetzt wurde.

Nur nebenbei: Das wäre vielleicht eine Idee gewesen, ein paar tausend junge Männer und Frauen aus Ost und West gleich nach dem staatlichen Vereinigungsakt in die leerstehenden Kinderferienlager einzuladen. Freilich unter anderem Namen, vielleicht „Paradies Hotel – future of germany", sommerliches FKK-Aufeinandertreffen zur Knüpfung fester Kontakte, Aufeinanderzugehen und Insichgehen inklusive. Die deutsche Einheit hätte heute ein sehr familiäres Fundament. Nun ja, vorbei. Diese wunderbare Idee kann leider nur als Treppenwitz dienen.

Und Frank Stein? Wusste nicht, dass er sozusagen sein ostdeutsches Samenkorn in die westdeutsche Furche gelegt hatte. Kurzzeitig machte das deutsch-deutsche Vereinigen durchaus großen Spaß mit der kleinen Teufelin. Daraus erwuchs allerdings ein Kind, männlich, zunächst normal zwergig, dann musste mit Wachstumshormonen nachgeholfen werden, damit die körperlichen Defizite etwas ausgeglichen wurden. Und als das Kind aus dem Gröbsten raus war, hatte seine Mutter, die kleine Teufelin, auch endlich etwas Zeit, sich um etwas anderes zu kümmern als um den Nachwuchs und begab sich auf die Suche nach dem Vater. Die Suche scheiterte ziemlich schnell, leider durch den Unfalltod der kleinen Teufelin, und zwar ziemlich genau an der Stelle, wo damals die Kiwi durch die heruntergekurbelte Scheibe des Trabis geflogen war, des Autos, das der damals zukünftige Kindsvater in Richtung Bananenbarrikade steuerte. Manchmal ist die unglaubliche Realität auch unglaublich blöde und unglaublich ungerecht.

Und das Kind? Wuchs dann doch und gedieh, mal gut, mal weniger, erstaunlicherweise sehr vergleichbar mit Thüringen, dem Herkunftsland seines Erzeugers. Und genau dorthin verschlug es das Kind dann auch. Es hatte nicht die allerbesten Schulnoten, um an den allerbesten Universitäten des Westens zu studieren, und da versuchte es der junge Mann in Thüringen. Und während seiner Studienzeit, die sich ein bisschen in die Länge zog, schaute er sich sein Gastbundesland an: das grüne Herz Deutschlands. Grün war seine Lieblingsfarbe, denn grün ist die Hoffnung.

Und weil er vielleicht nicht der Allerklügste war, aber schlau, trat er in eine grünliche Partei ein und wurde Politiker, diente sich hoch und war rechtzeitig so weit oben in der Hierarchie, dass er Thüringer Staatssekretär werden konnte, als die einen Roten und die anderen Roten zusammen mit den Grünen eine Regierung bildeten. Eigentlich unglaublich diese Geschichte, oder?

Aber bald zeigten sich Risse in seiner grünherzlichen Hoffnung. Als Corona hereinbrach, ging er lieber im Wald spazieren, als dass er gern auf Arbeit gegangen wäre. Dann ging es in der Finanzkrise den Leuten ans Portemonnaie, er ging in den Wald. Dann ein neuer Krieg und die Energiekrise. Er ging in den Wald. Und wie er so im Walde vor sich hin ging, sah er, dass der Wald sich wieder erholte, weil er erneuert wurde. Und genau das machte er auch: Er erneuerte sein Leben und wechselte dahin, wo es ihm gut ging – in den Wald. Grün ist die Hoffnung, dachte er. Als Förster würde er mithelfen, den Thüringer Wald zu retten.

Nach-Rede

....

Diese letzten Zeilen der »Unglaublichen Geschichte Thüringens« könnten auch mit »Fehl-Anzeige« überschrieben sein. Der Autor ist sich einer Vielzahl von Auslassungen bewusst. Schließlich ist es nicht unwichtig für das einheimische Selbst- und Geschichtsbewusstsein, wenn man beim Anblick eines Gartenzwerges nicht nur in Entzückensrufe ausbricht, sondern auch in Hochrufe voller tief empfundener Dankbarkeit gegenüber den Gräfenrodaer Thüringern, die diese niedlichen Gartengefährten erfanden.

Oder man steht auf der Brooklyn-Hängebrücke in New York und kann denken: Alle Achtung, meine Herren Röbling aus Mühlhausen, stabile Hängung!

Thüringen ist überall. Aber wir Thüringer drängeln uns nicht vor, bescheiden und gut getarnt wie wir nun einmal sind. Keiner von uns würde, wenn vor dem Buckingham-Palast die Musik zur Wachablösung erklingt, in die Welt hinausposaunen, dass diese Noten im thüringischen Thamsbrück geschrieben wurden. Wir stellen uns auch nicht vor die Fischer-Chöre, um darauf zu bestehen, dass »Hoch auf dem gelben Wagen ...« als Thüringer Volkskunstlied angesagt wird, getextet und komponiert vom Kranichfelder Rudolf Baumbach. Und beim Essen der Vorsuppe weisen wir auch nicht immer wieder auf den anderen Rudolf hin, den Scheller, der in Hildburghausen die Tütensuppe kreierte.

Wenn Oma vom Enkelchen die Buchstaben in der Suppe zählen lässt, was fragt sie da zum Schluss: Das macht nach

Adam Riese? Richtig, und wo hat's der Adam gemacht, sein erstes Rechenbuch? Na, wo schon? Kleiner Tipp: Spazierengehen in der Thüringer Landeshauptstadt ...

Wir brachten die Erfinder der Pockenschutzimpfung hervor, des Kunstkautschuks und der »Gartenlaube«. Wir sind die einzigen Goldmedaillengewinner bei der Weltausstellung in St. Louis 1904 in der Disziplin Nudeln. Mehrere Welt- und Europameister kommen aus dem grünen Herzen Deutschlands; einer ist »Bess«, der Designer-Teddy, der sich den Spielzeug-Oscar an die wuschelige Brust drücken durfte. Wir bauten die erste Sternwarte Deutschlands, das erste Planetarium der Welt und »Richters Anker-Steinbaukästen« mit Reichspatent vom 8. Oktober 1880. Eben genannter Herr Richter kaufte die Steinbaukastenidee von den Gebrüdern Lilienthal und finanzierte auf diese Weise die ersten deutschen Pionierschritte in die Lüfte.

Thüringen war Arbeitsplatz für Dichter und Denker, Forscher und Fortschrittslenker von A bis Z: von Alexis, Bach, Brehm und Bechstein, Claudius, Dreyse, Duden und David dem Strickersmann, der eine ganze Stadt in den Strumpfstricktaumel versetzte, Ekhof, Fröbel, Gustav Freytag, Heine, Herder und dem Kunstmäzen Heß, Iffland, Jean Paul, Knorr, der das erste Antifiebermittel im Reagenzglas züchtete, Liszt und List, Melanchthon, Meister Eckhart und Müller-Uri, der das Glasauge erfand, Novalis, Otto Schott, Perthes, Quarzuhrbauer Scheibe, Reichart, Rubianus und Ritter, der den Akku erfand, Schlach, der den ersten Perlonfaden zog, Tieck, Ulrich von Hutten, von Humboldts der Wilhelm, Wagner und vom x-mal zu Weihnachten melodiös mit »O du fröhliche« zitierten Falk bis zu Zeiss. Und das ist unter Auslassung des anderen Geschlechts nur eine Auswahl der Thüringer Männer!

Aber wir Thüringer sind bescheiden. Wir sitzen im Liegestuhl hinterm Häuschen und lauschen zufrieden der Tätigkeit des Segner-Rades, das sich im Rasensprenger dreht, wohl wissend, diese Segnung für den Zierrasen entsprang einem in Thüringen ausgebildeten Gehirn.

Leider nicht unterschlagen dürfen wir die Information, dass ein gebürtiger Thüringer Preußen »erfunden« hat, der Hochmeister des Deutschen Ritterordens Hermann von Salza aus Bad Langensalza. Na ja, einer kann schon mal aus der Art schlagen.

Aber diese Schmach wurde mindestens wettgemacht durch Samuel »Sammy« Dörffel, der schon sechs Jahre vor Isaac Newton wusste, dass sich die Kometen nicht im Kreis, sondern auf Parabelbahnen um die Sonne drehen.

Und so weiter, und so fort!

Es ist schon bewegend, Nachfahre solch erfinderischer Vorfahren zu sein.

Aber der Gartenzwerg ist doch das Größte!

Ulf Annel

Rhino Westentaschen-Bibliothek

Format: 8 cm x 11,5 cm; 96 Seiten; Hc.; 5,95 €

Kleines Ringelnatzbuch
Band 41
978-3-95560-041-9

Kleines Tucholskybuch
Band 67
978-3-95560-067-9

kreuz & quer ged(l)acht
Band 58
978-3-95560-058-7

Küstenwind küsst Wüstenkind
Maritime Schüttelreime
Band 74
978-3-95560-074-7

DEMMLER VERLAG

Silbergraublau – Ein Strandbuch
978-3-944102-24-5
72 S.; ca.35 Bilder der Künstlerin Anke Fabian; Hc.; 18 cm x 15 cm;
12,95 €

BuchVerlag für die Frau

Gute-Laune-Büchlein

978-3-89798-340-3

128 Seiten, 6,2 cm x 9,5 cm, gebunden
5,00 €

Trotz gewissenhafter Bearbeitung kann eine Haftung für den Inhalt nicht übernommen werden. Für aktuelle Ergänzungen und Anregungen ist der Verlag jederzeit dankbar.
Wir bedanken uns bei allen, die uns unterstützt haben.

Impressum

© (1996, 2011) 2020, 2023 RhinoVerlag Dr. Lutz Gebhardt & Söhne GmbH & Co. KG
Am Hang 27, 98693 Ilmenau
Tel.: 03677/46628-0, Fax: 03677/46628-80
www.RhinoVerlag.de

Das Buch erschien erstmals 1996 unter dem Titel „Die unernste Geschichte Thüringens" beim WeymannBauer Verlag, Rostock. Mit überarbeiteten Illustrationen erschienen 2011 und 2015 die 3. und 4. Auflage unter dem Titel „Die unglaubliche Geschichte Thüringens" im Eulenspiegel Verlag, Berlin.
Im Mai 2020 erschien – anlässlich des 100. Geburtstags des Freistaats Thüringen – im RhinoVerlag die überarbeitete 5. Auflage; ergänzt bis zur Corona-Krise und mit verfeinerten Illustrationen. Bereits im September des gleichen Jahres erschien die 6. Auflage.

Alle Rechte vorbehalten.
Nachdruck, Vervielfältigung und Verbreitung – auch von Teilen – bedürfen der ausdrücklichen Genehmigung des Verlages. Das gilt insbesondere für Übersetzungen, Mikroverfilmungen und die Einspeicherung und Verbreitung in elektronischen Systemen.

Titelbild und Illustrationen:	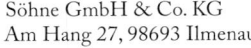 – Ioan Cozacu, Erfurt
Layout, Satz:	Eulenspiegel Verlag, Berlin
Schrift:	Adobe Caslon Pro
Titelgestaltung:	Sibylle Senftleben, **Verlag *grünes herz*®**, nach einer Vorlage von 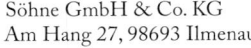 – Ioan Cozacu, Erfurt
Druck:	Jelgavas Tipogrāfija

7. erweiterte Auflage 2023
ISBN 978-3-95560-886-6